公安民警警务实战
分级分类训练研究

陈 鑫 著

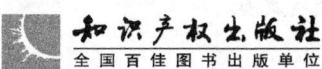

知识产权出版社
全国百佳图书出版单位

图书在版编目（CIP）数据

公安民警警务实战分级分类训练研究/陈鑫著.—北京：知识产权出版社，2015.8
ISBN 978-7-5130-3252-0

Ⅰ.①公… Ⅱ.①陈… Ⅲ.①警察—训练—中国—研究 Ⅳ.①D631.15

中国版本图书馆CIP数据核字（2015）第025668号

责任编辑：龚　卫　　　　　　　　责任校对：董志英
封面设计：品　序　　　　　　　　责任出版：刘译文

公安民警警务实战分级分类训练研究
Gongan Minjing Jingwu Shizhan Fenji Fenlei Xunlian YanJiu

陈　鑫　著

出版发行：	知识产权出版社有限责任公司	网　　址：	http://www.ipph.cn
社　　址：	北京市海淀区马甸南村1号（邮编：100088）	天猫旗舰店：	http://zscqcbs.tmall.com
责编电话：	010-82000860转8120	责编邮箱：	gongwei@cnipr.com
发行电话：	010-82000860转8101/8102	发行传真：	010-82000893/82005070/82000270
印　　刷：	北京中献拓方科技发展有限公司	经　　销：	各大网上书店、新华书店及相关销售网点
开　　本：	880mm×1230mm　1/32	印　　张：	11.75
版　　次：	2015年8月第1版	印　　次：	2015年8月第1次印刷
字　　数：	282千字	定　　价：	45.00元
ISBN 978-7-5130-3252-0			

出版权专有　侵权必究
如有印装质量问题，本社负责调换。

目 录

第一章 实战执法环境对警务实战训练的迫切需求 …………… 1

 第一节 新形势对民警警务实战能力需求 ……………… 2
 第二节 遵从警务实战训练理念开展民警在职培训 ……… 3

第二章 当前警务实战训练现状及存在的问题 ………………… 6

 第一节 当前警务实战教学训练的现状 ………………… 6
 第二节 当前警务实战教学训练存在的问题 …………… 7
 第三节 提高警务实战教学训练水平的对策 …………… 9

第三章 国外警务实战训练现状综述 …………………………… 13

 第一节 澳大利亚警察警务实战训练概述 ……………… 13
 第二节 德国警察警务实战训练概述 …………………… 14
 第三节 韩国警察警务实战训练概述 …………………… 15
 第四节 美国警察警务实战训练概述 …………………… 16
 第五节 法国警察警务实战训练概述 …………………… 19
 第六节 英国警察警务实战训练概述 …………………… 20
 第七节 中外警务实战训练比较 ………………………… 22

第四章 警务实战训练模式与方法创新 ………………………… 25

第一节 警务实战训练分级、分类、分层次划分 ………… 25
第二节 实施小班化教学 …………………………………… 28
第三节 警务实战训练考核模式 …………………………… 31
第四节 警务实战训练模式 ………………………………… 40
第五节 警务实战训练方法 ………………………………… 54

第五章 警务实战训练初级培训内容 ………………………… 59

第一节 徒手防卫与控制 …………………………………… 59
第二节 解脱技能 …………………………………………… 70
第三节 抓捕动作 …………………………………………… 72
第四节 人身检查 …………………………………………… 77
第五节 常用警械装备的使用 ……………………………… 81
第六节 手枪基础射击技能 ………………………………… 103
第七节 盘查技战术 ………………………………………… 112
第八节 设卡堵截 …………………………………………… 119
第九节 车辆查控 …………………………………………… 122
第十节 夜间警务技战术训练 ……………………………… 127
第十一节 遇抗控制 ………………………………………… 135

第六章 警务实战训练中级培训内容 ………………………… 140

第一节 治安岗位培训内容 ………………………………… 140
第二节 刑侦岗位培训内容 ………………………………… 161
第三节 派出所岗位培训内容 ……………………………… 198
第四节 监所岗位培训内容 ………………………………… 212

第七章 警务实战训练高级培训内容 …… 264

第一节 治安岗位培训内容 …… 264

第二节 刑侦岗位培训内容 …… 289

第三节 派出所岗位培训内容 …… 303

第四节 监管岗位培训专题 …… 328

结束语 …… 369

参考文献 …… 370

第一章 实战执法环境对警务实战训练的迫切需求

当前我国的社会主义市场经济制度还在完善阶段,市场化经济体制下的利益冲突和矛盾凸显,成为诱发犯罪的重要因素。新时期,犯罪分子的作案手段不断智能化,作案工具趋于暴力化,这使公安机关面临着越来越严峻的考验。据调查,我国每年发生的刑事犯罪案件居高不下,并呈现上升趋势。据公安部人事训练局统计,2006 年全国公安机关共立各类刑事犯罪案件 463.5 万件。2007 年全国公安机关共查处治安案件 764.5 万件,同比上升 23.8%。2008~2012 年,公安民警因公牺牲 2 204 人,因公负伤 16 821 人。2013 年,全国公安民警因公伤亡 4 675 人,其中因公牺牲 449 人[1]。这意味着,每一天就有 1 名公安民警牺牲,每 2 个小时就有 1 名公安民警负伤。新时期,公安机关面对着更为严峻的挑战和压力,公安机关必须提高人民警察素质,改善装备、技术,进而提高打击犯罪的力度和控制犯罪的能力,以更好履行其维护社会治安秩序,打击违法犯罪的职能。研究分层级、分警种民警警务实战能力训练内容,对于贯彻落实全国公安教育训练工作会议精神,推进新时期警务实战改革具有十分

---

[1] http://jcyml.8u8.com/newpage 23.htm.

重要的意义。

第一节 新形势对民警警务实战能力需求

公安工作具有很强的政治性、法律性、政策性、专业性，公安队伍职业化是未来发展方向。警务实战训练工作要以提高民警职业意识和职业技能为重点，以培养民警岗位核心能力为目标，建立符合实战需求的民警警务实战训练机制，实现从探索型培训向实战型培训转变。

一、要强化岗位技能练兵

以部门、警种为培训主体，坚持干什么练什么，缺什么补什么，少搞"一锅煮"，多吃"小锅饭"，重点强化民警的岗位技能练兵，把教育培训重心从普及型教育调整到专业化培训上来，提高教育训练的针对性和实用性。应尽快建立适应实战需要的岗位技能训练标准体系，明确不同岗位、不同层级民警必须具备的基本知识、基本技能和基本体能，为有计划、分层次开展岗位练兵奠定基础。

二、要强化警务实战练兵

着眼于提高民警的实战本领，建立以用促训、以战促训为主导的警务实战训练体系，重点围绕反恐处突、危机应对、舆论引导等内容，大力推行互动教学、案例教学、体验教学、模拟教学、现场教学等训练模式，把业务培训课堂更多地搬到维护治安、侦查破案、服务群众的现场，使教育训练最大程度地贴近实战需要。

三、要围绕中心工作练兵

建立教育训练服务跟进机制，围绕不同时期的重点工作任务，合理设置培训内容，科学确定训练重点，做到以业务培训推动重点工作。当前和今后一个时期，要重点围绕维护国家安全和社会治安，保护公民的人身安全"三项重点工作"（社会矛盾化解、社会管理创新、公正廉洁执法）和"三项建设"（公安信息化建设、执法规范化建设、构建和谐警民关系），抓好社会矛盾化解、社会管理创新、警察公共关系建设、舆论引导、群众工作能力、执法能力、信息化应用等方面练兵，不断提升服务公安工作和队伍建设的能力与水平。

自"大练兵"和"三基"工程建设开展以来，首都公安机关贯彻落实"三个必训"制度，大力加强警务实战训练工作，公安民警的技能战术水平、自我保护能力和实战本领明显提升。与此同时，我们也应清醒地认识到，面对新形势、新任务对首都公安工作的新挑战，警务实战训练工作面临新的要求。必须坚定不移地努力改进并强化民警实战技能的训练工作，提高训练质量和训练水平，使首都公安队伍的执法水平和战斗力进一步增强，这是新形势下民警警务实战培训的要求。

第二节　遵从警务实战训练理念开展民警在职培训

首都公安民警担负维护首都治安秩序职责和重大活动勤务，面对的执法环境是复杂的，要想在执法对抗中既能有效地保护自己，又能顺利地完成执法任务，必须练就过硬的本领。

从事警务实战技战术训练，首先要明确训练的目标。警务实战训练是训练民警如何在执法中更好保护自己，安全控制嫌疑人的训练，在职民警警务实战训练的目标更加具体：一是要牢固树立"以人为本，依法行政"的观念，学会爱护生命，适度使用武力的技巧；二是要增强安全意识和规范意识，建立起警力优势意识和"敌情加一"意识；三是要掌握和实战对抗相关的法律法规、生理常识、心理常识、执法安全常识和行为控制常识；四是要掌握基本的语言控制手段、徒手控制手段、警械和武器使用手段以及现场救护手段；五是要掌握繁华场所盘查行动安全技巧、敏感地区抓捕行动安全技巧以及建筑物搜索技巧。根据首都公安民警实战技能训练现状，结合国外发达国家警察训练理念，首都公安民警实战训练的理念应为以下几点。

一、以人为本，确保安全

民警培训警务实战训练最基本的训练理念就是"以人为本"，除了保护人民群众的生命安全是公安民警的天职外，同样要维护执法对象的合法权益，尤其要保护他们应有的生命权。作为执法的主体，民警更应该特别关注自己的生命安全，警察也是人，其生命安全同样应得到应有的重视和保护，如果民警连自身的安全都保护不了，谈何保护他人的安全。公安机关如果不重视对民警执法安全的教育和训练，那么民警的安全防范意识和执法规范意识方面训练严重不足，要求也不严，降低了警务实战训练的实效。

二、实际出发，紧贴实战

加强警务实战训练，必须坚持以能力训练为中心，以"战训合一"为基点的训练指导思想，并将这一思想贯穿于警务实战训练的整个过程。首都公安民警职业的实际需求是什么，执法的现状如何，实际的训练状况又是如何，这些都是警务实战训练的出发点。训练必须根据实际需要，解决实际问题，致使警务实战训练达到服务实际的目的。因此，训练必须围绕实战的需要和遵循实战对抗的规律展开；必须要贴近实战，注重能力。在如何做到贴近实战、服务实际上，训练内容的设置是关键，训练的内容必须实用、管用和够用，而且训练内容的安排、训练活动的组织进程必须科学，必须符合服务实际的高效低成本的要求，必须符合人体技能形成规律。

三、求真务实，追求实效

警务实战训练不能搞花拳绣腿，练就要练精，练就要练强；训练是为了用，训练是为了战，而不是为了看，要避免华而不实，不讲究实用；训练要从实践中来，到实践中去，要不断吸取实战的经验和教训，要提高训练效果的实用性、针对性和实效性。训练要使训练活动的本身产生实际效果，要提高工作效率，基地的建设、教官的培养、设备的购进、训练时间的安排、训练制度的保障都要实际可行，不要求大、求全，要避免"假""大""空"现象。

第二章　当前警务实战训练现状及存在的问题

第一节　当前警务实战教学训练的现状

近年来首都公安机关根据社会治安形势发展的需要，组织开展民警警务实战训练工作。标志着公安机关人民警察训练工作的规范化建设进入到一个新的阶段，对提高广大民警整体素质和战斗力，促进公安工作和队伍建设具有十分重要的意义。每当民警出现伤亡时，原因之一往往都会归结为民警的实战技能有待提高，于是我们自然地就会想到要加强对民警警务实战技能的训练，这种工作思路是正确的，但在民警的警务实战训练过程中，我们会发现，有一部分民警存在着参加训练教育只是为了迎合上级领导和组织委派任务的错误认识，有的民警甚至将参加训练教育活动当成了逃离巨大工作压力、调节自己身心"疗养"的机会，对警务实战技能训练的重要性认识不够，内驱力不足，使得训练效果大打折扣。同时，有的民警对于较大运动量的训练和有一定难度的技能训练存在畏难情绪，总以年龄大、有疾病等各种理由搪塞应付。

从近几年的训练情况分析，在执行警务实战训练过程中，不是根据训练对象（新入警人员、一般民警、专业警种、基层领导等）的体能、技能、战术，分警种、分层次确定相应的训练内容，规范训练程序，而是盲从地执行同样的训练内容，使训练效果大打折扣，与实战要求相差甚远。训练内容大致相同，主要包括：警察队列与体能、防控技能、警务战术三大部分。但训练对象却包罗万象，新警、普通民警、科所队长、处长等。这些对象之间不仅存在着年龄差异，而且存在着警种差异和职务差异，训练时间有长有短，在这种情况下执行大致相同的训练内容，训练质量就可想而知了。这也是近几年公安机关较普遍存在的"训练没少费时间，教官没少下力气，民警没少受教育，实战没少出问题"的症结所在。

第二节 当前警务实战教学训练存在的问题

一、内容与实战应用存在差距缺乏针对性

当前警务实战教学训练内容较过去虽有所改变，但力度不够。警务实战教材更新速度缓慢，内容体系不完整，方法和手段落后。这些问题不同程度地影响到警务实战的教学改革和发展。由于受到多种客观和主观因素的制约，教学内容规则多、变化少，技能训练内容往往是各种控制动作的组合，强调训练角度下有计划、有限制的训练，忽略了在实战中必须具备的各种实用、应急能力的培养。学员只是在"学而练，练而考"中反复徘徊，缺乏"练为战，战为胜"的意识。随着社会形势的不断变化，警察职业和扮演的社会角色也随之发生了变化。社会治安形势日趋严峻，暴力犯罪倾向日益突出，特别是持枪抢劫、劫持人质、走私、贩毒、袭警和恐怖爆炸等恶性案件大幅上升，使警察成为和平年代高危

险、高对抗的特殊职业，由此凸显当前教学训练内容体系与实战应用的差距。

二、科目之间缺少有机的联系

当前的警察实战教学训练中，各种警务实战技能训练内容之间缺少有机的联系，没有形成一个完整的、系统的教学训练体系，在教学计划和教学大纲内容的制定上过分强调各培训专题的独立性，忽略了各培训专题之间的相互联系、相互影响、相互作用。由于各种原因教务部门在课时分配上为了协调各部门的关系，出现了教学训练课时分配不合理等现象。各专题授课教官相互缺少信息交流，各自封闭教学，人为割断了各专题间原本存在的内在联系，甚至导致一些教学内容重复教授。

三、训练方法缺乏创新

科学、合理的教学训练方法是使学员尽快掌握和提高实战技能的有效途径，方法得当，则起到事半功倍的作用，有利于教学训练质量的提高。然而在当前的实战技能教学训练中，却大都沿用基础教学的一些教学训练模式，方法和手段单一，科学性不强，教官缺乏对实战教学训练的针对性和创新性。

四、基础训练缺乏实效性

通过对多个分县局及总队教训部门的警务实战技能训练情况调查显示：大多数培训是重技能轻战术，或将战术训练技能化、模式化。加之参训民警来自不同部门，在实战中分散重组，打乱了原来的训练体系，技战术运用就会出现较大漏洞。为改变这种训练与实战脱节的不利局面，各单位也采取了一些相应的措施。由于参加警务实战训练的民警基本技能与战术素养存在较大差异，特别是对武器的操作熟练程度达不到实战要求，加之训练弹药与训练时间所限，使训练的实效性大打折扣。

第三节　提高警务实战教学训练水平的对策

为使警务实战训练工作更加符合实战要求并取得实际性效果，必须用科学发展观统领整个实战训练工作，将警务实战技能训练与实战处置行动紧紧结合在一起，建立科学的实战训练模式，从而使警务实战技能训练不断趋向规范化。

一、建立规范化的训练体系

根据现有的训练体制及训练条件，有针对性地将警务实战技能训练划分为初级培训（基础技战术训练）、中级培训（应用战术训练）和高级培训（实战指挥训练）3个训练层次，并将每一层次的训练内容和目标要求设置成为一个相对独立又互为关联的教学训练模块，建立起规范化的三级训练机制，从而使警务实战技能训练形成一套完整的科学训练体系。

二、树立终身体能教育训练的意识

具有健康强壮的体魄是由警察所从事的职业决定的，健康强壮的体魄可以保证民警具有旺盛的精力投入到工作中去。对民警的体能教育既要考虑到学员在培训阶段的训练，又要考虑到其工作后的再学习。体能的训练应有计划、有步骤地向每位学员传授技术知识，培养学员在锻炼中掌握方法，增强自身锻炼的能力，使其树立终身体能训练的意识。同时各级公安机关在体能训练方面加强督促，采取短期培训、定期考核等形式，组织或督促训练，确保民警体能教育的持续性，只有把民警体能教育训练与工作后的继续教育结合起来，才能更好地解决学与用的衔接问题，使民警长期自觉地参与身体训练并终身受益。

三、加快改革步伐，充实贴近实战的训练内容

当前民警实战训练的主要模式是体能、技能和战术三位一体，虽然形式上相近，但训练内容差异较大，有些训练内容还滞留在竞技体育运动的模式上，因此，应加快改革步伐，充实贴近实战的训练内容。体能训练要设置除跑、跳、越障等训练外，还应包括力量、速度、耐力、灵敏和柔韧等身体素质训练。技能训练的设置要从实战出发，依据有关法律法规设置防控抓捕犯罪嫌疑人以及从保护自身安全的角度设计训练内容，切忌大而杂。射击技能要侧重武器的安全操作，临战心理控制训练和近距离快速出枪首发命中科目训练，改变强调远距离精度射击为主的训练模式。战术训练内容的设置主要是战术理论知识、处置原则和方法、综合运用技战术的能力、处置突发性事件等演练内容。以学以致用为原则，从实际出发，科学、合理地制定教学训练内容，着重培养学员的实战意识和执法能力。

四、分警种、分级别有针对性地组织训练

公安机关的岗位设置和工作性质是按警种分配，不同的专业对实战技能的需求也应有所不同。目前设置的警务实战训练教学内容存在着"一锅煮"的现象，这种做法缺乏针对性，必然产生相同内容很难适应不同需求的弊端。训练必须突出重点，具备特色，才能适应一线实际工作的需要。因此，警务实战训练分警种分级别可更好地全面落实民警上岗和首任必训、职务和警衔晋升必训、基层和一线民警每年的实战必训制度。根据首都公安工作实际工作的需要，针对不同警种、不同年龄的警察所承担的不同工作任务，警务实战训练可根据不同警种的特点和任务，分警种、分级别、有针对性地进行训练。

五、以考核促训练，建立健全考核达标制度

科学、合理的考核制度作为一种手段，可以更好地促进民警实战训练的长效实施。打破旧的应试教育模式的考核方式，从难、从严、从实际角度出发，建立一套完整的警务技能的单项和综合考核评价指标体系。规范技术和执法行为，量化各项技术动作指标，使考核工作客观、公平、公正，建立健全考核制度。考核方式可采用"阶段考核制""综合训练考核制"等方式的量化标准测评，也可以采用培训达标、考核同步进行等方式。根据考核标准进行达标验收，可将培训的达标成绩作为年终考核的一项硬性指标，对当前推行的领导干部竞争上岗将起到积极的辅助作用。

六、建立高水平的教学训练师资队伍

教官是教学训练的主体，教官必须具备良好的素质、丰富的实战经验和较强的科研能力，既有理论指导的专业能力，又有综合性操作的动手能力。应重视教官自身素质的提高，重视对教官的继续教育，使教官警务实战技能训练的知识不断得到补充、更新，保持知识、技能结构的合理性、实用性、先进性。应重视教官对警务实战技能训练的研究能力，为教官创造学术交流的氛围，提供参加学术研究的机会。组织教官到基层挂职锻炼，融入到基层警务实战技能的实际中，了解掌握实战的新信息、新动态，弥补教官实战经验的不足，扩大警察实战训练的新思路，打造一支高水平，既有理论知识又有丰富实战经验的教学师资队伍。

七、提高警察的自我防护意识

在美国，警察自我防护意识常常决定着在袭警事件发生时警察自身的生与死。美国有 1/4 的人拥有手枪或半自动步枪，但美国警察牺牲的平均数是每年 153 人。从 1980～1989 年，有 801 名警察在执行任务时被罪犯打死，而我国同期民警牺牲人数达 1 178

人。1994年美国警察牺牲158人，创历史最高纪录，当年，我国的数字是331人。由此可见，我国警察受袭伤亡人数是惊人的。虽然其中的原因很多，但是由于警察自我防护意识差导致的伤亡案件占有相当大的比例，因此自我防护意识的培训是每一名警察训练的必修课。

在我国，尽管公安部对基层民警有定期培训的要求，但是，一方面，有些基层领导对民警定期培训的意识不强，再加上由于基层警力严重不足，使民警很少能抽出空余时间参加自我防护意识和防护能力培训；另一方面，民警自身缺乏自我防范意识，一般情况下，除缉捕犯罪嫌疑人时持枪支和警械外，在传唤、羁押一般违法犯罪嫌疑人员时，很少携带武器、警械，有时甚至连头盔、警棍等基本防护设备都不带，自我防范意识淡薄。

警察的自我防护意识在减少遇袭伤亡中的作用占第一位，自我保护意识淡薄是我国民警存在的主要问题。加强自我保护是公安工作对警察的要求，也是警察的自身需要。警察具有自我保护意识，意味着他们对警察职业的危险性、艰巨性有一定的思想准备，这样就可以在职业活动中做好预防危险的准备。因此，要制定和建立警察必需的职业技能培训的目标和规划，始终将基本功和应变能力的训练摆在重要位置，进行具有针对性、突出实战特点的战术训练、技能训练以及必要的心理训练、身体训练，提高警察自身防卫意识和战斗技能，在遇到对抗性情况时，能机智果敢，合理处置，以达到保护自己、有效执法的目的。

第三章　国外警务实战训练现状综述

随着我国公安教育形式的发展，重新审视现行警务实战训练的状况非常必要。为适应新时代对警务实战训练的要求，建立起适应社会治安形势需要的警务实战训练，构建以提高警察实战素质，增强队伍战斗力为目的训练体系。为此，我们要学习借鉴国外警察警务实战训练经验，克服自身警务实战训练存在的不足，以促进警务实战训练科学发展。

第一节　澳大利亚警察警务实战训练概述

澳大利亚警方十分重视警察的教育培训工作，建立了规范、长效的警察教育培训机制，对新警察、在职警察、高级警官等进行初级、中级、高级及专项培训，强调培训的质量和效率，针对性很强。

在初级训练专项培训中，新警类培训，澳大利亚强调"精英从警"，淘汰率非常高，大约占到入学学员总数的85%。以学员能力培养为导向展开教学活动。在新警培训中贯穿以能力培养为导向的培训理念，强调受训学员解决问题能力的提升，而非仅仅对知识的掌握，这种理念从教学设计到课程考核评定各环节都能够体现出来。如在警务实战训练中，教官不是简单地告诉学员结果,而是通过讨论、实践等多种方式使学员掌握处理问题的能力,教学活动的展开不是以"教"为中心,而是"多维互动";如在考核中经常运用警务实际操作情景来考察学员处理问题的能力,对学员成绩的评定也常常运用能力描述而非简单的分数。实习或实验时,从学员个人特点出发设计教学,进行一对一的传授。如新南威尔士州技侦处特别服务培训部在教授跟踪等技侦课程时,将学员带到大街上,由教官进行一对一的传授,教学效果极佳。对于专业培训,强调动手和动脑,大量采用实证和案例教学法,而且还有相当课时的实习和实验课。澳洲高级警官的警务实战培训,侧重于理论教学(主要是课堂教学),鼓励学员自学,而且还安排相当数量的交流和讨论,师生的互动性强,是一种研究型的教学。

第二节 德国警察警务实战训练概述

德国高级警官学院既是教育培训中心,又是科学研究中心。当某地发生重大案件后,学校即派人赶赴现场,了解案情,协同当地警察部门进行学术讨论,总结经验教训,提出指导性意见,经联邦或州内务部批准后下发各地。高级警官学院还经常把培训班学员进行专题讨论的意见加以整理、汇编,直接印发给全国警察部门的2 000多名高级警官学习、参考。

德国警方将培训警察的自我防护意识作为警察培训的终身课程,在初级、中级和高级培训中均设有专题培训内容。其中"警察自我防护意识"作为晋升培训的专题内容,占培训总课时的7%~20%。在培训中,一是加强对警察进行自我防护判断能力的训练。二是进行队组技战术动作配合的训练。因为警察遇袭大多是在进行人身检查、车辆检查、超速驾驶检查、押运人犯、处理纠纷和突发的暴力犯罪中发生的,警察队组之间的技战术配合训练是保证警察安全的又一重要方面。三是进行防护装备熟练操作的训练。先进的装备还要有熟练的操作技能相配合。警方要求手枪、手铐、警棍和胡椒喷雾器等装备必须放在随手就能拿到的地方,并且能够熟练地使用。通过强化警察自我防护意识的培训,德国近年来警察遇袭伤亡的人数明显减少。

第三节　韩国警察警务实战训练概述

警察部队所秉承的精英教育理念贯穿于警察大学学员日常培养的方方面面。韩国各地的警察院校或训练中心不论规模大小,均不分专业,课程设置的专业性、针对性很强。教学内容根据形势、任务的变化,适时进行调整。教学方法一般采取课堂讲授、模拟演练、技能训练、实习4种,课堂讲授与技能训练的比例为1∶1。在课时分配上,射击训练所占时间更长一些,在校生每人消耗子弹900~1 200发。

韩国警察大学授课时数比普通大学多3倍且具有警察教育的特色。除完成一般课程外,学员还要完成学校指定课程。一般课程包括:教养课(人文、社会、自然)占总学时的12.5%,专业课(法学、行政学)占24.5%,警察学科(警察业务、理论与实务)占12.5%,外国语(英语和第二外语)占16%。学校指定课程包括:武道(柔道、剑道、跆拳道)占5.8%,射击占0.8%,电脑、驾驶、游泳、擒拿占8.2%,一线实习占4.2%,人生教育和其他占15.5%。这样的课程设置和教育思想,在提高学生的实用技能和素质培养方面都发挥了很大作用。

第四节　美国警察警务实战训练概述

美国警察的学历教育主要是通过在普通大学开设的刑事司法专业或犯罪学专业来完成的，警察机关设置的警察学院主要承担警察的职业培训。但有些警察学院也与地方院校学历教育对接，如纽约警察训练中心和地方院校合办学历教育，地方院校认可训练中心的课程是学历教育的一个部分。美国的"上岗前半年培训制"要求美国新警察要接受 6 个月的基础培训，经考试合格后，派到警察局实习，并由经验丰富的警察进行一对一地指导。指导时间不一，但每个警察每年必须返回警察学校接受 40 小时的专业培训。从 20 世纪初设立警察学院以来，美国警察职业培训已有 100 余年的历史，目前全美共有联邦警察学院（FBI 训练基地）、州、市、县警察学院近 700 余所。经分析，美国警察教育训练的特点主要体现在以下几个方面。

一、一切从实战出发

一是训练在模拟场景或真实的环境中进行。FBI 训练基地有功能较全的警务技能、战术训练模拟街区，有世界一流的射击馆和体能训练场，抓捕等战术课全在模拟街区或公路上进行。纽约警察训练中心按新警、高级警官和专业训练分别设置课程，职业需要和培训课程结合得非常紧密，如新警训练开设了许多真实模拟场景课，有家庭暴力场景、公众聚集和群体性事件场景、老百姓电话报警求援场景、盘查、质疑场景、精神病患者闹事场景、法庭应诉场景、老百姓乱丢垃圾场景等，这些场景都雇用了一支专门人员来扮演，非常逼真，如临其境。二是训练内容贴近实践，来源于实践。如高级警官培训，开设了领导力、紧急事件指挥、保障力、计算机技能等课程，每个月还安排地方政府高级官员来讲课或交流，使高级警官了解更多信息。又如在专业训练中，针对犯罪分子使用刀具行凶的情况，训练中心就专门组织警察训练如何对付犯罪分子持刀行凶，反映了现实中出现什么情况就训练什么。三是实践教学占有相当大的比重。课堂讲授与实践各占一半课时，专业课的实践时间占70%。

二、警察训练的考试考核非常严格

新警训练，在6个月内必须学完20~30门课程和射击、驾驶训练，每门课程必须70分以上才合格，其中射击课必须100分才合格，不合格允许补考一次，补考不合格的则辞退，驾驶考核不合格的，则不允许驾驶警车。在FBI训练基地女警察和男警察考试标准一样，每批纽约新警训练考试至少有10%的人因不及格被清退。严格的考试考核制度大大地促进了警察训练的积极性，提高了训练效果。

三、美国警察的工作变动与射击是否达标有很大的关系

枪支训练是美国警察训练计划中最基本的部分，被喻为警察的第二生命。联邦调查局警察学院学生必须接受32小时的枪械训练，除通常进行的精度射击外，还要进行特种射击训练，包括远、近距离射击、限时射击，对不同靶型、不同角度的复杂运动目标射击，合理利用掩体的训练。如今在美国各警察训练学校普遍运用"电子计算机射击模拟装置"进行射击训练，这种装置通过计算机控制射击情况的变化，使受训者能够逐步适应各种环境下的射击技术训练。美国警察在术科训练中，最重视的要算防身术和射击训练。防身术包括擒拿、空手道、警棍操作、搜身要领与自卫性驾驶法等。射击训练之执行非常彻底，1989年间，美国警察被歹徒用枪击伤案件高达3 000件以上，在过去10年中殉职的警

察95%是死于涉枪犯罪。因此，美国警察特别重视射击训练，每年至少有2次射击测验，在测验中必须拿到够水准的成绩，对不及格的，虽有再训练、再测验的制度，经再测验仍然无法拿到够水准成绩的，即停止其外勤工作而改变为较低的岗位。

四、实战课程设置注重模拟演练

美国警察训练在课程设置上则更加注重对训练者进行实战技能、实战战术的模拟演练。课程设置有身体素质训练、射击及枪械战术训练、擒敌技术训练、警械实用技术、警察搜身实用技术、警察对车辆的运用与防卫技术及抓捕技战术等。美国警方认识到"要想成为一名真正合格的警官，就必须掌握各种警务技战术。要掌握这些技战术有两个关键，一是练好基本功，二是要灵活运用，学以致用。只有这样，警察们才能应付当今世界的各种犯罪，发挥其社会作用"。由上述可以看出，美国警察训练在课程设置上很注重警务技战术课的针对性、实用性和实战性。

美国警察训练学校在擒敌格斗实用技术教学中更注重结果。由于美国警察职业的特殊性，擒获罪犯才是警察与犯罪分子格斗的真正目的，因此，美国警察所学的格斗技术实质上是与擒拿技术有机结合的一套实用格斗技术，训练者对每一组格斗动作都应有意识地糅进擒拿技术以最终控制犯罪分子。另外，在格斗的教学中，美国警察比较强调模拟实战演练，训练中设敌我两方，两方学员在身体素质、技术水平方面无太大差别。一组学员身穿训练防护服装，另一组学员进行攻击，每种技术练习多次之后，学员们进行交换。反复交换几个回合，学员们便会真正掌握这种实用的警务技能。

美国在警务战术的教学程序上，先进行理论教学及警务技能训练，再模拟实战演练。理论教学主要传授学员的自我安全防卫意识，在警察执法过程中，警察要严格按照法律的要求办事，但又要讲究科学的方法，遇事不蛮干，不做无谓牺牲。实践操作如下：第一阶段首先利用电子计算机模拟装置进行战术训练，当受训者能够正确运用枪械及战术技法来保护自己时，进入第二阶段仿真环境下的战术演练，美国各州警校及训练中心都利用"战术反应教室"和"霍根巷道"之类的训练设施，进行战术课程的模拟实战演练。所谓"战术反应教室"是一栋传统型的民宅，结构复杂的办公室，或其他有很多房间、走廊、电梯的商业建筑，在这些建筑物内会设定许多"敌""友"射击靶位。而"霍根巷道"则只是模拟一些商业区、住宅区，在室内结构上，设置一些"可射击"或"不可射击"的目标。训练的学员可以在一个完全仿真的训练环境和场所中进行"解救人质""高楼搜索""快速防卫射击"等实战训练。通过这种逼真的又可以经常进行的实战演练，增强学员防卫意识和实战技能。

第五节　法国警察警务实战训练概述

法国警察警务实战训练的内容以学员未来从事警务工作的需要为轴心精心设计和组织，在传授基础技能的同时，积极引导学员对现实社会的重大治安问题和警务改革问题进行深入地调查与研究，重点培养学生的分析和研究能力、求实创新精神所必须具备的各种品质和才能。其突出特点是以适应警务工作的需要为办学首要原则，坚持以为实战部门服务为教学培训工作的出发点。正是坚持以实用为首要原则，法国警察院校的教育与培训无论在课程设置，还是教学方法和实习制度上都独树一帜，强调理论与实践的有机结合。

法国警察院校的教学内容、课程设置和教学重点都立足于学员从事未来警务工作和担负的责任所需要的各种品质和能力的培养，并根据警务工作的需要而不断调整变化。如专门培训警员的警察学校，设置的课程极为广泛，以巴黎警校为例，共设置了70余门课程，在方法上，突出实战实用。法国警察院校最具特色的教学环节，充分体现在它的实习制度上。法国国家高等警察学院的实习时间之长，实习范围之广泛，实习内容之丰富，实习方法之灵活自主，实习设计之周密，为其他高等学校所鲜见。实习为国家警察学院的学员深入警务工作实际，具体观察和了解社会治安问题，深刻认识法国警察制度及其运行机制提供了条件。

法国各类警察学校不是按专业学科选定课程，而是紧密结合警务要求设置课程，真正做到学以致用。从其所设课程看，法国各警校主要开设了下列5类课程，各占总课时的1/5：①法律课，包括刑事法律、行政法律和民法；②警察组织和管理课；③警察技能课，包括擒拿格斗，新知识和新技术在警务工作中的实用等；④模拟实习课；⑤射击训练。其中，礼仪、安全引导、民权教育、射击及武器使用、救援等都是必修课。法国警察的教学方法十分灵活。学员除进行必要的理论课学习外，还安排大量的时间讨论案例，模拟警务工作中的各种情况，设计和执行处置方案，如治安群体事件的处理等。理论紧密联系警务工作实际，注重培养学生的动手能力，突出实践性、技术性是其教学方式的重要特点。

第六节　英国警察警务实战训练概述

英国现有警察15万人，而苏格兰警察学院每年培训量达6 000人次，一个警官平均每两年就要入校学习一次。英国警察学院投巨资建立了一系列的模拟训练室，把学生放到近似实战的环境和背景下训练。每个训练项目都要提供一个近似实战的场景，提供情况背景，让学生自己提出处理方案，进行实地练习，由教官做出评判。英国布拉姆希尔警察学院也实行严格的学员淘汰制度，每期学员的淘汰率为4%。在警察的个人档案中，主要内容是参加各种学习培训的记载，甚至半天时间的学习培训都要详细记录存档。

英国警察的基础训练（相当于我国的新警培训），除北爱尔兰外，一般培训周期为2年，包括1年的在校训练、6个月的见习和6个月的返校训练。北爱尔兰警察的基础训练时间更长，包括20周的警官学习课程、1周的考核评估、9周的警务技能训练、10周的岗位训练（个别带教），85周的见习训练（试用期），共125周。英国布拉姆希尔警察学院也实行严格的学员淘汰制度，每期学员的淘汰率为4%。英国警察院校及训练机构开设的课程主要有：刑法、刑侦、警察职责、警察业务、指纹、现场勘查、巡逻、警犬、救护、计算机、自卫术、现代化交通工具、制止暴乱、射击、柔道、剑道、空手道、擒拿术等。

英国警察学院的教学内容非常具体实用。既有法律法规、刑事侦察、交通管理、跨国犯罪、电子监控等技术含量较高的教育训练内容，也有如何同议会建立联系、如何同社会其他部门打交道，以及如何给受害家庭提供帮助和心理安慰等公关方面的教育训练内容，还有建筑安全、儿童犯罪等方面的教育训练内容，甚至"如何处理流浪狗"的问题都列入训练内容。

英国警官是从见习生开始职业生涯的，见习期为2年。在这2年中进行以下两种形式的培训，一是基础教育，共计30周，先在基层熟悉情况（4周），到地区警察培训中心集中授课（10周），回到基层单位经验丰富警察以师徒方式辅导（5周），再返回地区警察培训中心进行较深层次的集训（5周），然后再回基层实习（5周），最后考试（1周）。二是带领实习，采取"实践—理论—实践"的培训模式。在两年时间内，新警察从培训中心到基层单位几上几下，从难从严，独具匠心。

英国警察中、高级警官培训班的内容则完全按其即将担任的职务的相关性来安排。英国采取五级培训制度。一级培训：实习生经过2年培训与实习后，由警察局局长任命为警员；二级培训：警员晋升警佐、督察，在培训中心或布拉姆希尔皇家警察学院接受"特别课程"（专业课、研究课与管理课）；三级培训：督察晋升总督察，接受6个月"初级指挥课程"培训（独立指挥艺术、警察组织管理、法律与警察权利义务）；四级培训：督察晋升警司，接受3个月"中级指挥课程"培训（包括法律、犯罪处置、组织管理）；五级培训：警司升任副局长以上，接受为期6个月的"高级指挥课程"培训，课程分为（现场指挥艺术、警察权力与责任、科学技术、决策与计划、组织监督）。

第七节 中外警务实战训练比较

一、警务实战训练模式比较

西方发达国家多是在社会上通过考核招募新警，警察的学历教育是依靠社会教学资源完成的，新警已经具备了用人单位所要求的学历，再通过警察院校4~6个月训练即可上岗。其警察院校除了培训新警之外，还负责在职警察的培训和轮训。西方警察院校训练的显著特点是紧密结合执法实践，具体到警察警务实战训练，多采用集训模式，其教材简单实用、训练内容和标准统一、层次分明，贴近实战，能保证新警经过半年左右时间的训练，即可获得相当高的实战能力，并通过以后在职的轮训得到保持和提高。中国目前警察主要是由警察院校的学生构成。警察警务实战训练是通过警察院校课程模式完成的，课堂教学内容过多过散，教学密度低，重复性练习少。而技能的形成是一个从量变到质变的过程，必须有一定持续训练的积累才能获得。在这种情况下，很难使学员获得较高的技能水平，战训合一无法得到落实。警务实战教材也是按照课程形式编写的，偏大求全，理论性过强，操作性不足，各院校、各部门自行其是，没有统一的内容和标准。在职警察的警务实战培训由于各种原因只有规定，没有执行，流于形式，警察院校的警务实战训练成果不能得到巩固。

二、警务技能考核体制比较

法国、韩国、日本等一些国家对警察警务技能水平都采用了升段考核的方法。这种类似文凭的段位考核，对警察的身体素质、格斗基本功、实战能力都提出了明确的要求，警察必须达到一定的等级方能从事相适应的警察工作。高等级是警察能力和荣誉的体现，更可成为警务技能训练的教官。警察技能等级制的实施，不仅奠定了警察技能训练的基础，而且使警察了解自己的技能使用能力，能达到对警察的合理使用。中国目前民警警务技能水平的考核体制尚未形成，这也是造成民警技能训练动力不足的原因之一。警察院校的技能考核也是按照课程模式进行的，没有对学员能力进行整体的、全面的评价，更没有等级的划分，学员只求合格获得学分，训练的效果大打折扣。技能的评价是衡量一名警察是否合格的重要指标之一。科学的考核体制是促进警察自我训练、不懈追求的内在动力，也为警察确定技能训练目标树立合理的标尺，对于提高民警技能具有深远影响。建立适合民警勤务需要、极具实战性的技能考核体制是提高民警素质的必经之路。

三、警用器械应用比较

西方发达国家非常重视警用器械的作用，根据警察勤务特点，研究和开发了大量先进的警用器械，广泛应用于警务实战，如各式警棍、电警棍、电击手套、辣椒喷雾剂、泰瑟枪、防刺背心、橡皮子弹枪等。这些先进警用器械首先配备给警察训练部门来使用，从训练部门培训警察的使用方法等内容，该使用是"以人为本"理念的落实和体现，有利于警察保护自身安全，增强信心，提高工作效率。相比之下，中国警用器械的使用刚刚起步，虽然国内警用装备加强研发，开发出大量新型的警用装备与武器，但是由于观念问题，淘汰下的警用装备与武器才提供给训练部门使用。这种现象严重影响警务实战训练效果。另外，由于经济条件的制约、科研力量的薄弱和重视程度不够，警用器械的种类、数量、装备范围和训练水平明显落后于西方发达国家，警察更多的是运用身体和徒手格斗技能与犯罪分子搏斗，伤亡率高也在所难免。大量配备高科技警用器械是今后一段时期我国警察格斗训练和警务实战的主要发展方向，是落实科技强警的重要举措。

第四章　警务实战训练模式与方法创新

第一节　警务实战训练分级、分类、分层次划分

有针对性划分培训层次和类别，对于提高培训质量和效益具有重要意义。分级分类培训是根据不同职级和岗位对警务人员才能需求的不同进行的，"分级"反映了警察培训过程的递进性，"分类"注重警察培训内容的差异性。不同职级和类别培训的课程内容各有不同，总的来说，初级培训注重警务基础知识、专业技能培训，训练对象以社会院校新警、警察院校新警、军转新警为主，加大单警技能及战术训练，以提高单警处置能力。中级培训既有专业技能培训，也有一定的管理及指挥课程，训练对象以治安、刑侦、综合、监管等警种的科级领导职务的警察为主，侧重以小组及分队组织指挥训练为主要内容。高级培训应以战术协同与整体组织指挥训练为主，训练对象以治安、刑侦、综合、监管等警种的处级领导职务的警察为主，侧重指挥能力训练。

在境外，大多数国家长期实施分级分类培训收到良好的效果。如芬兰对警察教育十分重视，警察实战训练分级、分类培训界限分明，基本上没有交叉重叠，训练内容、训练要求等各不相同，训练针对性、实用性极强。依据教育对象，分为初级警察教育、

中级警察教育和高级警察教育，其中每级又区分不同对象进行分类教学。在警察基础学位培训和初级警官学位培训中，一是突出警务实战技能的学习、训练，如通信、驾驶、警械使用、现场勘查、应急处置、审讯、交通指挥等方面的实用技能、方法；二是注重执法能力和服务水平的提高，如加强法律、法规学习，培养语言交流、警务管理等方面的能力。在时间安排上，重视实践锻炼，学员一半以上的时间用于参加警务实战工作。课堂理论学习与警务实践紧密结合，反复交替进行。

内地在职民警培训虽然同样实行了分级分类培训，例如，新警培训、警衔晋升培训、职务晋升培训、领导干部大轮训等分级培训，各警种岗位业务培训等分类培训。但是，这种分级分类培训基本上属于"粗放式"的，还停留在形式上。没有泾渭分明的培训目标，课程设置大同小异，培训方式基本无异。也就是说分级分类培训不仅受训学员分级分类，还要将训练目标、课程、师资、甚至培训方式等相应的教学元素分级分类。而目前普遍缺乏系统、配套的分级分类制度，培训针对性亟待加强。重要原因是对不同层级、不同警种、不同岗位民警的职业能力和素质要求缺少系统而周密的分析论证，缺失岗位能力基本标准，由此导致培训工作缺乏与时俱进的规范而统一的训练目标、训练内容和训练标准等，进而造成在培训工作中普遍存在着不同层级、不同警种培训班的培训对象参差不齐，训练内容、训练方式、教官等大同小异之怪状，培训教学中存在的"理论与实践相脱离"的痼疾显然难以治愈。同时，民警分级分类培训显然还缺乏递进性，对警察的发展和能力提升缺乏有序规划，没有把提升民警的素质与公安部提出的"科教强警""向教育要素质、向素质要警力、要战斗力"的战略决策结合起来。

表4-1 警务实战训练分层级分类别内容体系

培训级别	专业警种	专题名称
初级	不分警种，警务实战基础训练	1.徒手防卫与控制；2.解脱技能；3.抓捕动作；4.人身检查；5.常用警械装备使用；6.手枪基础射击技能；7.盘查技战术；8.设卡堵截；9.车辆查控；10.夜间警务技战术训练；11.遇抗控制
中级	治安	1.清查战术；2.九五步枪精度射击；3.娱乐场所抓捕战术行动；4.独门独院抓捕战术行动；5.群体性事件现场处置指挥
中级	刑侦	1.防暴枪使用；2.队组搜索战术；3.手枪应用射击；4.防手枪被抢；5.抓捕战术指挥
中级	派出所	1.巡逻战术；2.居民区抓捕战术行动；3.宾馆客房内抓捕战术行动；4.派出所领导群体性事件指挥职责
中级	监管	1.警务押解技战术；2.从暴动越狱案谈看守所民警自身防护；3.国外看守所警戒等级；4.看守所民警个体预防袭警犯罪对策；5.看守所内劫持犯罪及应急处置
高级	治安	1.警务实战指挥工作程序；2.处置群体性治安事件行动指挥；3.处置群体性治安事件行动常用战术；4.专项行动的组织与指挥
高级	刑侦	1.缉捕持枪犯罪嫌疑人行动指挥；2.缉捕持爆炸物犯罪嫌疑人行动指挥；3.缉捕重大暴力犯罪嫌疑人行动常用战术；4.反恐怖袭击行动指挥
高级	派出所	1."最小作战单元"勤务模式在派出所工作中的运用；2."站巡制"勤务模式研究；3.派出所在反恐维稳工作中的作用；4.城市街巷抓捕行动战术指挥
高级	监管	1.加强新形势下看守所安全管理工作；2.看守所安全风险评估；3.看守所警戒机制构建；4.看守所重、特大案件危机的解决途径

第二节 实施小班化教学

小班化是一种经过全世界广泛实践验证的最优化教学模式,它代表了全球教育发展的方向。组织警务实战训练时,每个教学班20人左右,人数规模上的小班化能确保教官有效实施对每个学员教学训练的控制,并能有足够的时间和精力实施对每位学员的辅导。在小班化训练的具体教学组织方面,由于各种训练班的学员来源不同,因此各种训练班及各类训练课所采用的教学组织方法就有所不同。主要有以下几种教学组织模式。

一、初级培训警务实战课程模式

新警训练的技战术理论课,每个小班一般采用主训教官授课"承包制"模式。即警务理论教官一个人负责承包每个新警训练小班的所有理论课教学。这是由于新警训练在理论方面,只是把从警必须学会的警察基本知识,以及值勤中需要处理的常见问题作为训练内容,属于基本或基础性的训练,业务知识要求不是太复杂,警务实战教官基本可以胜任这方面的教学。因此每个小班可由主训教官承担由徒手控制到枪械使用,再到战术训练的一系列课程。但这种小班理论课的主训教官"承包制"上课不是排斥大班上课。必要情况下的大班上课与小班上课相结合是合理调配训练力量,提高训练效率的有效方法,其他国家的警察训练也有类似的做法。在实践中对那些以培养意识、树立观念、了解知识为教学目的的课题,安排了一些大班上课,这不但不会影响教学质量,还可大量节省师资力量。而以训练动脑、动手、动嘴能力为目的的课程,则坚持以小班上课。

二、中级培训警务实战课程模式

对专项业务培训班的警务实战技能训练课，尝试采取"合—分—合"的教学模式。由于警务技战术课包括了射击、战术、防卫控制三大块，对这3种技能的娴熟掌握需要长时间的学习和训练才能达到，目前警务技能教官难以同时精通这3个方面的内容。另外，要能胜任警务技能课的训练教学也需要一定的合作组织与协调能力。如采取单人承包小班教学中的全部技能课办法，或简单套用"兵教兵"办法，遇到的困难会很多。在依靠现有警务技能教官集体力量和坚持"小班化"训练模式的前提下，尝试采用注重实效和实用的"合—分—合"训练教学方法。

中级培训的警务实战课程，每个小班采用"官教兵"与"兵教兵"相结合的模式。专项业务、警衔晋升培训在训练时间里，开设的训练课题多达几十个，内容涉及诸多方面，而且各类警衔晋升班的学员来自业务部门和基层单位，他们一般实战经验丰富，有理论水平。如完全实行像新警训练小班授课的"承包式"教学方法，单个主训教官的公安业务知识面可能不能适应整个小班多种理论训练课的需要，有时可能还会对一些公安现实工作难题难以给出具有说服力的答案，这就会影响公安理论课的训练质量。在这种情况下，在充分发挥主训教官主导作用的前提下，注意挖掘资源，让具有丰富专业知识和较强业务能力的具备兼职教官资格的民警在小班化教学中充任部分专题课的授课教官，既弥补主训教官业务知识面的不足，又能调动学员的学习积极性。具体操作过程是先由主训教官精讲理论，时间视情况占该专题训练时间的1/3或2/3，然后兼职教官担任该次课的教官，结合计划所定专题的要求讲述自己的工作经验体会，最后再由主训教官进行点评总结。这种官兵互动互教，互启互补的理论课训练方法形式生动，内容新鲜，在推行的过程中受到了学员的欢迎。

三、高级培训警务实战课程模式

在高级培训中，根据学员的特点开展训练。

第一，集中所有学员，由教官讲解本次课的授课内容、授课目的、练习方法、训练重点和难点。教官在讲解具体学习内容的同时，辅助教官在一旁配合专职教官的讲解做示范动作。这样边听讲解边看示范，学员可以将理论与实操结合起来，更好更快地掌握动作要领，提高训练效果；教官也可以在演练过程中互相学习，共同进步，提高授课水平。以上的合小班讲要点上课的做法就称作"合"。

第二，分小班训练。集中讲完要点后，就按小班划分场地，以辅助教官为主，将各班学员带到指定地点，根据专职教官的授课内容组织各班学员进行训练，专职教官在各班之间检查分班训练情况，及时纠正动作。这里分开训练的做法就称作"分"。

第三，下课前的验收和讲评。分开训练之后，由专职教官主持，对训练内容进行验收和讲评，并由辅助教官再次配合主讲教官演示训练内容，以达到在训练中发现问题和解决问题的目的。这里的集中讲评又称作"合"。

"合—分—合"的教学方法，没有否定小班化训练及主训教官负责制，而倒退到以前大班制培训的旧路上。这种方法只是对小班化教学方法的完善，因为两次"合"均是各小班为了更好更规范地掌握要点，临时集中起来接受统一的示范要求与评讲，之后各小班仍是基本的授课单位，仍是主训教官负责训练。"合"的目的就是为了便于更规范更有效地"分"开小班训练。由于这种方法在教学中显出了实用性和合理性，因此得到警务实战受训学员的欢迎，使之更具科学性。除以上所述的各种教学方法外，教官还在小班化训练及考核中根据不同情况探索采用了如案例引导法、组织专题研讨法、多媒体教学法、开卷考核与讨论结合法等教学方法,开展组织各种小班训练课,也都收到较好的教学效果。

第三节　警务实战训练考核模式

考核不仅是检验学员训练情况的主要手段,也是检验训练教学效果的重要依据。训练的对象是来自公安机关各个层次、不同岗位的民警和领导干部,虽然每期学员职务可能同级,但由于年龄、工作性质、生活环境、社会阅历不同,他们的整体素质差别较大。对他们的考核也应针对其特点,以考察其对实际问题的解决能力为主。因此,对于不同层次、不同岗位的受训学员应实施等级考核制度,按照层次、岗位等对其素质进行综合评估。

考核应着眼于提高教育训练质量和效能,构建民警教育训练考试考核评价体系,科学的考试考核体系是激发民警内在学习动力的重要手段。针对当前教育训练中存在的民警学习积极性不高、教育培训实效性不强的问题,应以考试考核为杠杆,以结果运用为手段,建立民警教育训练考试考核评价体系。一是建立民警自主选学机制。改革民警教育训练模式,建立体现民警个体需求的自主选学新机制。在警衔晋升培训、基层一线实战培训、各类警务技能培训中,采取集中培训、岗位练兵和网上培训相结合的方式,由民警自主选择培训形式,提倡和鼓励民警自学自练,最终以考试结果检验训练效果,把教育培训的重心由"必训"转向"选训"。大力推行菜单式教学,做到以人为本、按需施训,尽量为民警成长进步创造良好条件。二是建立民警教育训练考试机制。按照"训考分离"要求,研究建立民警教育训练考试机制,重点强化教育训练考试的驱动效应，有效激发民警的内在学习动力。考试内容要贴近实战、注重实效，重点考查民警的能力结构，检验民警的训练效果，切实把教育训练的重心由重过程调整到重结果上来。实现考试结果从单纯评价向综合运用转变。

一、初级警务实战训练考核模式

在目前体制下，新警的警务实战考核是以提高技战术能力为目的，单一专题的考核成绩及格与否并不能决定该学员的从警资格。虽然新警警务实战有很多训练专题，但是警务实战考核要以枪械训练为切入点，提高新警学员的三个意识，即服从意识、枪支安全操控意识、执法安全意识。具体方法为，采用渐进式枪械训练考核模式，提高新警学员的自我防卫意识与警务实战能力。

（一）渐进式枪械训练考核模式

在体系中，将以"枪械安全操作者—具备射击技能—具备开枪能力—有执法能力的警察"为训练主线，即将武器使用训练过程分为四个阶段，每阶段需要达到的目标分别是：第一阶段——枪械安全操作者；第二阶段——具备射击技能；第三阶段——具备开枪能力；第四阶段——有执法能力的警察。这一体系中，必须严格按阶段循序渐进式地进行训练，每一个阶段都是以上一阶段为基础，离开上一阶段的铺垫，下一阶段的训练往往会出现比较大的安全隐患，因此不能在各阶段之间跳跃式地进行训练。根据训练主线，要求受训者在经过第一阶段训练后，首先要成为一个枪械安全操作者。简单地说，就是要求武器在受训者手中要成为一支"安全"的枪，这个"安全"有两层含义，一是指学员要熟悉枪支的基本结构，对枪支的正确操作方法要熟练，其中包括枪支的正确佩带方法、枪入套和拔枪、检查枪支、验枪、装退子弹、枪支的保养等内容；二是指学员经过初步训练要具备基本的枪支使用安全理念，如"枪口安全指向、不射击时食指离开扳机"等保障枪支使用安全的好习惯。这一阶段的训练是基础的也是非常重要的，如果因为训练不足养成了不好的习惯，就会对以后的训练埋下事故的隐患。第二阶段，在学员已经掌握了枪支安全使用的规范，并初步养成了良好的用枪习惯后，要求学员要成为一个射手。这一阶段又分为两个部分，第一部分是学习掌握射击的基本技能，包括握枪方法、身体姿势、瞄准、击发等基础动作，这一部分的训练以准确度为主，要求学员尽可能将弹着点打得相对集中。在熟练掌握了基础射击技术后，就转入第二部分的训练，即应用射击或者叫实战射击部分。在这一部分的训练中，训练内容有各种姿势（如威沃尔式射击姿势、跪姿、卧姿、掩体后射击姿势等）的射击、各种距离（7~15m）的射击、快速反应射击、多目标射击、暗光线条件射击、快速排除枪械故障、战术性更换弹匣等。这一部分的训练从实战出发，注重应用、实用，主要以速度和准确度相平衡为主，要求学员在保证一定上靶率的基础上尽可能提高射击速度。在第三阶段，学员应学习法律中涉及警察使用武器的各种条文，其重点是合法使用枪械的程序、条件。经过训练后，学员将熟练掌握关于使用枪械的法律程序，更为重要的是要具备快速决定是否可以开枪的能力。进入第四阶段的训练，要求学员不仅能做到合法用枪，而且要能在与假想嫌疑人的真实对抗中取得胜利，即从上一阶段的"人—物"对抗转入"人—人"对抗。在本阶段训练中，学员将使用制式佩枪，使用标识弹，在学员与学员之间或学员与教官之间进行对抗。

（二）训练内容设置

1. 第一训练阶段

渐进式训练考核模式，以不同枪械种类为训练分支，分四个阶段进行分段训练和分段考核。考核是在各训练阶段结束时进行的，上一阶段考核不合格将不能进入下一阶段的学习。在不同枪械种类的课程中，作为核心的基础训练阶段都应以枪械基本操作为主，以技能操作带动枪械常识的学习，加以强调武器使用的安全原则，让学员在尚未接触真子弹的这段相对安全期内，熟练掌握枪械安全操作规范，并养成良好的用枪习惯和安全意识。在用枪安全理念中最为重要的两点是：①严禁将枪口指向不欲射击的人或物体；②除非决定射击，否则扣扳机的手指应放在扳机护环外。这两条原则被称为枪械安全使用规范中的基本原则，在警察训练、使用枪械的过程中，只要时刻牢记这两条操作规范，并且确实做到，基本可以杜绝走火伤人事件的发生。目前公安机关在枪械管理上无法做到定人定枪，警察在工作中所领取的枪支往往不是同一支枪，造成了警察对枪械是否能使用，有无故障隐患没有信心，因此第一阶段的训练内容除常规的枪械基本构造和分解结合以外，还应学会并熟练掌握如何对枪支进行安全检查，判断枪支是否存在安全隐患。枪械教官对每种枪械中容易对安全产生影响的部件要特别介绍。训练目标及评价标准：本阶段的训练目标是使安全理念在学员大脑中固化，养成规范的安全操作技能，并使之成为一种习惯。考核时要求民警对所培训枪支进行各项日常操作，考官根据学员操作情况评分。评价标准：要求民警做到操作枪械时不能出现任何不安全、不规范的动作。教官在考核中对不规范动作应该做到"零容忍"，严格把关，不过关者坚决不能进入下一训练阶段。

2. 第二训练阶段

此阶段目的是使学员掌握各种射击技能，为了从实战出发，使民警掌握更多的实用射击技能，在训练中应该把握好训练理念和要求。

（1）射击标靶的选择。

射击靶子应以人形靶为主，对学员的要求是以靶子的躯干部位作为主要射击目标，因为在实战中，警察的射击对象是人体，而在人体中面积最大的是躯干部分，而且在人体运动时，躯干相对于四肢和头部也是移动最慢的部位，因此要让警察养成射击人体躯干部位的习惯，这样实战时在万分危急的情况下，警察也可以凭借训练中养成的习惯提高命中率。

（2）握枪习惯的改变。

从基础射击开始就应强调双手握枪，为应用射击打下基础。根据统计，现代警察与犯罪嫌疑人之间的战斗，开枪的距离90%都在10～15m以内，而且战斗时间最多持续3～10秒，这就意味着警察要想在实战中占有优势，就必须熟练掌握快速射击、连续射击的技能。

（3）射击精确度的要求。

由于警察射击时所要命中的目标（人体）与体育竞赛射击的目标（直径几厘米的靶纸）大小相差过大，因此根本不需要那么精细的瞄准和击发。因此，在警察武器使用训练中，更应该强调射击速度，而对射击精度要求不要太高，只要能击中人体就可以，而且警察在射击训练时应更多采用半身靶来作为训练靶标。

（4）射击距离的选择。

在射击距离上，警察射击训练应该从实战出发，将训练重点放在10～15m，甚至进行5～7m的快速射击训练。在本阶段训练中，对于射击距离也不要固定。由于警察实战中的射击距离往往不可预知，而且目前国内警察使用的枪支在不同距离上有不同的弹道高度，虽然在近距离内弹道高度的差别不大，但毕竟还是有差别的。因此训练中最好经常变换射击距离，也不一定要求是 5m 或 10m 这样的整数，这样让学员在不同距离上能感受到不同的弹道高度，便于射击时调整瞄准位置。训练目标及评价标准：本阶段的训练分两部分进行考核。在本阶段的前半部分考核中，要求学员掌握基础射击技能，熟练掌握枪械射击程序及靶场安全程序。考核时以弹着点的集中程度来对学员掌握技能情况进行评价，一般来说，手枪训练在 15m 的距离上对半身人像靶不限时发射 5 发子弹，弹着点能集中到直径 10cm 圆内为优秀，弹着点能集中到直径 20cm 圆内为良好，弹着点均能上靶为及格。在后半部分的考核中，要求学员能掌握实战应用射击技能。以手枪训练为例，这一部分将以快速射击为主要训练目标，结合各种实战佩枪方法进行快速拔枪、快速射击、快速更换弹匣等实战技能的训练，考核时用时间来限制，以命中率来进行目标评价。时间限制根据距离远近有一个弹性要求，对于手枪而言，一般来说 15m 距离上快速拔枪首发命中要求 3 秒以内完成；如果进行多发射击按每发射 1 发子弹 3 秒来累计，即如果发射 10 发子弹一般要求在 30 秒内完成。此标准在实际教学训练中经长期实践检验，是切实可行的，命中率 60% 以上者占 90%～95%。经过第二阶段的训练，枪械可以成为学员手中能够发挥其威力和作用的武器。

3. 第三训练阶段

第三训练阶段是合法使用枪支的训练。可以采取渐进的训练方法。一是简单易行的方法，由教官讲解合法用枪的法律规定，然后在课堂上用各种案例视频的形式对学员进行能否合法开枪的训练。二是可以建立合法使用武器训练专用小型靶场，在室内用真枪实弹在视频引导下进行合法用枪的实弹训练。这种方法结合现代科技手段（视频、人机交互等），可以给学员提供感受更为直观、形象，互动性更强的训练。目前在国内部分警察训练部门已经建立了一定数量的同类小型靶场，并已经开始对部分民警进行训练。学员在训练时与实战过程一样佩带真实的枪械弹药，然后跟随教官选择播放的视频引导，在受压条件下对视频播放中出现的各种情况做出正确的反应，并真正地对着屏幕开枪，而且计算机也能根据学员对各种条件做出的不同反应迅速做出判断并即时播放下一段视频（如计算机可以根据学员对视频画面开枪时命中视频中嫌疑犯的身体不同部位，选择播放嫌疑犯死亡或继续反抗的下一段视频）。而且这种训练方法更重要的是，训练后学员可以与教官一起根据视频回放来回顾训练过程中所做的各种细节是否正确，对能否开枪的判断是否准确，受压条件下的射击能力是否存在问题等。训练目标及评价标准：在考核中，教官将根据学员对不同情况下所做出的各种反应及表现出的枪械技能进行评分，对于使用武器是否合法这个标准一定要严格把关，绝不允许不合法的现象通过考核。考核合格后，学员才可达到成为"有合法使用枪支能力的警察"这一训练目标。不仅如此，此阶段的训练会极大提高学员在执法时使用枪械的信心，为安全执法打下坚实基础。

　　渐进式训练考核模式是按照循序渐进的训练原则，以安全为核心，以枪械操作为主要内容，贯穿始终，从实战出发，以警察职业要求为目的，操作性较强，既顺应时代发展，也比较符合目前公安机关的实际情况的武器使用训练的考核体系。

二、中级警务实战训练考核模式

　　由于参与警务实战训练的民警，从警时间一般在 6～10 年，具有较为丰富的一线实战经验。故根据民警实际情况特制订了技能模块考核法与战术模拟实战考核法相结合的考核方法。

(一)技能模块考核

该考核包括手枪应用射击、九五式步枪射击、防爆枪使用、防手枪被抢、警务押解技战术。考核点围绕枪械基本技能掌握与战术射击技能、实战中安全操控枪支能力、不同环境的安全押解方法等进行。

考核形式是枪械类分为基础射击与应用射击,基础射击根据民警在实弹射击时的环数来评定成绩,应用射击根据民警持枪移动的速度与安全性、利用掩体合理性、双人及多人配合的默契性来综合评定成绩。

(二)战术模拟实战考核

该考核包括清查战术、娱乐场所抓捕战术、独门独院抓捕战术、群体性事件现场处置、跟踪战术、抓捕战术指挥、巡逻战术、居民区抓捕战术、宾馆客房内抓捕战术、派出所领导处置群体性事件具体职责、从越狱案例谈看守所民警自身防护、国外看守所警戒等级、看守所警察个体预防袭警犯罪对策、看守所内劫持犯罪及应急处置。

考核形式由教官组将真实案例改编后,扮演嫌疑人的教官或学员如同演戏将经典案情重演,让学员根据情况自行处置。而扮演嫌疑人的教官或学员可以根据考核学员的不同反应按照事先预定的训练目标进行不同的情景对抗。由于考核的特点是人与人之间的对抗,因此可变因素非常多,对学员的应变能力是极大的考验,而且由于场景的复杂多变,对考核者造成的压力高于技能考核。将会考核学员在模拟实战的情况下,是否能发挥自己的综合执法能力,以及是否具备行动中合法使用警械与枪械的判断力。

三、高级警务实战训练考核模式

高级警务实战训练考核主要采用模拟与实战指挥考核法相结

合进行。由于高级培训内容侧重于警务实战指挥的内容，在模拟实战考核中，根据模拟考核的内容和任务以及实战的要求，在充分考虑战术对手的基础上，要按照犯罪嫌疑人或恐怖分子等装备和行动特点，组建一支专业的"蓝军"，使之能够成为学员在模拟实战考核中的真正对手，为多元化、多层次、多角度的战术训练奠定基础。这样才能达到考核中防卫有对象、控制有靶子、训练有质量的目标。

在考核组织过程中，应该严格按照嫌疑人的犯罪心理、抗拒行为、作案特点进行，警务实战考核当中不能假想案情，情况显示既可以是真人真事的客观记载，也可以是以教学为需要而对其进行加工后的情景再现。并在模拟实战考核中突出对案件情报、信息、行动的真实性要求，使模拟实战考核的"抗"的要求能够真正体现出来。要精心设计模拟实战考核中的各个环节，充分考虑各个环节的实战考核需要。在模拟实战考核组织的过程中应该从体现对抗要求这个大前提出发，考虑不同行动时节、不同行动环境对组织的要求，组织设计要充分体现出实战对抗的本质要求。考核内容要紧扣对抗双方的特点、战术原则、关键的战斗行动，精心设计对抗矛盾，结合对抗场地的环境特点以及实战考核的指导思想，使实战考核的内容符合激烈对抗的实战需要。

模拟实战考核要想真正贴近实战要求，关键就在于组织过程中的一个"活"字，也就是说在对抗内容设计上不能光让警务一方占有优势，而是应该设计一些优劣势转化的环节，要尽可能地使对抗体现出实战情况的多样性、复杂性、多边性、特殊性、对抗性，实战考核的模式应该有僵局的出现，有矛盾的激化升级，其中还可以穿插突发情况显示。模拟实战考核运用是否成功，是由考核效果显现的，学员是否理解和掌握平时训练内容才是重中之重。因此通过对模拟实战考核中出现的错误进行讲评，并让学员对"焦点"问题或争议比较大的问题进行讨论，最后通过"回放"的方式再进行推演，就事论理达到学习的目的。

总之，在警务实战考核中运用模拟实战考核应该体现出模拟实战考核的真实性要求，精心设计实战考核中每一个环节，使实战考核能够体现"真""抗"的要求，用对抗来验证理论的正确与否，用对抗来检验技战术使用的效果。

第四节　警务实战训练模式

目前，民警培训工作正处于从数量到质量发展的内涵式转变关键时期，而要提升培训质量，建立起与民警晋升、提拔相配套的培训激励机制已成为必然，只有把培训结果与民警任职、警衔晋级、提薪、评优等有机结合起来，并作出刚性规定，严格执行，才能从根本上走出影响民警学习训练的各种误区和障碍，变"要我学"为"我要学"，民警的政治素质、业务素质和体能素质等才能从根本上得到提高。

加强民警的警务实战训练，以适应公安机关在新的历史条件下完成党和人民赋予的神圣职责的需要，已成为当前公安工作的迫切任务。能否很好完成这项任务，其中很重要的方面就是警务实战训练工作的开展是否科学，能否有效提高训练质量，以更好地为公安工作和公安队伍建设需要服务，这个问题已成为当前警务实战训练工作的重要课题。警务实战训练工作在实践的基础上不断总结经验，同时借鉴先进国家或地区警察训练的好做法，构建起科学的并能够有效服务于公安工作的警察实战训练基本模式，是解决问题的好途径。这个训练基本模式，应包含民警训练坚持什么样的理念和原则，以及建立什么样的训练内容体系及相应的组织管理保障条件等方面。

一、警务实战训练应坚持的基本理念

民警的警务实战训练必须为公安工作和队伍建设的现实需要服务，也就是为公安机关一线业务部门开展的行政执法、刑事执法活动和实施其他社会管理活动，以及为上述活动提供支持的公安业务工作服务。简言之，警务实战训练必须为公安实战服务，这是在民警警务实战训练工作中要坚持的基本理念。

（一）警务实战训练规律要求必须为公安工作和队伍建设的现实需要服务

警务实战训练是公安工作的一部分，是提高公安队伍素质的重要途径，与公安工作和队伍建设相互依存，密不可分。公安机关之所以举办警务实战训练，就是为了更好地促进公安工作的开展和队伍素质的提高，提升民警战斗力，保证公安机关能够履行党和国家赋予的各项政治和社会职责。警务实战训练工作从产生的那一天开始，就与提高公安工作能力的实际需要相伴随，因此只有在为公安工作和队伍建设的现实需要服务中，警务实战训练才能找到存在和发展的基础。这是警务实战训练的重要规律。

（二）新世纪、新阶段警务实战训练改革的根本出路所在

警务实战训练的本质是培养合格的职业警察，使其掌握岗位必需的职业知识和技能。警察训练是公安工作的有机组成部分，是队伍建设的重要环节。过去由于一度受社会上普通教育教学模式的影响，警务实战培训与公安实战存在着不同程度的脱节现象，不利于警务实战更好地服务公安工作，对此必须进行改革。改革的方向就是要围绕如何有效服务公安实战进行训练体制、内容、

组织管理、条件保障等方面进行。特别是在构建社会主义和谐社会的新的历史阶段，我国公安机关担负着巩固共产党执政地位，维护国家长治久安，保障人民安居乐业，促进经济社会发展的新的历史使命，同时迎接着各种新挑战。为了保障构建社会主义和谐社会战略目标的实现，完成新的历史阶段所承担的政治和社会责任，公安机关所面临的一个紧迫的任务就是全面提高队伍的综合素质，实行正规化建设，这就要求警务实战训练进行相应的配套改革，为新世纪、新阶段公安中心工作作出应有贡献。近些年来，我国公安机关对教育训练及其改革工作给予了前所未有的重视，相继开展了轰轰烈烈的岗位大练兵，普遍推行轮训轮值、战训合一，构建起大教育、大培训格局等活动，不仅有力地推动了公安机关的正规化建设，也使警务实战训练在公安工作和队伍建设中的基础性、先导性、全局性地位和作用变得越来越突出。这些实践充分说明了警务实战只有为公安中心工作服务，真正实行"面向实战、服务实战、贴近实战、融入实战"的改革，发挥提高警队战斗力的作用，才能得到普遍的认同和支持，才能充满生机和活力，同时也才有宽广的未来。因此，我们要树立新理念，要从实践科学发展观的高度看待警务实战训练工作，牢固树立"用公安教育托起公安工作的明天，用大教育、大培训支撑公安事业对人才的需要"的观念，最大限度地发挥警务实战训练对公安中心工作的服务作用。

二、警务实战训练要贴近公安实战，内容讲求实效化

目前我国各地公安机关已开展的民警训练有：新警上岗前训练、警衔及职务晋升训练和基层一线民警实战训练，也即公安部规定的"三个必训"。其中新警训练又包括公安院校和普通高等院校毕业生、军队转业干部入警等初任训练；警衔晋升训练在地

方公安机关中包括了一级警督以下所有衔级的训练,而基层警官职务晋升训练除特殊情形举行专门训练外,通常也归入警衔晋升训练之中。但是,要使这些种类的训练达到提高民警素质和工作本领,从而很好服务公安实战的目标,我们认为必须以能"解决问题"为训练的价值取向,通俗地说,民警在参加训练以后,原来不会干的工作会了,原来干不好的工作能干好了,这样的训练才是有价值的,才会受到基层民警欢迎。因此民警训练的内容一定要以实用、有效为检验标准,也就是训练的内容要能够做到"实用"和"有效"。

(一)根据基层和一线单位需要设置新警初任训练内容

以往的新警初任训练,由于受传统学历教学模式的影响,延续多年的做法是不分情况地使用某种统编教材,缺乏训练的实用性和针对性,应对这种训练的内容进行改革。改革的基本思路就是把新警必须学会的警察基本业务知识和技能以及在警务值勤中需要处理的基本问题作为编制训练内容的依据,可分为警务理论和警务技战术两大类,各自比例分配要适当,总训练时间至少在3个月以上。在具体训练科目内容的安排上,公安院校毕业生新警的训练主要是熟练警务技能为主,加强警务战术训练;普通院校毕业生和军队转业干部新警的训练以基本技能与战术训练为主。由于各地近年来补充的新警主要是充实基层派出所和巡警队,因此对于这部分新警的训练要着重突出以基层派出所工作业务为其主要警务实战训练内容。

(二)分层次、分类别设置警衔晋升训练内容

按公安部训练条令规定,公安民警警衔晋升的训练分层次进行,晋升警监的训练由公安部承担,省以下地方公安机关则承担一级警督以下衔级的训练,大体上可分为司以下及司内晋升训练、

司升督训练、督内晋升训练三个层次及交管类、治安类（含巡警、管理类）、侦查类、经侦类、国保类、监管类等若干个类别的警衔晋升训练。近些年来，我国地方公安机关各层级警衔晋升训练的内容，主要以提高当地公安队伍的政治、业务、实战技能和体能素质，特别是公安基层一线民警的综合战斗力需要来安排，并结合当前公安部、省公安厅及市公安局的工作部署，以"干什么，练什么，缺什么，补什么"为原则，强调贴近实战，讲求实效，并随着每年新的法律、法规、工作指引相继出台，及时加入新的训练内容。为突出训练的实用性，就目前实际情况看，各层次各种类的警衔晋升训练应加大警务技能、实战训练的分量，其比例可考虑占到全部课程的40%～60%。训练的基本内容一般有：盘查和搜身、清查和搜索、拦追堵截、车辆查控，以及在犯罪嫌疑人持枪、持爆炸物情况下的缉捕和排除等。有的地区还根据"战训合一""轮训轮值"以及开展正规化训练的阶段性需要，注重训练学员增强法律意识、程序意识和安全意识，并在单兵训练的基础上逐步进行综合演练，并根据各种刑事案件的发案特点，注重进行入室抓捕战术演练及考核等。也有些地区根据当地夜间案件、群体性事件不断增多的特点和实际，为提高警察的应急处置和应变能力，训练中开设了紧急集合和夜间射击及防暴队形、盾牌及警棍使用等训练科目，均收到好的效果。为更好落实"战训合一""轮训轮值"制度，可考虑在一些实战训练中把规范出警装备配置列为训练要求，为此可采取两个措施：一是学员报到时检查是否按调训通知带齐规定装备；二是报到当天向每个学员配发防暴头盔、警拐、盾牌、枪套、枪绳、手铐和备勤装备袋等，要求学员在训练期间按要求配戴齐全的装备开展训练，熟悉相应装备的使用，并列入考核内容。

三、围绕提高训练质量，实现警务实战训练组织管理的科学化

（一）实行"训管合一"

过去普通的警校教育在学历教学条件下教学与管理工作分由不同的管理和教学科室组织实施。在目前普通警校大多转制为警察训练学校或基地之后，这种教学管理方式已不利于警察职业化训练的开展。为此，可根据警察训练部门改革的经验，尝试建立训练教学与管理合二为一的训管方式。这种训管合一的管理方式的主要特点是：首先按训练对象的划分，建立起融训练教学、学员日常管理为一体的新警训练队和警衔晋升训练队，待条件允许后又可将警衔晋升训练队分为警员类警衔晋升训练队和警官类警衔晋升训练队。这些训练队由于是对原来普通警校各科室的教学管理资源进行重新组合而组建，能够有效克服原来传统教学管理模式下各有关教学和学员管理机构独立分设，不利于开展实战训练的弊病。各训练队既负责对学员的日常纪律和操行进行警务正规化管理，又负责确定各种训练内容的安排，并组织实施理论教学和实战技能训练。训练队实际上成为一个具体把民警训练所需的工作进行周密安排并统一实施与管理的实体部门。训练队的教官是兼训练、管理于一身的专职人员，教官之间消除了原来固定的学科或管理分工的界限，根据工作需要，既要负责学员日常管理工作，又要实施训练课的教学。

（二）实行小班化教学

过去一般警校的教学和培训，多采用大班授课方法，这种方法不利于实战训练质量的提高，应借鉴境外先进警察训练经验，实行训练的小班化教学和管理。可以将受训学员按每 30～50 人组成一个训练大队，配备一名大队长；下设若干个中队，每个中队的人数是大队人数的 1/2 或 1/3。每个中队即一个小班。每个小班

配备若干名主训教官（警务理论教官和实战技能教官）。从开训到结业，由大队长和小班的主训教官负责该大队的所有训练科目的训练及日常管理和外出执勤等。由于班小人数少，大队长和主训教官在训练中，能够对小班中的每个学员进行启发式、互动式、手把手授徒式的训练，保证每一名学员都能得到教官悉心的教导、指导和辅导，使教官能够及时了解掌握每一位学员的各种情况，随时有针对性地做好学员思想工作，学员存在的缺点和不足也就能及时得到教官的纠正、批评甚至惩处，以达到提高训练质量的目的。目前在沿海地区一些地方公安机关的新警训练及警衔晋升训练中，均已采取不同形式的小班化教学及训练管理方式。实践证明，它有利于落实各项训练管理措施，开展各种训练活动，提高训练效果，也便于实施战训合一，提高执勤质量。

（三）实行训考分离

为促进教官和学员自觉认真地开展训练，应实行训练与考核分离。为此，有条件的警察训练机构应设立专门的训练指导考核机构，负责指导警察训练工作的开展和考核。实行训考分离能使在训学员从"要我训"变为"我要训"，充分调动起民警自觉训练的积极性。为使训考分离收到实效，应完善各种训练考核办法，或制订新的教学训练考核办法，对各类训练进行严格的、规范的考核，对考核内容、考核标准、考核方法、考核时间、选考、缓考、补考等都有具体要求，以确保教学训练质量。同时规定教官只负责组织教学训练过程，命题和考核则由指导考核部门进行。为解决训练中考核任务重、数量大的问题，指导考核机构应建立相关试题库，逐步实行计算机网上考试和计算机随机组题及评卷。在考核内容上，可按照训练要求把学员的考核成绩分为警务理论知识、体能技能战术、组织纪律和内务三部分，这三部分占总成绩的比例要恰当，其中一项成绩不合格的不予结业，需择期复训；但如是前两部分考核不合格，允许补考一次，再不合格需复训。

四、解决基层民警工学矛盾，实现警察训练与实战的一体化

当前我国公安基层单位任务繁重，警力紧张，因此在实行"三个必训"的过程中，为有效解决公安机关基层民警的工学矛盾，应根据公安部的要求，积极探索有效开展"轮值轮训，战训合一"的训练方式，真正实现训练与实战一体化。

（一）对参训的基层民警学员要有明确的出警准备要求

调训前由民警所在单位或训练机构发出通知，要求参训学员自带警察证、持枪证、制服、警帽、外腰带、警用雨衣等。学员到训练机构报到后即按一定人数进行战训组和战训分组编队。学员训练期间实行警务化封闭式管理。

（二）做好保障工作

根据当地公安机关制定的有关处置各种突发事件应急预案的内容要求及出警规定，认真做好每次行动的具体方案，掌握实战部门的需求，配备出警装备，做好保障工作。

（三）将平时训练与主动为公安实战服务有机统一起来

一是基层民警学员出警时不仅参与巡逻、大型活动保卫等，还应根据警情需要灵活采取不同的方式，组织参训民警参与当地公安机关其他的警务执法执勤活动。二是在训民警不应局限于由当地公安机关指挥机构下指令、由有关业务部门安排的被动参加警务执法执勤活动，可视情况主动地与有关公安分局、派出所联系，根据基层业务单位的需要安排开展各种警务执法执勤活动。为此，警察学院要将本月举办的培训班的类别和时间、参训民警的人数，报送有关部门，使有关部门掌握在训学员的人数，及时调整警力部署。三是根据在训警力的特点，科学合理安排其警务活动，如参加警衔晋升训练的民警可安排为平时"战训合一"的主力军，而参加新警初任训练的新警可安排为重大节日或其他大型活动安全保卫的主力军。此外，为确保在训的基层民警学员参加实战行动的快速、准确、有效，还应实行"四定"方针：定时间、定地点、定任务、定责任。这样做不仅充分保证在发生紧急情况时，将在训警力盘活为一支备勤和处置突发事件的机动力量，还能主动承担一些分局辖内的巡逻防控、处置突发事件和清查整治等任务，使战训真正结合起来，战训一体，相互促进。

五、加强基础建设，实现警察训练保障条件的配套化

（一）加强教官队伍建设

没有高素质的教官，就没有高水平的训练。科学合理的教官制是保证训练工作可持续发展的有力保证。公安部原部长孟建柱同志在上海公安高等专科学校考察时指出："要坚持以教官制为主导，进一步加强师资队伍建设。教官制度非常好，教官制改革的路子是正确的，实现了公安教育与公安实战的紧密结合。"对比先进国家或地区警方的训练工作，我们还有相当大的差距，其中一个重要的方面是教官质量、教官水平、教官管理机制上的落后。要缩小与先进训练水平的差距，最迫切也最有效的方法就是加快推进教官制实施。那么如何推行教官制？各地情况不同，不能一概而定，但在一些基本方面应有共同要求：一是要建立教官定期轮岗交流机制。实行教官按需聘任、定期轮岗制度，逐步形成定期从实战单位选拔优秀人才担任教官，教官聘任期满返回实战单位的机制，从而保持训练机构与实战部门人员的定期更替、良性循环、紧密联系，使教育训练工作始终充满新鲜活力和勃勃生机。二是要建立吸引优秀人才的教官待遇保障机制。教官待遇要切实起到激励作用，又具有可操作性，使警察训练学校或训练基地的教官从各部门、警种的骨干中产生，从而把警校建设成为公安机关发现人才、培养骨干、选拔领导、考察干部的重要平台。三是要建立科学严格的教官绩效考核和质量评估机制。通过教学评议、精品训练课程评选、优秀教官评选等活动，日常考核、年度考核与聘任期考核相结合，科学客观地评价教官的工作成效，并与教官的待遇紧密挂钩。四是要建立教官学习深造的保障机制，不断提高教官的素质和水平。就当前情况看，要采取有效措施鼓励警校内部原有的教官逐步向实战教官转化，创造条件让他们参加公安工作实践，使他们逐步具备从事各项公安实际工作的能力，逐步学会开展日常的治安行政管理工作，学会处理各类治安事件和治安案件，学会侦办常见的刑事案件，以及了解各时期公安工作的新情况、新特点等。为此，警察学院要有针对性地选派在校教官轮流到基层单位实习或挂职锻炼，并形成制度。要鼓励教官外出参加各种业务学习培训、经验交流活动，以开阔视野，增强本领，适应小班化及"战训合一"训练管理模式的需要。

（二）加强警务实战训练研究

为使训练工作不断与公安现实工作保持密切联系，保证训练质量不断提高，我们要重视警察训练工作的经验总结和科学研究，在训练实践中发现的难题，以创新的方法积极组织力量研究破解，推动训练工作走向科学化。

1. 制订贴近实践的教学大纲

根据训练任务和警队的实际需要，研究制订适用的警察训练大纲或计划。目前各地警察训练学校或基地都在探索分类分层次进行警察训练，但首先遇到的难题就是缺少根据当地公安工作实际制订的各类训练大纲。要解决这个难题，不能从现存的教科书或文件材料中找答案，而是应成立各类民警训练大纲研究小组，分别深入当地公安基层单位或一线部门调查了解广大民警对拟训练内容的要求和希望，并结合上级公安机关对训练工作的规定和要求，对训练大纲的框架和内容进行研究和敲定，并在试用过程中不断结合公安实际工作进行修改完善，做到真正符合公安工作实际。

2. 根据训练内容的需要组织各种训练专题研究

在开展民警训练过程中，经常会遇到一些因公安工作的迫切需要而急训的新内容，同时在训练中也需要研究如何克服各种障碍因素，使训练收到实效的问题。为此应根据训练任务需要，一方面视情况设立例如警务技能战术、警务危机谈判、群体性事件处置、训练障碍因素分析、各种大型群体性活动安全保卫知识等课题组，分别到上级机关或有关实战部门进行专题调研，进行专门的科学研究；另一方面在教育训练中加强公安实战与公安理论研究，通过定期收集、梳理、分析、研究公安机关在维护社会治安、打击违法犯罪和行政执法、管理服务过程中遇到的新、难、热等问题，并将取得的成果应用于教育训练，用科研成果引领和促进教育训练。

3. 积极开展各种训练经验交流活动

全国或各省内的民警训练学校，可由其共同的主管部门决定或自行商定，定期或不定期召开综合的或专题的训练经验交流会，让各警校的教官及管理者能够有一个互相讨论交流训练经验、研究解决训练中各种难题的办法和对策的平台，做到互相学习和提高，这对推动全国或全省民警训练工作的开展，将会有重要的意义。

（三）加强警察学院建设

一是要完善警察学院作为"轮训轮值"基地的功能。要学习借鉴香港地区警察机动部队的经验，使警察训练学校成为常年组织民警轮训、常年承担机动实战任务的机动部队总部。要制定完善学员参加治安巡逻、重要警卫、大型活动安全保卫、群体性事件处置等不同任务的工作预案，明确各种常见和可能遇到的突发情况及其处置原则。要进一步理顺学校承担实战任务的指挥体制，加强与巡警、特警等实战部门的沟通联系，明确各自的职责、任务、权限，充分发挥"战训合一"队伍的作用。二是要提高与承担实战任务相适应的保障水平。要争取上级加大对警院的投入，按照一线实战单位的标准给予经费和装备方面的保障。当前特别是要为警院配备单警装备、运兵车、通信设备，提高"战训合一"队伍快速反应、机动作战的能力，并探索完善与成建制执行实战任务相适应的后勤补给工作机制。三是努力提高训练手段的科技含量。如可以借鉴军队和发达国家警方利用计算机开展模拟对抗训练的做法，提高训练的科技化、信息化水平。也可以积极搭建信息网络训练平台，开辟网上课堂、网上考场，实行网上练兵、远程教学和网上管理等。

六、警务实战训练应遵循的基本原则

（一）坚持与时俱进，敢于创新

坚持与时俱进，敢于大胆创新警务实战训练工作，这是多年来警务实战训练改革发展取得成功的根本保证。在建立民警训练基本模式的实践探索中，我国公安教育工作者充分把握住了"公安实际工作需要"这一个"时"，结合各个时期社会治安新形势和公安工作实际，充分了解公安工作和公安实战的需要，把握公安教育工作和训练工作的规律，努力克服工作中存在的问题，并敢于和善于创新，积极开展公安教育训练改革，使我国的公安教育训练很好地适应新世纪、新阶段公安工作和队伍建设的需要，贴近公安工作和公安队伍建设的实际。在努力探索构建公安大教育、大培训格局的今天，更要发扬这种与时俱进的精神，遇困难和问题时要不等不靠，敢于先行，大胆地试验，才能在实践中建立适合本地警务实战训练的新模式。

（二）坚持调研先行，科学决策

为使警务实战训练能够适应不断变化的公安工作实际，我们要始终坚持做到在开展各种训练时，深入公安业务基层单位开展调研工作。特别是每当决定出台有关教学训练内容或管理方面的改革措施，必先开展全面的实地调研，以调研结果为决策的基础，使各项决策做到切实可行。另外，在充分调研的基础上，要以科学发展观为指导，积极从全力构建大教育、大培训工作体系的角度，去谋划警务实战训练的科学发展，不断把警务实战训练做"大"、做"实"、做"强"、做"优"，使警务实战训练工作步入科学发展轨道。

（三）坚持从严管理，从严治校

为保证教学训练的顺利开展及民警训练模式改革的成功，必须在教学训练和队伍管理上坚持从严治警、从严治校的方针。要根据每个时期教学训练的中心任务要求，制定并落实相应的规章制度，以制度管人管事，规范各项工作程序。要按照公安部关于公安院校参照军事院校管理的规定，在训练工作中对学员实行严格的军事化管理，做到不折不扣地按公安机关内务条令及正规化建设的绩效考核办法规范民警和学员的各种行为，并设立专门的检查指导机构开展监督与考核，考核结果进行量化评分，体现到月度或年度的业绩考核等次之中。只有实行严格的制度管理，才能具有良好的开展训练进行改革的环境氛围，保证民警和学员在关键时刻能够拉得出、用得上，完成上级交给的各项出警任务，体现出经过训练后的强大战斗力和优质的警力素质,适应日益规范的公安执法执勤要求。但是,在严格管理的过程中,还要注重以各种有效的方式,不断加强对教官和学员的思想政治教育,使制度的刚性管理和过细的思想工作协调统一,相互配合,相互促进,充分调动学员的训练积极性,自觉树立工作责任心和服务公安工作的意识。

(四) 坚持党组织领路,把握大局

这是警务实战训练模式改革探索取得成功的关键,各地警务实战训练模式改革的经验证明,警察院校或训练基地的党组织只有始终站在警务实战训练改革的前列,才能在上级机关的领导支持下,不断以创新发展的思路去谋划警务实战训练持续发展之路,紧紧把握住为公安现实斗争服务的办学方向,以造就合格公安人才为神圣职责,在事关训练学校或基地发展的环节上,审时度势,正确地做出决策,把握发展的大局。不仅如此,在改革面临新难题,遭遇到各种思想阻力时,只要训练学校或训练基地党组织立场坚定,能够及时组织全体党员和民警通过学习讨论有关公安教育改革的理论、政策及各种历史和现实经验等,进行有针对性的思想教育和引导,统一认识,端正态度,明确目标,就能确保改革方向的步调一致,使一批批热心警务实战训练事业的骨干不断成长起来,并通过他们去积极带领其他教官和管理人员投身到各种训练改革探索之中,形成上下齐心协力、分工合作、将教学和警务实战改革不断推向前进的局面。

第五节 警务实战训练方法

一、警务实战训练常用方法

警务实战训练的方法灵活多样，有案例分析教学法、沙盘模型演示教学法、视频案例教学法、情景模拟教学法、模拟实战演练法、启发式教学法、研讨式教学法、开发式教学法、自助式教学法、系统化——互动式教学法、模拟训练法、多媒体课件教学法等现代教学新方法。总的来说，常用的训练有3种：一是模拟实战演练，二是电子互动学习，三是课堂学习。其中，模拟实战演练所占课时超过2/3。实战演练就是由学员或教官演示"日常工作所发生的事件"，将实战过程进行详细的程序分解，使学员以现场处置人员身份思考、学习处置的法律程序和必要的技能。特别是初级、中级警务实战的训练，始终以实战演练为主，开设的课程也采取类似方法。高级警务实战训练中可以借鉴互动学习方法，通过软件设计，模拟各种实战情景，以"问题中心"模式进行推演，实际上就是把模拟实战演练制作成软件供学习，其优点是可以提高培训效率和节约培训成本，避免课堂理论教学的枯燥性。课堂学习注重学员的参与意识，每次课都留出一定时间供学员发问、互动，倡导"促导为主、教授为辅、引导主动学习"。总之，其培训方法要"处境为本、问题为本、科技培训"，其中以模拟实战演练为主导的教学方式为警务实战训练的主要方法。另外可以通过教学互动、想定作业、模拟实战、情景再现、实战体验等形象客观的实战训练方法，为民警牢固树立安全防范意识，熟练掌握警务实战技能，灵活运用战术，在实战处置中有效地把握主动，为防范和打击犯罪奠定坚实可靠的基础。

教学互动：在实战处置理念、警察战术意识教学训练中采取教学互动的形式，通过学员的切身体验加深学员对战术意识的理解和认识，从而解决战术训练的技能化、程序化等弊端，提高灵活运用战术的实战训练效果。

想定作业：在熟练掌握警务技能的基础上，通过想定作业的训练方式，进一步提高技战术运用能力和实际处置能力，检验训练效果。

模拟实战：运用彩弹进行实枪实警模拟对抗演练，增强实战气氛，历练民警在实战压力下的心理承受力，检验民警技战术运用和协同作战能力。

情景再现：利用真实的案例，特别是处置失误的战例，通过情景再现的方式演示处置过程，启发和引导民警分析处置过程中存在的问题和失误的原因，从中吸取教训，研究处置对策，制定出更加科学合理的处置方案。

实战体验：在完成每一训练模块的训练任务后，根据任务需要有选择地组织民警参加实战处置行动，一方面通过实战行动增强实战感受，另一方面通过实战行动检验训练效果，及时反馈训练与实战间存在的差距与不足，及时予以调整与改进，使训练更加贴近实战。

二、完善教学方法提高警务实战训练的效率

（一）落实警务实战训练的教学目的

警务实战训练的教学目的是加强训练公安民警的战术意识、临场处置紧急变化能力、快速反应能力、组织指挥能力、灵活运用战法能力等，以提高公安民警的实战综合素质。所以实行和谐互动的教学策略可以使教、学、练、战融为一体，使警务实战训练不但成为学习的场地，而且也成为实战演练的场所。

（二）充实警务实战训练的教学内容

在和谐互动的课堂教学中，教官充分发挥学员的主动性、积极性、创造性。每一节课学员都是在互相合作、配合中完成，他们依靠集体的智慧，不断地创造充实教学的内容，不但训练了他们的战术素质，也提高了他们在未来实战中相互配合，协调作战，有效抓敌的战术素质，极大地丰富了警务实战训练本身的教学内容。

（三）丰富警务实战训练的教学方法

教官在和谐互动的教学中，依据教材结合学员的实际情况，灵活地将各种教学方法和谐搭配使用，使单一枯燥的教学方法变得丰富，手段多样，保持课堂的活力和新鲜，让学生在学习中充满求知的热情和兴趣，使课堂的和谐策略得到最佳发挥，为进一步研究警务实战训练的教学方法提供了实验的场所。

三、警务实战训练中灵活运用教学法应注意的问题

（一）积极引导，促进互动

问题是进行互动的关键，教官要把握问题的度，问得太深或太陌生无法唤起学员探询的兴趣，问得太浅或太容易则无法使学员得到发展，要让学员在"好奇""迷惑""疑问"的感觉中，在跃跃欲试的心理状态下，主动与教官对话，主动去探求真理，教官的引导要体现"新、巧、奇、乐"等特点，要有新意，要引发学员的好奇心，体现寓教于乐，能紧紧抓住学员的心，让他们自然而然地跟着设计的思路走，步步深入，环环紧扣，达到事半功倍的效果。

（二）更新观念，交流沟通

警务实战教学方法应该使训练场成为学员的提疑质疑、教官答疑解疑的融合体，这与理论课的灌输式教学截然不同，所以教

官应更新观念，改变过去的知识单向传递的教学模式。同时教官应不断更新知识结构，不断学习前沿热点知识，这样面对学员的提问才能从容以对，教官对于学员提出的问题进行回应，有利于及时把握学员在课堂上的学习情况，掌握学员当时的思维方式和思维水平，不断提高课堂教学的针对性和有效性。

（三）结合教材，联系实际

教材是教官教学、学员学习的依据，是连接教官和学员的桥梁。因此警务实战训练教学中教官在注重教材内容科学性、系统性的同时，也要与学员实际情况和谐一致，即人课和谐互动，突出针对性和实用性，这样才能达到预设的教学目标。目前警务实战训练所用的公安部主编的《警务实战训练基础教程》包含战术的基本理论、技能和针对各种不同情况、不同缉捕对象的大量的实用战术方法，其内容多且涉及面广，因此不易在教学训练中面面俱到。教官应结合授课对象的年龄、身份、知识基础、职务、阅历以及身体素质等因素，选用与之相适应的教学内容，让不同层次的培训学员在有限的时间内能够学到和掌握与其本身最直接、最需要的战术知识和技能。如授课对象为新警，其具有年纪轻、身体素质好、没有实战实践经验的特点，结业后将成为公安业务部门的一线普通民警，从而在使用教材时应将重点放在战术基本理论常识、战术基础动作、基本战术形式等方面，在训练时应侧重以实操为主，以达到教学目的，保证教学质量。

（四）针对科目，运用教法

训练中注意培养学员独立分析和解决问题的能力，围绕解决纠纷、处置群体性事件和暴力恐怖事件等，多采用典型案例教学法、多媒体等直观教学法和专题讲座、课堂讨论，提出问题时，给予每个学员充分发挥个性的空间，让学员身临其境，独立思考；

解决问题时，以讨论方式活跃学员思维，从每个学员的不同答案中，让学员自己比较，取长补短，最后通过交流，找出最佳方案。这样做，既方便了教官了解掌握基层情况和学员的学习取向，又提高了学员在实际工作中解决问题的综合思维能力。开展实战案例推演、模拟演练、情景对抗、实战演练、案例评析、研讨交流等直观、互动式教学方法等，提高实战能力；开展练兵比武竞赛，以赛促练，以练促战。坚持课堂理论教学和训练场馆训练相结合，课外训练与正课训练相结合，学校训练和实战锤炼相结合。利用实战场景进行实战、体能和基本技能训练。

（五）考评结合，和谐互动

警务实战训练的教学过程不但包括警务战术的内容、方法、手段、步骤等输出系统，还包括警务战术教学的考核、评估等反馈系统。因此警务实战训练中应注意"讲、示、练、检、纠"五个考核评估环节的和谐。讲解动作要领与示范动作紧密结合，讲解示范完毕，可进行提问，检查学员观察动作和领会要领的程度，随后就可组织练习。练习时可让学员体会所学动作的要领，也可集体练习，以检查学员对技能掌握的程度。练习中，教官要全面细致检查练习情况，及时发现问题。检查练习效果时，教官可逐个检查（教官固定位置，学员个体作业）、集体检查、重点提问等。再根据检查发现的问题采取不同方法，纠正错误。纠正并辅助学员练习，使学员自行地、逐步地改正，以达到教学训练、考核、评估的目的。在"讲、示、练、检、纠"五个考核评估环节的和谐互动中，教官和学员多向交流，互相沟通，达到学以致用的效果。先进的警务实战训练内容体系和贴近实战的训练模式与方法，有助于提高民警在职培训警务实战训练的质量，有助于提升警察应具备的综合素质和专业技能，有助于有效保护民警执法的生命安全。

第五章 警务实战训练初级培训内容

第一节 徒手防卫与控制

初级培训是民警在正式上岗前所必需的训练过程,也是民警获得执法资格所具备和掌握的警务实战技能的必备条件之一。初级培训应注重警务基础知识、专业技能培训,加大单警技能及战术训练,以提高单警处置能力。根据北京市公安局民警在职培训班次、训练对象以社会院校新警、公安院校新警、军转新警为主。

一、失衡保护

(一)前滚翻

动作要领:蹲撑,两腿蹬直,同时曲臂、低头、提臀、团身向前滚翻。前滚时,头的后部、肩、背、臀部依次着地,当背着地时,迅速弯曲小腿。上体与膝部靠紧,两手抱小腿,向前滚动成蹲立。

动作要点:双手及时撑地,双脚用力蹬地,身体借向前的惯性,迅速团身。

易犯错误:头部没有及时内收,蹬地无力,团身不紧。

纠正方法:滚动过程中提示动作要领,在翻滚过程中,推动身体,加快其翻转速度。

（二）侧滚翻

动作要领：自然站立，身体下蹲，左脚向前一步，上体自然向前倾俯，膝关节微弯，右脚跟提起；同时左手顺势前摆向内反转，右手自然垂于右腿前且轻轻撑地；左手、左肘、左肩、背，依次着地，身体侧立而团身滚动，两腿弯曲分别横向右和竖立，顺势滚动站立。

动作要点：手部要先着地，身体斜向滚动，在滚动过程中，双腿呈跪姿的预备姿势。

易犯错误：滚动过程中，双腿没有充分做好跪姿准备。

纠正方法：滚翻过程中，强调弯曲右腿，左腿前伸。

（三）后滚翻

动作要领：由蹲撑开始，双臂推撑要均匀用力，身体后倒，臀部、背部、颈部、头依次着地，滚动要圆滑。当双脚着地瞬间，迅速抬头，双手支撑推地，上体抬起成蹲撑。可以练习协调性，增强背部、颈部、腰腹部等的肌肉力量。

动作要点：两手从肘部后翻，稍微支撑。尽量将腰部抬高，腿部向后平伸，动作要一气呵成。注意头部和颈部要配合后翻的动作，不要造成挫伤。

易犯错误：后翻时，滚动速度过慢，不能完成动作。

纠正方法：强调后翻时，手肘用力撑地，加快后翻速度。

（四）前倒

动作要领：自然姿态站立，脚尖并拢，两脚和躯干基本挺直，主动前倾倒地，两臂屈肘，置于胸前，五指并拢掌心向下，稍收腹含胸，屏息憋气。身体快要接触地面时，两掌及前臂主动拍击地面，以两掌及小臂和两脚前掌着地支撑，躯干和两腿平直悬空，身体保持紧张度，目视前方。

动作要点：前倒要快，全身肌肉紧张，两手臂用力拍地并保持相应支撑力，以减缓着地时的冲力。

易犯错误：前倾下倒时，撅臀，倒地时手掌撑地，身体放松，两腿屈膝。

纠正方法：按卧、跪、立的程序分解练习，体会动作要领。多做分解使用，克服害怕心理。

（五）侧倒

动作要领：立正姿势站立，两腿开立，屈膝下蹲，右腿主动向左前伸，重心移至左腿，身体顺势向下倒，右臂顺势向下摆，身体向右侧倒，左腿支撑在身体侧面，右脚经上向左摆动，右小臂在倒地前主动拍地缓冲，倒地后，左腿屈膝，右腿前伸，颈部紧张，目视前上方。

动作要点：蹬地、后倒要快，手臂主动拍地，着地时肌肉绷紧，屏住呼吸。

易犯错误：右腿摆动不够，造成臀部坐在地上。

纠正方法：加强右腿的摆动练习，腿的速度和挺腰送髋动作练习。

（六）后倒

动作要领：立正姿势站立，两腿分开，屈膝略蹲，两臂自然后摆；上体后倒的同时，团身、低头收腹，两臂由前经侧向后摆动，以肩、背部着地，两臂拍地缓冲；双腿上抬，顺势以后滚翻的动作完成缓冲。

动作要点：团身收腹，肩背着地，低头含胸，摆臂迅速，两臂主动拍地，以减轻身体撞击地面的力量。

易犯错误：利用倒地力量不够，易造成臀部着地。

纠正方法：把重心降低，多做团身收腹动作。

二、戒备姿势

（一）基本戒备姿势

动作要领：两脚开立，左脚在前，右脚在后，两膝略弯曲，两脚距离与肩同宽；身体约45度侧向站立，重心落于两腿之间或稍偏于后腿；两手自然放于体侧，下颚微收，目视前方。

动作要点：身体自然放松，两腿保持一定弯曲度，以便随时启动做出防守或进攻的动作。

（二）搭手戒备姿势

动作要领：侧身戒备姿势站立，左手在腹前轻轻扣搭在右手腕部，目视前方，神态自然，保持一定的戒备状态。

动作要点：身体自然放松，思想保持高度警戒。

（三）扶腰带戒备姿势

动作要领：侧身戒备姿势站立，两手放置于警械带上，目视前方，神态自然，保持戒备状态。

动作要点：身体自然放松，思想保持高度警戒，随时准备将双手抬起变为进攻或防守姿势。

（四）胸前戒备姿势

动作要领：侧身戒备姿势站立，两手前伸，掌心向下，目视前方，神态自然，保持戒备状态。

动作要点：当对方情绪激动时，双手向下反复做下按动作，配合语言稳定对方情绪。

（五）高度戒备姿势

动作要领：立正站立，右脚向右后方撤出一大步，两脚开立，右膝微屈，侧身站立，两脚距离与肩同宽；左脚微内扣，右脚跟外展约35度左右，脚跟抬起，重心落于两腿之间或稍偏于后腿；两手握拳，左前右后，拳眼均朝后上方；左臂弯曲，肘关节夹角在90°~110°，左拳与鼻同高；右手臂弯曲，肘关节夹角小于90度，大小臂紧贴右侧肋部；收腹含胸，下颌微收，闭嘴合齿，目视对手。

动作要点：身体自然放松，含胸拔背，沉肩垂肘，两腿微屈，以便随时启动做出防守或进攻的动作。

三、拳法

（一）直拳

动作要领：以右拳为例，高度戒备姿势站立，右直拳以右脚前脚掌为轴，微蹬地并向内扣的同时，转腰送肩，右拳直线向前出击，力达拳面；左拳内收，置于下颌处，直拳击打完毕后，迅速还原。此技术是直线攻击的拳法，它攻击的部位主要是对方的头、面部、腹部、胸部和肋部。

动作要点：出拳不能向后引臂；发力从蹬地、扣膝、转腰、出拳，力点要直达拳面，送肩要协调，发力要迅猛，快击快收。

动作用途：直拳是上肢进攻技术中最主要动作之一，它可以结合身体高、低姿势或左右躲闪击打对方头部或腹部。

（二）摆拳

动作要领：以右拳为例，上体微向左拧转；同时右拳向左斜前弧线横摆，摆出后右臂弯曲，接近目标时手腕内旋，使拳面击向目标，击中瞬间拳头骤然握紧，左拳自然收护于下颌前。击打后，迅速恢复成高度戒备姿势。

动作要点：重心下沉、脚蹬地、上体拧转是为加大打击力量，动作要流畅，摆拳时不能向后引臂；肘尖与肩平齐，不可抬肘，击打时要借助身体向右拧转的力量。

动作用途：适用于近距离攻击对方下颌或胸、腹部。

（三）勾拳

动作要领：高度戒备姿势站立，前腿微屈，扣膝合胯，上体稍向左下转动，右手臂收至右肋处，大、小臂夹角约 90 度，拳心向内、微内扣，重心移至左脚；两脚蹬地，左髋向右上顶出，左拳以肩关节为轴，随顶髋动作向前上方猛力击出，击打完毕后，迅速还原。此技术是弧线攻击的拳法，它攻击的部位主要是对方的下颌、腹部、胸部和肋部。

动作要点：借助蹬地，转体，发力要协调、短促，出拳预兆要小；击打后迅速还原。

动作用途：近距离击打对方胸、腹部。

（四）劈掌

动作要领：高度戒备姿势站立，右手迅速变掌，拇指内扣，其他四指并拢。手臂上抬，掌沿向前，迅速由右上至左下劈出，击打目标后，迅速还原。此技术是弧线攻击的掌法，它攻击的部位主要是对方的颈部和四肢等部位。

动作要点：劈掌时速度要快，接触目标时小臂及手掌要绷紧。

动作用途：近距离推击对方肩、颈部。

四、肘法

肘部攻击作为上肢近距离与对方格斗的方法，有着非常实用的功效。肘法爆发力强、着力点集中、出击隐蔽、肘骨又相当坚硬。在击打过程中，警察应掌握好武力使用程度，避免造成自我防护过当的行为。

（一）横击肘

动作要领：以右臂为例，高度戒备姿势站立，以右脚脚掌为轴向内蹬转，扣膝，以腰部带动身体向左转动，重心略向前移至左脚，同时，右肘上抬略高于肩，大小臂叠起，随转身横向击出。

此技术是弧线攻击对方的肘法，它攻击的部位主要是对方的头部、腹部、胸部和肋部。

动作要点：击打时，要充分运用蹬地、转腰、送肩将肘横向击出。

动作用途：适用于近距离或"肉搏战"。可重击对手的头部、肋部或腹部。

（二）后顶肘

动作要领：以右后顶肘为例，肩关节前屈，右臂屈肘夹紧；随即向右后转头、拧腰，肩关节向后猛伸，以肘尖后部为力点贴肋向后撞击。动作完成后，迅速恢复成实战姿势。

动作要点：后顶肘时，转头、展肩、拧腰、贴肋后撞等动作要同时完成，缺一不可。

动作用途：当被对手从后面搂抱时，后撞对手的面部或胸、腹部。

（三）砸肘

动作要领：以右砸肘为例，右臂屈肘夹紧，随即以肘尖为力点由上垂直向下砸肘，同时上体微向左拧转，右腰部侧屈，重心下沉以助力，左手不动。动作完成后，迅速恢复高度戒备姿势。

动作要点：下砸肘时手臂用力，腰侧屈，重心下沉要协调一致，聚力于肘尖。

动作用途：当对手俯身被抱腰、腿部时，下砸攻击其肩、背部。

五、上肢防守动作

高质量的防守是下次进攻的良好开端，反击动作质量的高低，取决于防守是否到位，因此上肢防守动作极为重要。

（一）格挡

动作要领：以右臂为例，高度戒备姿势站立，用右手臂、掌曲臂将小臂直线向外推出。由内向外做横向拍挡。

动作要点：防守时要判断准确；拍挡时小臂尽量垂直，动作幅度要小，速度要快。

动作用途：对方攻击头部时采用的防守动作。

（二）躲闪

动作要领：高度戒备姿势站立，双腿屈膝，收腹含胸，重心下降，两手紧护胸及头部，身体垂直向下，以闪躲对方的攻击。

动作要点：下蹲幅度不宜太大，动作要突然、迅速；下蹲闪躲要协调，并注意对头部和躯干的保护，目视对方。

动作用途：对方攻击自己头部时采用的防守动作。

（三）搂抓

动作要领：格斗姿势站立，当对方用左手摆拳攻击我方时，我方用右手肘关节上提，拳变八字掌，掌心向外，由下至上再向外，搂抓对方的前臂，左手回收，含胸收腹。

动作要点：出手要快，抓小臂要准确。

（四）掩肘

动作要领：格斗姿势站立，当对方用勾拳攻击我方时，我方左（右）臂弯曲，前臂稍外旋，身体微向右（左）转的同时，向内、向腹下滚掩，予以防守。

动作要点：含胸收腹，两手紧护胸腹，以腰带臂，略作转动；掩肘时肌肉要紧张，闭气。

六、下肢技能

（一）步法

动作要领：高度戒备姿势站立，前脚（左脚）向前滑进半步，后脚跟进半步，上体不动，保持平衡，其他部位都要保持原来的姿势。

动作要点：身体自然放松，平稳移动；向前移动，先动前脚；向后移动，先动后脚；向左移动，先动左脚；向右移动，先动右脚；移动中保持姿势不变，整体移动。

动作用途：此技术在实践中用于快速跟进或后退。

（二）横踢腿

动作要领：以右腿为例，高度戒备姿势站立，左脚尖外摆，左膝略屈，上体微左转，重心前移至左腿；右腿屈膝上提，大小腿折叠，以蹬地、转腰和大小腿快速摆动的力量，将右脚向左斜上横向踢出，脚背绷紧，力达脚背及小腿胫骨下端；两拳置于胸前，踢击后迅速还原。

动作要点：发力时，动作要突然、简练，要充分利用转体的力量，但不要重心上浮，支撑脚不离地。

动作用途：此技术是弧线攻击对方的腿法，它攻击的部位主要是对方的大腿部位及胸、肋部位。

（三）前踢腿

动作要领：以右腿为例，高度戒备姿势站立，右脚蹬地，重心移至左脚，左腿屈膝支撑，右腿提膝，脚尖勾起，送髋、大腿下压，小腿前伸，将脚向前踢出，踢出后迅速还原。此技术是直线攻击对方的腿法，它攻击的部位主要是对方的腿部及腹部。

动作要点：起腿要快而突然，用腰发力，踢击时上体含胸微后仰。

动作用途：此技术是直线攻击对方的腿法，它攻击的部位主要是对方的小腿部位。

（四）侧踹腿

动作要领：以左侧踹腿为例，右腿微屈支撑重心，脚尖外展；左腿屈膝抬起，脚掌内扣；左腿由屈到伸以全脚掌为力点向前方踹出。踹腿后，迅速恢复成高度戒备姿势。

动作要点：上体、大腿、小腿、脚掌与进攻目标要成一条直线，踹出时要以大腿催动小腿直线向前发力。

动作用途：主要用于攻击对手的胸、肋、腰、腿等部位。

（五）前顶膝

动作要领：以右顶膝为例，高度戒备姿势站立，重心前移，左腿支撑站立；右膝屈膝上提，含胸收腹，以膝关节的前上部为力点向前上方顶击，双手抓住对方的肩部或颈部，用收腹下拉之合力，迅速提膝，向对方撞击。

动作要点：下拉提膝动作要协调，起膝要快。

动作用途：此技术是弧线攻击对方的膝法，它攻击的部位主要是对方的头、腹、胸、肋及大腿等部位。

（六）前撞膝

动作要领：以右撞膝为例，重心前移，左腿支撑站立，脚尖外展；右腿屈膝高抬，含胸收腹团身聚集力量。动作不停，身体微向左拧转，挺胸、展腹、送胯，右膝以膝关节正面为力点向前直线撞击。

动作要点：靠团身后爆发拧转带动膝关节向前撞击。

动作用途：主要用于攻击对手胸、腹部。

（七）横撞膝

动作要领：以右横撞膝为例，左脚向左斜前上一步，重心前移，左腿微屈支撑，上体微向左倾斜；右腿屈膝、展髋侧抬起，身体向右拧转两手向后拉拽，右腿以膝关节上部为力点由右向左前划弧横向击出。动作完成后，迅速还原。

动作要点：大、小腿夹紧并尽量平抬，将膝关节突出。撞击时，拧腰、双手后拽协同发力。

动作用途：对手正对，侧闪后横撞对手胸、腹部或肋部。

七、控制技能

（一）跪压控制

动作要领：当对方呈俯卧状时，我方站在对方的一侧，两手控制其腕关节，使其手臂成直臂状，以折腕别肩，控制其手臂，同时两脚跟提起，两腿屈膝下跪，顶压对方肩胛骨处和肩关节部位，将其控制。此技术主要用于对方倒地后，对其肩部与手臂的控制。

动作要点：膝部跪压要牢，我方两腿夹贴其手臂向其头上部撅别。

易犯错误：当对方呈俯卧状时，控制其手臂不牢固。

纠正方法：慢动作体会动作的连贯性和控制部位的准确性。

（二）坐压控制

动作要领：当对方倒地后呈俯卧状时，我方由后快速分腿坐压在对方腰背上；接着双手分别抓住其两臂后提，置于我方的两腿上方，髋腹前顶，将其两臂夹紧，实施控制。此技术主要用于倒地后，对其双臂的控制。

动作要点：快速坐压和别臂动作要连贯、协调，控制其双手臂要牢固。

易犯错误：当对方倒地后呈俯卧状时，坐压动作缓慢，控制其两手臂不牢固。

纠正方法：慢动作体会分腿坐压、控制双手的连贯动作，反复操练，直至动作衔接紧凑、协调完整、控制有力。

第二节 解脱技能

一、手臂被抓解脱

动作要领

解法1：当对方右手从上往下抓握我方右小臂时，我方右手臂由下往上用力回拉，同时身体右转，以解脱对方的抓握。

解法2：当对方右手从下往上抓握我方右小臂时，我方右手臂由上往下、往左回拉，同时身体左转，以解脱对方的抓握。

动作要点：快速、有力、借助转腰的旋转发力。

动作共性：这两个动作解脱的办法都是从对方拇指一侧解脱。

易犯错误：用蛮力、抽拉、硬扯等。

纠正方法：从其拇指一侧用力，经常练习、熟能生巧。

二、双臂抓握解脱

动作要领

解法1：当对方双手从上往下抓住我方右小臂时，我方左手由上而下抓住自己的右手（握拳），迅速转体，用左手拉和右肘关节上挑的合力，将右手臂予以解脱。

解法2：当对方双手从下往上抓住我方右小臂时，我方左手从其两手下方插入，抓住自己的右手（握拳），迅速转体，用左手和右手的合力下拉，右肘向前上抬，将右手臂予以解脱。

动作要点：左手抓握要快、转体拧腰，第一解脱法的上挑合力要一致，第二解脱法的下砸合力要一致。

易犯错误：动作缓慢，单纯用一个手臂的力量。

纠正方法：体会转腰发力；体会上挑或下砸动作和身体的整体发力配合。

三、抓胸解脱

动作要领：当对方用右手抓住我方胸口的衣服时，我方迅速用右手按住其右手背，同时撤右脚，向右转体，用自己的左小臂迅速向下砸压其右手臂，达到解脱并控制的目的。对方左手抓胸时解脱的动作要领同理。

动作要点：转体要猛而快，一定要牵动其重心。

易犯错误：转身不够快、猛，发力不准确。

纠正方法：加强转腰发力练习。

四、抱腰解脱

动作要领：对方由后双手抱住我方腰时，我方迅速两腿向左右撑开，重心下沉，成马步下蹲，屏息憋气，紧腰撅臀，用头部撞击对方面部或用脚猛踩对方脚面，让对方无法将自己抱起，然后我方顺势两臂外张，解脱身体，达到解脱目的。

动作要点：迅速降低和控制重心，整个动作要快速迅猛，连贯协调，一气呵成。

易犯错误：反应迟钝，下蹲不快，动作不协调。

纠正方法：由慢的分解及完整练习开始，反复体会动作要领，然后逐渐加快练习的速度。

五、夹颈解脱

动作要领：对方从身后将自己颈部夹锁住，并抓住自己一侧手臂。应用另一臂屈肘攻击对方腹、肋部。横击、顶击都可用，要有力。稍闪开一步，用另一臂撩击对手裆部。当对方锁喉时，应向其臂的肘窝处转头，以缓解痛苦。同时用异侧手抓住其手臂，用力外拉；随即用同拳勾击对方头部，将对方从背上摔出。

动作要点：快速降低重心，左腿后撤，同时右手快速控制对方夹颈的手臂。

易犯错误：降低重心不够，没有控制夹颈手臂，上下用力不一致。

纠正方法：反复体会，经常练习。

第三节　抓捕动作

一、拧腕别摔

动作过程：当我方正面接近对方的右前侧时，我方迅速上左步落于对方的右腿外侧，右脚迅速跟进至其右腿侧，同时双手抓住其右小臂，迅速向对方肩部抬起。身体所有力量集中于对方手腕，利用小臂外翻的力量将其摔倒。随后左右手控制其右手，折腕拧臂，用右腿贴靠其右臂，并下压其右肩部，将对方拧转成俯卧状，我方迅速跪压其肩颈部，实施控制。

动作要点：上步要突然，抓腕要准确，倒地控制要及时。

易犯错误：抓腕部位不准确。

纠正方法：接近时，反复体验抓腕部位。

二、切颈别摔

动作过程：当我方正面接近对方的右前侧时，我方迅速上左步落于对方的右腿外侧，右脚迅速跟进至其右腿右后侧，同时左手抓住其右手腕，用右臂切击对方的颈部，利用切击和别腿之合力将对方摔倒。随后左右手控制其右手，折腕拧臂，用右腿贴靠其右臂，并下压其右肩部，将对方拧转成俯卧状，我方迅速跪压其肩颈部，实施控制。此技术主要用于由前控制对方。

动作要点：上步进身要突然，抓腕要准确，切、别、拧转、控的动作要连贯迅猛，不给对方留出反击的机会。

易犯错误：倒地后，控制不住对方。

纠正方法：强调快速跟进，控制其肩关节部位动作要一气呵成，针对薄弱环节可反复操练，也可分解练习。

三、由后抱腿摔

动作要领：由后接近对方时，右脚向前一大步至其右大腿外侧成右弓步；用双手搂抱对方膝关节并向后拉带，同时用肩前撞其臀或腰部将其摔倒。倒地后两手顺势下滑至踝关节处；随即，迅速分腿跪骑在其腰背上；左腿伸直，右腿跪地。双手分别抓住其两臂向上、向前撅推，髋腹前顶，抵住其两臂，将其控制。此技术主要用于由后控制对方。

动作要点：接近对方要达成隐蔽性和突然性，抱膝、顶摔同时发力，快速骑压别臂，动作连贯。

易犯错误：抱腿、肩顶动作不协调，分腿坐压动作慢，摔倒后控制不住对方。

纠正方法：强调动作的连贯性，抱腿、肩顶、分腿骑压动作可反复操练。要求衔接紧凑，整体动作协调完整，控制部位准确而有力。

四、锁喉摔

动作要领：当我方由后自然贴近对方时，上右脚于对方双脚后侧（如对方身体较高，则起右脚由后踹其双膝，迫使其重心下降），身体稍向左转，右手变掌，快速从颈前穿过并同时后拉，左手握住左手腕协助用力后拉，迫使其向后失去重心；同时起右腿猛拌打其左腿，以勒颈、打腿、向左转体的力量将对方摔倒在地，呈俯卧状，随即，用右肩俯压其背部，快速分腿坐压在对方腰背上；同时双手分别抓住其两臂向前撅推，髋腹前顶，抵住其两臂，将其控制。此技术主要用于由后控制对方。

动作要点：锁喉、后拉动作连贯，勒颈、打腿、转体动作要一气呵成，摔倒后分腿坐压动作要快，控制其双臂要牢固。

易犯错误：勒颈、转体不协调，打腿不及时，分腿坐压动作缓慢。

纠正方法：强调动作的连贯性，分腿坐压动作可反复操练。要求衔接紧凑，整体动作协调完整，控制部位准确有力。

五、二对一控制技术

（一）两侧接近控制（搓肘别臂结合压臂控制）

动作要领：1号警察在对方的右后侧，2号警察在对方的左侧，由左、右后两侧自然接近对方。1号警察攻击，以压臂动作迅速控制对方左臂（压臂动作要领：当我方至于对方的右后侧时，用右手抓握其右手腕，并向里回拉、反折的同时，快速上左步成左弓步，用左大臂腋下下压其右大臂，别压其肘关节，将其控制）；2号警察同时冲上，突然以搓肘别臂动作控制其左手（搓肘别臂动作要领：当我方接近对方时，右脚上步成右弓步于对方左脚外侧，右手成掌，从对方小臂内侧插入并用我方小臂向前上方滚搓其小臂，同时左手由外抓握其左肘关节，回拉使其臂内旋，随即，我方屈右臂，右肩臂贴靠其右小臂，迫使其屈肘并贴近我前胸；同时，向左转体成左弓步，右手顺势自上而下扣抓其左大臂并屈肘夹紧其小臂，左手折压其腕关节，迫其上体前倾于我方左大腿处；以夹肘、别臂夹臂将对方控制），两警察同时用力下压，将其控制。此技术主要用于两人协同由两侧接近控制对方。

动作要点：接近时一定要自然，1号警察实施动作时一定要快、准、狠、猛；2号警察协同要及时。两人配合要默契，力争以最短的时间，最快的速度，将其制服。

易犯错误

共性问题：整个动作的完成，缓慢、不协调、力度不够。

个性问题：对各关节部位的控制不牢固，两人协同配合不默契。

纠正方法：可采取三人一组分解练习，对各关节部位及两人配合可反复操练，找出控制点。要求动作的连贯性，衔接紧凑，整体动作协调完整，控制部位准确而有力。

（二）前、后接近控制（抱膝顶摔结合夹颈、抓控双手）

动作要领：1号警察在对方的后方，2号警察在对方的前方，自然接近对方。当靠近时，1号警察由后突然抱膝顶摔动作将对方摔倒（抱腿顶摔动作要领：当我方由后接近对方时，上右步成右弓步于其右脚外，快速以双手抱住其两腿将其摔倒，呈俯卧状，同时用左腿压住其两小腿将其牢牢控制），2号警察立即上前用双膝内侧夹住其头颈，并将其手臂控制住。此技术主要用于由前、后接近控制对方。

动作要点

1号警察使用抱腿顶摔动作要正确、快速，整个动作要一气呵成。

2号警察跟进要快，夹头、控制其手臂要牢固，两人动作过程要清楚，配合默契。

易犯错误

共性问题：整个动作的完成，缓慢、不协调、力度不够。

个性问题：对各关节部位的控制不牢固。

纠正方法：可采取三人一组分解练习，对各关节部位及两人默契配合可反复操练，找出控制点。要求动作的连贯性，衔接紧凑，整体动作协调完整，控制部位准确而有力。

六、三对一控制技术

（一）前、侧后接近控制（锁喉摔结合抓控其双腿和双手臂）

动作要领：1号警察在对方的后方，2号警察在对方的前方，3号警察在对方的左侧，呈包围状自然接近对方。1号警察首先由后靠近，右手前插锁喉，左手抓握其左手外翻，以勒颈、打腿、转体之合力将其摔倒后，控制其左手臂。2号警察立即上前抓握其两踝关节处，将其两小腿交叉反折，使其右小腿压住其左脚腕处并将其双腿控制；3号警察快速上前，以跪压的动作控制其右手臂。此技术主要用于由三人组合侧、后接近控制对方。

动作要点：1号警察锁喉动作要快速、协调、连贯；2号警察抓踝控制双腿要牢固；3号警察抓控其手臂要牢固；三人配合要默契。

易犯错误

共性问题：整个动作的完成，缓慢、不协调、力度不够，三人配合不默契。

个性问题：对各关节部位的控制不牢固。

纠正方法：可采取四人一组分解练习，对各关节部位及三人默契配合可反复操练，找出控制点。要求动作具有连贯性，衔接紧凑，整体动作协调完整，控制部位准确而有力。

（二）侧后接近控制（抱腿顶摔结合抓控其双腿和双手臂）

动作要领：1号警察在对方的正后方，2号、3号警察在对方的两侧后方，呈包围状自然接近对方。1号警察首先由后靠近，双手抱其膝部，肩顶对方臀部，以顶、拉之合力将其摔倒后，控制其双腿；2号、3号警察快速上前，以跪压的动作控制其双手臂；1号警察站起抓握其两踝关节处，将其两小腿交叉反折，使其右小腿压住其左脚腕处并将其双腿控制；此技术主要用于由三人组合侧、后接近控制对方。

动作要点：1号警察抱腿动作要快速、协调、连贯；2号、3号警察控制双手要迅速；三人配合要默契。

易犯错误

共性问题：整个动作的完成，缓慢、不协调、力度不够，三人配合不默契。

个性问题：对各关节部位的控制不牢固。

纠正方法：可采取四人一组分解练习，对各关节部位及三人默契配合可反复操练，找出控制点。要求动作具有连贯性，衔接紧凑，整体动作协调完整，控制部位准确而有力。

第四节　人身检查

人身检查是警察在执法过程中，将犯罪分子或者犯罪嫌疑人制服和缉捕后，依法对其人身利用两手"挤压"和"触摸"等方法，进行搜索和检查的一种技术。人身检查的目的：一是为查明和清除隐藏在犯罪嫌疑人身上的各种凶器。二是可以有效地防止犯罪嫌疑人利用凶器自伤、自残。三是为了查获犯罪嫌疑人携带的罪证。人身检查是一项危险性很大的执法活动，在国内外因为人身检查时警察遭袭击的事例有很多，如果心存侥幸来搜查犯罪嫌疑人，将导致致命的错误，所以警察在人身检查时要保持高度的警惕，防止被犯罪嫌疑人偷袭。

一、人身检查的要求

（一）完全控制——保持警惕

人身检查必须在犯罪嫌疑人已被警察控制、失去反抗能力的前提下进行。在未完成搜索前，不允许犯罪嫌疑人有任何举动。

人身检查必须是在保持高度警惕的前提下进行，应使罪犯在失去平衡状态时对其人身检查。警察持手枪、警棍进行人身检查时，使其处于随时准备击打的位置。

（二）依照顺序——不留死角

人身检查要先搜犯罪嫌疑人的主要部位。包括腰部、腋下和前胸。以腰部为界，先上后下依次搜索检查。腋窝、胳膊、胸部、脊背、裆部、双腿内侧、手腕、脚腕等处不能有所遗漏。对腰部衣服重叠之处、衣服口袋、皮带内侧要彻底检查。

（三）手法正确——认真彻底

人身检查一般要求用手挤压，触摸翻动，不可轻拍轻摸。

人身检查时的口令必须准确、清楚，不得模棱两可，含混不清，使对方不知所措，不能配合。

人身检查必须认真彻底，不留任何后遗症。可以将犯罪嫌疑人用力往后拉以致使他失去平衡，搜查完成后，警察的双手不能失去对犯罪嫌疑人的控制。

（四）警力优势——区别对待

人身检查必须是在优势警力、分工明确、站位合理的情况下进行。视情况警察带手套对嫌疑人进行检查。对女性犯罪嫌疑人的人身检查应由女警察执行。人身检查地点应在封闭的场所进行，以保护被检查人的隐私。

二、人身检查的基本手法

人身检查的基本手法是指警察对嫌疑人进行身体搜查时采取的触接方式，通常有以下几种。

（一）抚摸

警察用手掌贴在嫌疑人衣服上缓慢移动，用掌心感觉所能触及的异状物体。

（二）挤压

警察手掌用力按压，同时用手指抓掐衣物。对躯干部位搜查时，挤压方法较为常用。

（三）翻撩

警察将嫌疑人衣服翻撩开，或者将其衣裤口袋翻开，露在外面进行检查。

三、人身检查的部位

一般情况下人身检查的顺序应该按照由上及下的顺序进行，当犯罪嫌疑人随身携带凶器特征较明显的情况下，警察直接解除威胁后，再继续对其他部位进行检查，犯罪嫌疑人常隐藏凶器的部位如下。

（一）上半身易藏匿的部位

犯罪嫌疑人头上戴的帽子里、长头发内能藏有小刀、刀片、细钢丝等凶器；衣领口里面能隐藏有刀片；藏有用项链挂起的小刀；手心及手指缝间能藏有小刀；手腕上戴的护腕里可能藏有小刀、绳子等凶器；腋下可能隐藏凶器。

（二）下半身易藏匿的部位

犯罪嫌疑人腰间可能携带凶器和武器；裆部可能藏有小铁丝、别针；皮带内侧可能藏有刀片；衣服口袋里可能藏有各种凶器；小腿部位可能藏有凶器；鞋底凹形处可能藏有凶器。

四、人身检查的形式

（一）站立式人身检查

警察命令犯罪嫌疑人两脚平行开立等于肩宽，两手手指交叉背于头后，警察由后接近，位于罪犯视线外，进行人身检查。对搜查对象实施了由后上铐以后，左手抓住对方的手或手铐，将左腿贴靠于对方左腿内侧，右手首先对其腰部进行搜查，然后对其右侧，经上而下地搜查，搜完一侧身体再用同样方法搜另外一侧身体。

（二）跪地式人身检查

警察命令犯罪嫌疑人两膝跪地，两手手指交叉背于头后，警察由后侧接近人身检查，上身挺直对搜查对象实施跪地后上铐，左手抓住对方的手或手铐，右手首先对其腰部进行搜查，然后对其右侧，经上而下地搜查，搜完一侧再用同样方法搜另一侧。

（三）卧地式人身检查

警察对搜查对象实施卧地控制后，命令犯罪嫌疑人两脚尽量分开，两手手指交叉向前伸直或抱于头上，搜索上身时，令其翻身仰卧，两腿交叉伸直，两手手指交叉置于头下，蹲在对方的左侧，将其身体的右侧搬起，后背靠在左膝部，成侧卧状，左手按住对方的右肩，右手实施搜查，首先对其腰部进行搜查，然后经上而下进行搜查。搜完一侧再用同样方法搜另一侧。

（四）对多人人身检查

当警察单独面对数名嫌疑人人身检查时，可运用无依托物人身检查中的卧姿进行人身检查。令犯罪嫌疑人纵向排列，间距2～3m，先从最后一个搜起，人身检查完毕后令其前移至视线范围内保持原距离、姿势，依次对犯罪嫌疑人进行人身检查，同时应注意监视其他犯罪嫌疑人。

（五）靠墙人身检查

警察命令嫌疑人身体贴墙，面壁站立，双手交叉背于头后或置于墙上，两脚分开，脚尖外展，尽量靠墙，警察由后靠近进行人身检查。

（六）靠机动车人身检查

警察命令嫌疑人两臂伸直，支撑在车身上，低头向下，两脚分开，远离车体，体重大部分落于两臂，警察由后接近进行人身检查。避免嫌疑人趴在车窗玻璃上进行检查，防止其观察警察的动作。

五、重点提示

（一）强调控制

人身检查的前提是控制，在警察完全有把握控制住对方时再进行人身检查。

（二）防止自残

犯罪嫌疑人的口中容易藏匿凶器用来伤人或者自残，人身检查时应当注意。

（三）动作提示

站立人身检查时应控制一侧胳膊，让其沿反关节运动，并以自身为依托让犯罪嫌疑人后仰失去重心。

（四）保护隐私

在对女性嫌疑人检查时，由女民警进行。如需要彻底检查时，应注意挑选封闭场所进行检查，以保护嫌疑人隐私。

第五节　常用警械装备的使用

一、单警装备佩带

警察在执勤、执法、巡逻、接警、大型活动安全保卫、处置突发事件时，应按规定佩带公安单警装备。单警装备的佩带应充分体现便于携带、便于应用、便于保护的原则。根据佩带规范在多功能腰带上的单警装备，左侧从腰带扣开始依次为：手铐、对讲机、强光手电、急救包；右侧从腰带扣开始依次为：催泪喷射器、手枪、警用制式刀具、警棍、警用水壶。多功能腰带的斜挂带佩带方式为左胯右肩，前胸带扣套于手铐套和多功能腰带之间，后背带扣套于急救包与警用水壶之间。可根据上级要求和工作需要，选择佩带单警装备的种类。警察在执勤前佩带多功能腰带时，用双手将腰带握紧，围在腰脊上穿扣腰带，用力勒紧锁扣腰带，然后将后背带从左肩章带下穿过，在调整适度后，与前背带上的带扣锁紧。警察佩带单警装备执勤、执法时应着制式警服，穿黑色皮鞋，将多功能腰带系与制式警服外。

二、金属手铐

单警装备配备的手铐为防拨开手铐。这种手铐对传统的手铐进行了结构上的改进，在齿轮与卡齿的结合部位增加了防拨片，可有效防止异物透开。锁头的钥匙芯用滑动钢球支点。这种防拨开手铐其性能主要体现在没有专用钥匙，手铐无法打开，同时还保留了传统手铐开启方便等优点。

（一）技术指标

（1）手铐的左右中心孔距为 200mm±5mm。

（2）手铐的最大锁定尺寸为 80mm，最小锁定尺寸为 50mm。

（3）手铐的使用寿命可循环工作 6 000 次。

（4）手铐的总重量为 480g±10g。

（二）正确的持握姿势

需要取出手铐时，利用食指或中指打开手铐套，将拇指从双扣之间穿过，把手铐挑出，用拇指、食指握住锁梁，中指握住连接链，无名指和小指握住另一锁梁，握住手铐形成"丁"字形状态（上铐环月牙锁朝前，下铐环月牙锁朝内侧）。

（三）手铐使用的要求

上铐前，要检查手铐是否完好无损，手铐的保险是否开启；保持高度警惕，上铐前嫌疑人应已被警察完全控制，并且嫌疑人的双手始终处在警察的视线范围内。一手持铐，握钥匙孔部位，另一手抓住嫌疑人手腕，逐个将铐戴上并扣紧，使用时，要让嫌疑人双手成反铐位置。上铐后，在带离过程中，随时检查手铐的安全使用情况。

（四）手铐的佩带

将手铐的铐环推入锁梁内至最后一格，使手铐体积处于最小状态，打开保险，装在铐袋内，可根据自己执法需要考虑放置在腰带的左侧或右后侧。

（五）上铐基本方法

（1）压铐。左手持铐时，右手抓住对方的右手腕部（或抓住手指），将活动环抵住对方手腕部，右手用力下压，活动环旋转一周将其铐住。

（2）挑铐。右手持铐时，左手抓住对方右腕部手上提，将活动环由下向上，抵于对方手腕部，用力上挑，活动环随之绕腕铐住。

（3）开口铐。警察右手持铐，左手将铐环打开，命令对方伸出手，将铐环套于其腕部。此方法是在对方配合警察时采用。

（六）基本技术

（1）体前上铐。警察用语言控制对方，让其双手从体侧伸出，警察尽量从侧方依次铐住其双手。此上铐仅限于一般犯罪嫌疑人，但在上铐时要有防卫意识，以免对方不配合。

（2）举手上铐。警察首先用语言控制对方，让其双手上举，双脚开立，脚尖外展，头转向另一侧，警察侧身上前，用左膝顶住其膝窝，并用左手抓其左腕下拉别臂，用右手持铐，铐住对方的右手腕，外旋下拉至其左手旁，迅速挑铐左手。

（3）背手上铐。警察首先用语言控制对方，让其身体前倾，双手手心向上向后并抬举，双脚开立宽于肩，脚尖外展，头转向另一侧，警察侧身左手抓其右手，右手持铐压铐扣紧，而后抓其左手挑铐扣紧。

（4）俯卧上铐。警察首先将对方控制呈俯卧状，手心向上，让其头部转向另一侧，警察接近对方，左手抓其右腕上铐，并上拉右手跪压其肩部，然后再铐上左手。

（5）抓捕上铐。警察在抓捕过程中，利用动作控制，如：抱膝顶摔、锁喉摔等。一般有两名以上警察控制对方然后再上铐的方法。无论采用哪种动作上铐，动作要有隐蔽性、突然性，不给对方反抗的机会。

（七）注意事项

（1）使用前须检查手铐是否完好。

（2）戴铐不宜过紧、时间不宜过长，以防造成人体的循环障碍或组织坏死。

（3）平时注意对手铐的保养，减少磨损。

三、防割手套

防割手套采用高强度纤维及金属丝混纺材料加工制作而成，具有良好的超弹性能，高强度的抗切割性能，持久的抗弯曲和耐疲劳性能，能有效抵御匕首、菜刀等带有利刃的锐器的割伤，具有透气性能良好、易洗涤、重量轻、携带方便等特点，是具有防锐器割伤功能的防护性警用装备。防割手套在 -40℃~60℃ 的环境温度范围内穿着使用，不会引起其性能的改变，总重量不大于100g。

（一）使用方法及注意事项

将防割手套取出戴到手上。因制作原料纤维的密度较大，在首次穿戴防割手套时可能会有不适的感觉，穿戴使用一段时间后，不舒服的感觉将会减弱。

使用时应注意：

（1）防割手套具有防割、切、划的保护性能，但不能防齿刃类刀具的割划，不具有防刺的功能。

（2）每次使用后要及时检查，如有破损须及时更换，不可再使用。

（3）存放时，应注意通风干燥、避光防潮。

（二）对持凶器者采用的防卫策略

（1）主动迷惑。当距对方稍远时，从地下捡起石块或抓起沙土等物，眼睛始终注视对方，无论捡到与否，在对方近身之时做出向其面部投击动作。可向其身后以请求支援的口令来迷惑对方，扰乱其思维和改变其视线，保持安全距离。

（2）快速躲闪。如果对方持凶器向你刺来，向左、右、后迅速拉开距离或可借力用力，用手或前臂格挡其手臂，改变进攻方向，并顺势转身，躲过凶器。不能惊慌失措掉头就跑，这样背后受到攻击更危险。

（3）伺机反攻。控制对方手臂后，可用拳、腿、摔等手段进行攻击，不要松开对方的手，谨防对方二次攻击。

四、防刺服

防刺服采用铝合金板等防刺材料制造而成，也称为防刺背心或防刺衣。能有效抵御匕首、菜刀等锐器刺扎和砍割的攻击，是民警在执行各种勤务活动中，随身穿戴的具有防锐器割、刺功能的防护性装备。总重量小于等于3.6kg，防护面积大于等于$0.3m^2$，配合其他单警装备使用，可有效保护民警执行任务时的安全。防刺服为背心式防护服，分为前胸和后背两大部分，有L（身高178～186cm）、M（身高169～177cm）、S（身高160～168cm）三种规格。其肩部和腰部使用超宽的、超强度的橡皮筋相连接，保证穿用者可以根据自己的体态自由调整松紧和大小。

（一）主要技术参数与性能

（1）材料：产品外套采用仿毛华达呢；内胆采用涤纶牛津布；防刺层采用铝合金板。

（2）产品结构：产品由前身、后身、防刺内胆组成，产品外观为背心式，肩腰部采用锦丝搭扣带搭接，可调节肩、腰部尺寸。

（3）防刺性能：$-20℃\sim55℃$范围内用标准测试刀进行穿刺，不穿透。

（4）防护面积：L号$\geqslant 0.35m^2$ M号$\geqslant 0.33m^2$ S号$\geqslant 0.30m^2$。

（5）产品总重量：不带包装小于等于3.6kg。

（6）使用年限：8年。

（二）使用方法

穿着时应选择适合自己尺码的防刺服，适当地扣紧防刺服的胸扣。穿着分为内穿和外穿两种。内穿是将防刺服穿于制服或便装内的第二层，外穿是将防刺服穿于其他衣服的最外层。

（三）注意事项

（1）防刺服具有防刺的功能，但不具有防弹的功能，不能作为防弹衣使用。

（2）每次使用后要及时检查，如有破损须及时更换，不可再使用。存放时，应注意通风干燥、避光防潮。

五、伸缩警棍

（一）技术指标

（1）警棍外径28mm，收缩长度200mm，伸展长度大于等于530mm。

（2）重复伸缩循环次数不小于3 000次。

(3) 抗击打次数不小于1 000次。

(4) 总重量为350g。

（二）性能与特点

伸缩警棍由端盖、卡簧、握把（含握把套）、中管、前管和球头等零件组成。回收时，卡簧将中、前管固定在握把内；伸展时，用腕力将中管和前管甩出，靠圆锥面的摩擦力将各节管锁住。

警棍的伸缩部分用两节可伸展的不锈钢材质制成，握把为高强度铝合金材质，并有橡胶材质的握把套，具有良好的防腐性能，特别适合在高温潮湿的气候条件中使用。钢质伸缩性警棍具有坚固、实用、隐蔽性好、便于携带、使用方便等特点。

（三）使用方法

(1) 警棍握持方法。正确的握棍方法是用拇指、中指、无名指作为三根主要的握棍手指，握住警棍棍柄上方1/3处，其他手指作为辅助，使警棍均衡地置于掌内。在击打时，手掌必须紧握警棍，切勿放松手腕挺直，以最大的稳定来转移击打时所产生的力量。

(2) 开棍。上开棍：先将握棍手的肘关节斜向上，然后挥动前臂斜向外侧发力，借助离心力向上展开警棍，置于右肩上。开棍时要留意头上方的物体，以免导致受伤。

下开棍：先将握棍手的肘关节斜向下，挥动前臂斜向外侧发力，借助离心力向下展开警棍。开棍时要小心身体周围的其他任何物体，避免发生意外。

战术性开棍：在紧急情况下，警察可将警棍向危险方向（对方面部或膝部方向）挥动，顺势伸延警棍。

(3) 收棍。手持握柄，球头向下，垂直撞向硬物一次松开第一个伸缩锁，随即撞第二次将第二个伸缩锁撞开便可成功收缩警棍。

（四）携棍基本姿势

格斗姿势。右手持棍，将棍体置于肩上，侧身站立，左手屈臂前举，沉肩垂肘，两腿微屈。

警戒姿势。右手握住警棍，置于套中，侧身站立，重心落在两腿之间，两膝微屈，保持高度警惕性。

（五）警棍使用的基本技术

（1）戳。蹬地转腰整体发力，持棍手臂与警棍成一直线状，持棍手腕保持一定的紧张度。

（2）劈。转腰挥臂整体发力。

（3）别。抓腕穿棍要协调，抓棍要准确，回拉别臂要有力。

（4）挡。上挡时，警棍水平高于头部。左挡、右挡，及下挡时，警棍都要相应地超出身体躯干部位。格挡要快，手臂动作与身体的转动要协调一致。

（六）利用警棍的带离技术

（1）别臂带离。上铐后，我方站在对方的左侧，右手持棍从嫌疑人的左臂下插入向上别臂，左手抓住对方的肩辅助控制，实施带离。

（2）别铐带离。右手握警棍把段，将棍前段斜向插入手铐与对方两腕之间，左手抓住其后衣领，别转铐链，实施带离。

六、警用强光手电

手电筒作为警用装备比警棍有特殊的优越性，第一是方便，因为警棍一般是挂在身体两侧的腰带上，在紧急情况之中抄起来不顺手。第二是隐蔽，警察随时拿着警棍，经常会给调查带来不必要的紧张气氛，特别是让被调查者感到一种敌意，使得工作不好进行。而手电筒给人的感觉不是武器。第三是顺手，手电筒比警棍粗，握在手里比较实在，手电筒比警棍短一些，就更加适于近身格斗。对于徒手和持短刀的敌人手电筒十分有效。特别是能给猛然扑上来的对方以出其不意的打击。手电筒的握法是抓住电筒靠灯口的位置，小拇指抵住灯口扩张部位，中指带住手电开关位置，用手电的尾部击打。左右手均可以使用，但是以非持枪手使用为宜。

（一）技术参数

（1）灯泡：美国 CREE 大功率 LED 灯。

（2）镜片材料：进口 FCL 镜片。

（3）开关转换模式：强光—弱光—强光爆闪，在任何模式下均可以直接关闭手电。

（4）电池：1 节 18650 可充锂离子电池。

（5）重量：含电池不大于 230g。

电筒筒体采用 T6061—T6 航天等级高强度铝合金材料，颜色为钛黑色。电筒长 150mm，握柄直径 27mm。电筒透镜材料采用进口 UCL 镜片，双面镀膜钢化玻璃。电筒灯泡采用 3WLED 型，一般寿命 10 万小时，亮度为 100 流明。采用半导体照明省电设计技术，使电筒连续使用时间超过同类产品的 4 倍；采用 32mm 直径的大型金属反光杯，光线优良汇集，因而，比同类产品照射的距离更远；采用优良的散热设计技术，保证电筒在长时间工作时，电筒温度保持舒适状态。电筒的电池采用 NT18650 电池，可持续照明 4 小时，其中 2 小时亮度为高亮度状态，且该电池具有智能快速充电功能，并带有保护电路功能，即使电池在电筒内放置时间过长，也不会导致电池损坏。电筒采用 3V~10V 自动适应电路专利系统，电筒的兼容性能强，可使用任何相同型号的电池。

（二）注意事项

（1）强光档不要将光线直射入人的眼睛，较强的光线会对眼睛造成永久性伤害。

（2）灯头不要经常拆解，以免造成反光杯或灯泡损伤。

（3）灯头拆解后请不要触摸反光杯，触摸后汗液会腐蚀反光杯，降低反光杯效率，从而降低亮度。

（4）避免在加油站等易燃易爆环境更换电池，如必须更换时，确保在关闭开关状态下进行。

（5）为安全起见禁止将锂离子充电电池丢入火中。

（三）警用强光手电结构

分为攻击头、大功率LED灯、强化铝材筒身、可充锂离子电池、尾盖。

（四）使用要点

手电筒是产生光线的一个非常简便又好携带的工具。手电筒是具有两面性的照明工具，有它工作方便，但手电筒不能总放在手中，有时会给警察带来麻烦甚至导致死亡。

1. 利用手电筒进行快速观察

警察可以利用同伴或助手，不必离开门口两侧防御区就可以照亮黑暗的房间，查看房间的情况，具体方法：将房间门打开，用不持枪的手拿着手电门，蹲在门外侧，将手电筒朝着门里面，打开手电筒开关，然后松开手将手电筒向门的另一侧滚过去，手电筒近乎直线略有弧度地滚过门口，同伴就可以在不十分暴露自己的情况下，捡起手电筒，再从另一侧滚回来。在手电筒滚动时，你和同伴均要观察光线照过的地方，准备好武器，你所处的位置上，应当能看见室内的大部分地方，或能发现隐蔽的嫌疑人。注意：在灯光亮着的时候不要进入室内，嫌疑人看到突然出现的光线，可能认为后面会有人进入，立即会向光源射击。同时还要注意手电筒的结构，是否适合此项工作，如：手电筒的开关太大，其正常转动就会受到影响。

2. 两人利用手电筒配合的战术

首先将手电筒举到门框上面，同时将身体的大部分隐蔽在墙壁后，同伴从低处或是俯着观察手电筒照着的地方，然后再换一下角色，举着手电筒的警察要蹲着，将手电筒举过头顶，同时尽量不要暴露自己。

3. 掩护物配合使用手电筒

有隐蔽物时利用手电筒战术：在进入门口后，仍要处在掩护物后，使用手电筒进行搜索，手电筒要尽量远离身体，不要暴露自己，在手电筒亮过后，要立即转移到另一处。

无掩护物利用手电筒的战术：在没有合适的掩护物时，最好的方法是运用"闪动"的战术，持枪在手，双腿弯曲分开，另一只手拿着手电筒，伸直胳膊，上举略高于头顶，向外伸展与肩膀约45度，这样就能让手电筒处于身体上方略向前一点，让身体的致命部位避开手电筒的光线。要让自己处于光线的后面，而不要在光线之中，以减少手电筒的"散光"暴露自己的危险。手电筒外壳应当是黑色的、表面不反光的、同时应当有双调节器的，按住按钮可让灯光闪亮一下，让你能够迅速环视一下周围，转移到更加隐蔽的新位置。如手电筒继续亮着时，就会成为一个固定的目标。要在熄灭手电筒后射击、转移。在此情况下，首先应当考虑的是认清射击目标，不要误伤在黑暗中移动的同事或无辜的人。如嫌疑人开枪时，一般会直接向光束或光束的右边的地方射击。如按上述方法持手电筒，就不会被击中。不可使用滑动开关控制手电筒，按钮式开关可以迅速无危险地关掉手电筒。如掉在地上，按钮开关不会让手电筒继续亮着而暴露你自己。

4. 移动利用手电筒战术。

从一个地方移到另一个地方时，不要使用手电筒，一般周围总会有足够的自然光或是人工照明的光线，使用手电筒会破坏你的夜视力至少会立即将你的位置暴露给观望的嫌疑人，如不得不用手电筒时，要让手电筒与地面成一定的角度，用手盖住部分光束，让光线范围小到刚刚让你安全迈步，要放低手电筒的位置，置于身体前方，开亮时间尽量短暂，时间太长会暴露自己。

5. 驾车堵截时利用手电筒的战术。

驾车堵截时，在接近目标后，可以使用手电筒或警车上的聚光灯对准司机的后视镜，使其不得不转过脸去，当接近他的车辆时，如有必要可用手电筒直接照射他的双眼，以破坏他的夜视力。警察在夜间搜索嫌疑人时，一定要让手电筒远离自己的身体，如对方射击，其目标将是手电筒，而不至于直接伤害到警察。

七、警用催泪喷射器

（一）技术指标

（1）喷射剂为 cs 剂（含量为 3% ~ 5%）。

（2）喷射器灌液量为 50ml ± 2ml。

（3）有效喷射时间不少于 4 秒。

（4）喷射为射流状。

（5）有效喷射距离不小于 3m。

（6）喷射剂刺激效果不低于不可耐浓度。

（7）正常使用温度范围为 -30℃ ~ 55℃。

（8）在水泥地面上 1.2m 跌落不影响使用效果。

（9）罐体最大承受压力为 980N。

（10）有效期为 3 年。

（11）总重量为 100g±5g。

（二）性能与特点

1. 催泪喷射器的结构

外观为圆柱形，由罐体、阀体系统、喷嘴、保险盖、保护帽等主要部件组成。罐体内充有额定的压缩气体，喷射剂灌装在由特殊复合材料制成的溶剂袋内与罐体隔开，靠橡胶封圈保证其密封，罐内催泪剂用完后可向内冲压补充，以保证催泪器能够反复使用。

2. 催泪喷剂作用原理

喷射器罐体内充有额定的压缩气体，作为恒压动力源在阀门处于关闭状态时，始终给溶剂袋以挤压作用，在阀门打开后，溶剂袋在恒压动力作用下，袋内喷射剂可立即通过阀门从喷嘴喷到目标上。

在适当的使用范围内，催泪剂喷射到人体的面部、口、眼、鼻、皮肤，通过以下4个途径产生作用：呼吸道、眼睛、口腔、皮肤。喷射剂溶液和气溶胶通过鼻孔、口腔进入鼻腔、呼吸道直至肺部，可立即使人感到疼痛、咳嗽、胸闷、呼吸困难直至窒息。眼睛、口腔黏膜部位接触后，可立即大量流泪，灼痛，睁不开眼，喉痛甚至恶心呕吐。皮肤接触后，可立即使人感到辛辣、红肿、刺痛、灼痛以及引起红肿。

（三）催泪喷剂作用效果

催泪喷剂是一种刺激性化学制剂，一般不会对人造成永久性的伤害。接触后经过正确的善后处理，刺激可以在半小时逐渐消退，大约一小时内恢复正常。对醉酒者、精神病者有可能作用不明显。催泪喷剂对人体所产生的具体效果表现如下。

（1）可以迅速产生心理和生理反应。

（2）黏膜组织肿胀。

（3）双眼不自觉地紧闭。

（4）吸入后会产生咳嗽及欲语不能。

（5）暂时性呼吸困难。

（6）反抗能力降低，失去方向感，身体协调能力减弱而不能自主。

（四）使用方法

用拇指和食指将喷罐从套中取出，利用拇指向上挑开保险盖，将喷射器对准目标，同时用拇指向下按压喷嘴阀，喷剂立即喷出。实战应用中，主要有以下三种使用方法。

1. 点射

对单个目标的面部进行点射，可以增加喷射的准确性和经济性。一般采取 1 秒/次的方法使用。

2. 连续喷射

通过连续喷射，可以对单个目标造成强烈的刺激或对多个目标实施控制。

3. 水平喷射

从左至右或从右至左喷射，目的是对多个目标进行攻击。

（五）清除喷剂减轻痛苦的方法

（1）用大量清水冲洗面部。这样可以减轻喷剂带来的痛苦，在十分钟内消除、缓解痛苦。如果有条件可以用 2% 的碳酸钠溶液冲洗，效果更佳。

（2）可以用纸巾吸干喷剂残留物，切勿揉擦。

（3）转移到通风处，不要待在受污染的区域。

（4）不要用手或布揉擦。用手或布揉擦被喷射的眼睛及皮肤部位，会大大加重喷剂所造成的痛苦，甚至起红斑或水疱。

（5）不要使劲擤鼻子。使劲擤鼻子会使七窍内压减弱，喷剂的有效成分趁机而入加重痛苦。

（6）如果戴有隐形眼镜，应帮助其摘除，防止眼镜边缘或内面留有喷剂残余物，伤害眼角膜。

八、警用制式刀具

（一）技术指标

（1）刀尖两侧均开刃，刀尖上刃长50mm，刀尖下刃略有弧度，这使得刀尖具有良好的挑的功能，警刀的刀尖能够轻易刺穿1mm厚的低碳钢板。警刀下方刻有一段含6个等尺寸齿槽的锯齿刃，每个齿槽宽5mm，锯齿刃全长30mm，利于割绳索。

（2）刀背上的锯齿全长73mm，可以锯断直径5mm或者6mm的铁制护栏。

（3）圆柱形刀柄中设有碎玻璃器，可以击碎普通玻璃、钢化玻璃，还能击碎单层防弹玻璃。

（4）刀鞘背面附有矩形磨刀石，打开即可磨刀。

（5）剪口座设有1个"一"字螺丝刀，头部设有六角连接头，可作为六角螺丝刀单独使用，也可装接附装的5种螺丝刀。

（6）总重量为650g±10g。

（二）性能与特点

（1）能够刺穿1mm厚的低碳钢钢板。

（2）能够砍断直径30mm的杂木枝干。

（3）能够一刀割断5mm的尼龙绳。

（4）能够锯断直径8mm的低碳钢筋。

（5）能够剪断4mm的低碳钢丝。

（6）装备有五种不同规格的螺丝刀。

（7）能够击碎8mm厚的钢化玻璃。

（三）使用方法

（1）割绳索。用锯齿刃或下刀刃接触绳索来回割锯。

（2）刺钢板。将刀尖对准钢板用力刺插。

（3）锯钢筋。用锯齿刃接触来回割锯钢筋。

（4）砍木棒。将下刀刃对准木棒用力砍。

（5）剪铁丝。将刀体前端的剪切定位孔套在刀鞘剪口座上的剪切定位轴上，当刀体下平面与剪口座上平面贴合后，前推刀体到位，可以剪断直径 4mm 的铁丝。

（6）使用多功能螺丝刀。按下卡扣，向下滑开后盖，取出工具盒中的螺丝刀头，装在剪口座前方的六角连接头上，即可使用。

（7）碎玻璃。旋下尾帽，双手握刀鞘，击针垂直顶在玻璃上，缓慢用力下压，直到玻璃破碎，用后旋紧尾帽。

（8）弹弓。将弹弓翻转 180°，卡入刀鞘下方的定位槽中，从工具盒中取出止血带，从附件包中取出弹弓皮兜，将止血带穿入弹弓皮兜两头的孔中，将止血带两端套在弹弓弯头处即可使用。

（9）磨刀。当刀刃变钝时，可取出工具盒中的磨刀石磨刀刃。磨刀石的不同圆角用来磨与之对应的锯齿刃、剪切刃。

（四）使用注意事项

（1）刀具出鞘及入鞘时，握刀鞘的手不得突出刀鞘口部平面，并紧握刀鞘，避免滑脱，以防划伤。

（2）剪铁丝时，必须保证刀体下平面与剪口座上平面贴合后，前推刀体到位，使二者牢固扣合并能灵活转动，不得脱出，以免损伤刀体及剪切定位轴。左手应握紧刀鞘上端的圆弧部，远离刀刃及护手，以防挤伤；本刀具不得剪切钢丝及直径 4mm 以上铁丝，否则会对刀具造成不可修复的损坏。

（3）碎玻璃时不得过度用力敲击玻璃，应缓慢施加压力，以防玻璃破碎后划伤手臂；碎玻璃器仅用于击碎玻璃，不得用于击打其他物品，否则会对刀具造成不可修复的损伤。

（4）使用弹弓时，刀鞘正面（警徽方向）朝前，否则会引起止血带断裂。

（5）锯割钢筋、铝板后，及时清除金属残渣，避免锈蚀。

（6）应定期用软布沾防锈油擦拭刀体及剪口座，保持刀体清洁及刃口锋利。

九、防弹头盔

（一）防弹头盔发展的历史

头盔是用于使头部免受伤害、减少在战斗中伤亡的一种单体防护装具，从古代起就有用于防护头部的工具，如古代的胄、首铠、兜鍪等，主要用藤条、皮革和铜铁等材料制作。第一次世界大战出现了高爆榴弹弹片和枪弹，对人体头部的杀伤力大增，世界各国都为了保护自己的士兵而加强研究各种人体防护装备，特别是头盔，这样，第一代钢盔便应运而生。

头盔经历了漫长的发展过程，钢盔是头盔发展史上的先驱，第一个钢盔是法国亚德里安将军于1915年首次研制成功的，第一次世界大战的参与国相继生产了数百万个钢盔，拯救了许多士兵的生命。美国声称：在第二次世界大战中，钢盔至少保护了7万美国士兵的生命。但钢盔的重量大、导热系数高、导电性强、反弹而引起二次杀伤等固有的缺陷，已经不适应现代战争的要求。后来具良好抗弹性能的钛金属也被用来冲压成型做防弹头盔（如瑞士的TIG和奥地利的UCBRICHT等公司），这些头盔能经受住速度达700m/s的标准破片的冲击，但因为钛材料特别复杂的冲压工艺使得头盔的造价昂贵（价格达500~600美元），致使钛在防弹头盔上的应用在西方国家没能获得发展，但俄罗斯仍在继续完善这方面的工作。

随着现代武器火力的提高，对防护装备的防护性能要求也随之提高。根据对杀伤弹药爆炸中形成的破片质量和能量研究表明，多数破片的质量在 1.0g~1.1g，速度达 610m/s，这种破片曾被确定为评定头盔防护能力的标准破片。防弹性能好、重量轻的新型非金属防弹材料的研制开发，为防护大杀伤威力武器提供了很好的解决途径，这样非金属头盔的研制得到了很大的发展。美国 PASGT 步兵单兵装甲系统 1978 年研制的新型 KEVLAR 头盔取代了钢盔，使头盔的发展进入了一个崭新的时期。它采用高性能 KEVLAR 织物浸黏合剂压制而成，这种非金属头盔防护能力强、轻、导热系数小、导电率低等综合防护性能比钢盔提高了 4~5 倍。

芳纶等非金属头盔在夏季不像钢盔那样闷热，在冬季不会使头部冻伤，也不会被无线电侦察发现，而且不存在反弹的现象。随着材料工业发展，高性能聚乙烯纤维等性能优异的非金属材料为头盔的发展奠定了良好的基础。继美国之后，英国、俄罗斯、以色列等国的军队也开始使用高性能抗弹材料做成非金属头盔来取代钢盔。目前一些西方国家在继续进行头部防护领域的研究工作，主要是为了提高防护水平，最大限度地降低头盔重量。为了进一步提高头盔的防护等级，一个很重要的方法是在头盔盔壳的外面增加金属、陶瓷等附加壳体或块状连接件。

防弹头盔多呈半圆形，主要由外壳、衬里和悬挂系统装置三部分组成。外壳用材料除特种钢以外，随着化学工业的发展，后来出现了防弹尼龙、玻璃钢、芳纶等复合材料。衬里用棉布、尼龙布、泡沫塑料等材料制作，其主要功能是在硬外壳与脑袋之间起缓冲作用；悬挂装置采用皮革和塑料织物制成，起到与头部连接的作用。据统计，在20世纪的典型战役中，75%~80%的致命伤是由地雷、榴弹等的破片造成的，而且这些伤处的45%正好在头部。由此可见，一顶理想的防弹头盔是军、警等保卫人员在执行任务时面对枪弹威胁的环境时必备的防护装备。

（二）国外防弹头盔的发展和展望

自第一次世界大战以来，世界各国都加强了防护装具的研究，头盔就是其中非常重要的一项，经过漫长的发展过程，盔型发展了美国、意大利、东欧形式的3个具有代表性的种类。

表5-1　不同盔型特点比较

项目	美国	意大利	东欧（盆型结构）
稳定性	好	好	差
防护面积	大	更大	小
面积的利用率	较好	好	一般
装备的相容性	好	好	一般
利于瞄准	好	较好	较好
避雨遮阳性	好	差	较好

以上3种头盔比较而言，美国的PASGT头盔盔形是使用最广泛的，其他防弹头盔基本是它的变种。随着武器火力的不断加强及材料工艺的发展，国外已经从普通的防弹钢盔发展到特种防弹钢盔、芳纶（KEVLAR、TWARON等）等高性能非金属头盔，今后新型高性能材料和新工艺的发展将为头盔的发展做出新的贡献。根据经济发展状况的不一样，目前3种材料的头盔在国外都有使用，但金属头盔逐渐被非金属头盔所取代。

（三）我国警用防弹头盔的发展概况

警用防弹头盔是由军用防弹头盔发展而来的，国内外使用的警用防弹头盔和军用防弹头盔基本一样。目前我国警察装备的防弹头盔主要还是于 20 世纪六七十年代研制成功的 GK80 钢盔，1997 年由总后军需装备研究所研制开发的新一代芳纶防弹头盔装备了驻港部队，还有单位在研制超高分子量聚乙烯头盔和玻璃钢头盔，但都还没有规模化大生产，盔形都是美 PASGT 形式。

由于目前我国研究的头盔都是军用的，但军盔尚不能完全满足警用需要。主要在于：防护能力上，警用头盔不仅要有防枪弹能力，还要求阻燃、抗冲击能力强，必须与防弹面罩/风镜相配套；为适应现代化的警力发展，要求与通信设备、夜视设备等附加配件相容；警用头盔的使用频率比军用头盔高，常处于日晒雨淋的状态，要求能防紫外线、防水、耐酸碱等化学药品能力强；且军用防弹头盔主要是防碎片的。

目前我国警用防弹头盔基本是采用军用防弹头盔，没有中国警察自己的特色，不适应国家加强对军队和警察管理的需要。随着社会的发展，警察面对的威胁增大，任务增多，同时为加快与国际警察接轨的进程，研制一种具有中国警察特色的警用防弹头盔是当务之急。为此，公安部警械警服标准化委员会牵头，组织了国内外 50 多位从事头盔及相关行业的专家学者进行了探索和研究，经过多次反复论证、方案修改及定稿，编写了一份实用、科学的《GA293－2001 警用防弹头盔及面罩》的标准，该标准为强制性标准，今后警察装备的头盔所有的性能都必须满足该标准。该标准强调头盔的设计要遵循以下四个原则。

1. 适配性

盔型在"一盔共用"的原则下能基本覆盖不同尺寸的头型，改变头箍带的大小及头托的高低就能使之最大限度地提高佩戴人员的适用性；穿戴稳定、舒适，盔体与附件结构的设计符合人体力学性能要求。

2. 战术适应性

戴上头盔后不影响各类战术活动,同时兼顾与其他单兵防护装备的适配。

3. 美学性

警察装备都要考虑与国际接轨,造型设计在满足以上前提的条件下,从造型、色彩、线条上体现一种美学效果,与佩戴者的其他装备形成一种协调美,以增强佩戴者的自信心和自豪感。

4. 工艺性好,工艺简单、高效,容易控制

(四)符合新标准要求的防弹头盔特点

在上述原则的前提下,符合新标准要求的防弹头盔具有以下鲜明的特点。

1. 重量适中

头盔的重量分布合理,盔壳的重心与头部的中心吻合,重心低,稳定性好,佩戴舒适。

2. 设计合理

头盔采用流线型,取消PASGT头型的豁耳,盔沿翘度适当,不影响警察的各种战术活动及满足与其他装备的相容性,不影响利用光学瞄准镜进行射击,对各种射击姿势无阻碍,人员在活动时头盔不会歪斜而影响视线和观察;对听力无影响,在耳部还能安装耳机系统或防震器。

3. 防护到位

防护面积在 $0.12m^2$ 以上,能防护耳朵和后脑,面积的利用率高;盔壳上各个区域的防护等级一样,不存在薄弱环节。

4. 佩戴舒适

不影响头盔的防弹性能,通风、隔热良好,扣住腮带后,不

压迫皮肉、血管和神经，不会令人感到疼痛、晕眩，佩戴稳定、舒适。

5. 调节灵活

调节简单，有较大的调节余量，以达到"一盔共用"的目的。

6. 选材精良

头盔的材料选择应该满足警用头盔使用频率比较高的特点，要求头盔的气候适应性能好，防水、防紫外线，经久耐用，隔热性能好，头盔所用材料与人体长期接触无毒性，能抑制细菌的滋生蔓延；同时在保证一定防护范围的前提下，要求重量轻，因为人体头部、颈椎的承重能力有限（一般说来，人的头部负重1.5kg 在 1~2 小时之内不会有何不适，如果超过这个重量就会感到不适，出现颈部疼痛、目眩等反应），同时快速反应的作战任务要求着装轻。

总之，《GA293-2001 警用防弹头盔及面罩》在盔型的设计上成功地运用人类工效学的基本原理，科学地处理好"头—盔—环境"诸多因素的相互关系，使头盔在执行战斗任务时，能满足佩戴安全、稳定、舒适的要求。该标准参考了美国 NIJ0101.06 防弹头盔等外国标准，各项性能要求与国外同类产品相当，是一个与国际同类产品相当的标准。该标准的出版和颁布实施，填补了我国公共安全防护产品标准领域的一项空白，标志着我国警用防弹头盔的研究已经进入了一个新的起点。《GA293-2001 警用防弹头盔及面罩》规定了两个防护等级（Ⅰ级防中国64式手枪发射的64式手枪（铅心）弹、Ⅱ级防中国54式手枪发射的51式手枪（铅心）弹）的金属、非金属、金属和非金属复合材料三种材料的防弹头盔。随着时代发展的要求，非金属材料的头盔已经逐渐取代了金属头盔，目前我国对当前两种使用最广泛的芳纶和超高分子量聚乙烯复合材料防弹头盔都有深入的研究。

（五）未来头盔的展望

作战人员在战场上的生存能力和作战效力不仅取决于装备和其手中武器的质量，还取决于其对周围情况的掌握程度。目前世界各个国家都在进行其21世纪士兵发展计划，头盔的发展总趋势是：

（1）根据实际需要，头盔能方便地佩带防弹面罩、防弹风镜、防毒面具，与无线电通信、计算机控制显示器、卫星定位系统、夜视系统和瞄准系统的电子和光学系统等很好配合，形成一个与其他装备十分和谐的战斗平台。

（2）随着武器火力的提高、防弹材料和加工工艺的发展，头盔的防护能力强、重量减轻、佩戴稳定性、舒适性得到提高，具有良好的环境适应性。

（3）材料上为提高头盔的综合性能，降低成本，防护大火力武器发展金属与非金属及非金属材料之间的复合使用头盔是一个很重要的方向。

第六节　手枪基础射击技能

一、QSZ式手枪常识

（一）手枪的大部机件名称及子弹配备

九二式手枪。九二式手枪由枪管、套筒、复进机、套筒座、击发机和弹匣六大部分组成，另外还有附品。该枪使用DAP92式9mm手枪弹或巴拉贝鲁姆手枪弹。

（二）验枪

验枪是一项保证安全的重要措施。动用武器首先要验枪，特别是空枪预习前、实弹射击后和分解武器前一定要认真检查枪膛、弹匣内有无实弹。民警不仅要熟练掌握验枪的动作方法，而且要养成良好的验枪习惯。

1. 动作要领

民警面对射击方向站立。听到"验枪"口令后，右手打开枪套扣，取出手枪置于右胸前，大臂自然下垂，紧贴于右肋，手约与肩同高，枪口指向前上方。使用54式手枪时，左（右）手拇指按压弹匣卡笋，取出弹匣交给右手，弹匣口朝上，握于枪的左侧。左手扳击锤向后于待发位置，左手拇指和食指捏握套筒后端，拉套筒向后等待检查或自查。自验时先取出弹匣，然后拉开套筒，通过抛壳孔认真查验枪内有无实弹。

听到"验枪完毕"口令后，先拉套筒还原再装上弹匣并使机锤放于保险位置，使套筒还原，装上弹匣，关上保险，将枪装入枪套内并扣好。

2. 验枪时的要求

面向前方站立，双目前视，不要左顾右盼。枪口始终指向前上方45度，枪口不得摆动。扣扳机的食指应放在扳机护圈外边，严禁贴在扳机上。

（三）分解与结合

1. 分解与结合的目的

分解与结合是为了擦拭上油、检查和排除故障。在训练结束和使用武器后以及必要时，均需通过分解、结合进行检查、擦拭，做好武器的保养工作。

2. 分解与结合的要求

分解前必须验枪。分解与结合要按顺序、要领进行，不要强敲硬卸。分解下来的机件应按顺序码放在干净的物体上。结合后应拉送套筒数次,检查机件结合是否正确。

3. 分解与结合的要领

分解要领:取出弹匣。右手握枪把,拇指按压弹匣卡笋,左手取出弹匣。卸下套筒。右手握枪把,左手将扳机护圈前端向下拉出并稍微推向一侧,使扳机护圈抵在套筒座上。为了不使其影响卸套筒,可将拉出的扳机护圈前端向左抵在套筒座上,并用右手的食指向左加力,帮助抵牢。然后,用左手的拇指和食指拉套筒向后到定位,将套筒后部向上抬起,借复进簧的伸张力,向前卸下套筒。取下复进簧。右手握枪把,左手顺枪管方向拉出复进簧。

结合要领:装上复进簧。右手握枪把,左手将复进簧直径较小的一端套在枪管上,并向后推到定位。装上套筒。右手握枪把,左手持套筒,先使复进簧进入复进簧巢内,用力拉套筒向后到定位,稍压套筒后部,使套筒的导棱进入套筒座的导槽内,借复进簧的伸张力,使套筒回到前方位置。然后,右手握枪,左手拉起扳机护圈前端归放入原位内。结合后,拉套筒数次,检查机件结合是否正确,装上弹匣,关上保险。

(四)装退子弹

1. 装子弹

取出手枪置于胸前,枪口朝前,左手从弹匣套内取出实弹匣,从弹匣口装入。完成上弹匣动作后,拉套筒上膛,关闭保险。实弹射击训练中可以不关保险,等待口令实施射击。

2. 退子弹

按压弹匣卡笋,取出实弹匣,打开保险。虎口对准抛壳口,快拉套筒向后,用虎口夹住抛出的子弹,松回套筒,将退出的子弹装入弹匣内,关上保险。

（五）故障排除

1. 民警能自己排除的常见故障

不发火。子弹受潮或子弹底火不敏感所致。重新击发就能发火，如果仍不发火，应拉套筒向后，抓出不发火的子弹，重新上弹再击发即可。

不抛壳。子弹或套筒过脏、弹膛或抓弹钩过脏，底火无力或小的金属毛刺等都会造成不抛壳。对于子弹或机件上的污垢擦拭干净即可排除，对于弹膛内未抛出的空弹壳可以拉套筒用抓弹钩抓出，也可卸下弹匣、用通条捅出弹膛内的弹壳。

子弹不能自动上膛。如果是由于弹匣过脏，可以擦拭弹匣脏物排除故障；如果是由于弹匣损坏（有时弹匣口被摔坏也会不上弹），可以拉套筒人工上膛或更换弹匣排除；如果是子弹变形就要更换子弹。

套筒前进不到定位。如果是弹膛、套筒、复进机簧过脏或复进机簧弹力不足，向前推套筒或推枪机到定位即能排除，可以重新射击，但应尽快擦拭过脏的机件或更换复进簧；如果是子弹或弹匣口变形就应更换子弹或弹匣。

民警遇到这类常见的可排除故障时，采用相应的排除方法就可以解决，关键是要明白各种故障的发生原因和手枪的结构特点，在训练中要有针对性地进行练习，在实战中才不会发慌，不会束手无策。

2. 民警自己不易排除的故障

（1）击锤断裂，扣扳机后打不响底火，枪支不能继续使用。

（2）击针断裂，子弹无法发射出去。

（3）击针损坏或击锤簧弹力不足，击针打击子弹底火无力，造成子弹不发火。

（4）抓弹钩损坏，子弹发射后无法抛壳（即不退壳）。

（5）卡壳，拉开套筒无法排除时。

（6）弹头留膛，枪管被堵，枪支不能再使用。

（7）压杆折断、击发阻铁磨损或击发阻铁簧弹力不足，造成枪支连续发射（即滑机）。

（8）缺口松动，枪支准确性明显被破坏时。

发生以上这些故障必须将武器送修械所修理或更换新零件。除以上常见故障外，射击中还会发生许多预想不到的故障，这时应停止射击，及时、仔细地检查枪支和子弹，绝不能冒险射击。

（六）手枪的携带

1. 手枪携带方法

民警着制式警服训练或执行正常勤务（如设卡堵截、巡逻盘查）时，应按规定携带手枪。手枪的携带常用方式为右腹前携带、腰后侧携带和腰侧携带三种携带方法。

2. 枪弹携带状态

为了快速进入射击状态，枪弹携带应该是按规定携带子弹数量并装入弹匣。将实弹匣装入枪内，严禁子弹上膛，打开保险，将枪装入枪套内，扣好枪套扣。将其余的实弹匣装入弹匣套内并扣好。

（七）常见的违规操作

（1）非指向目标射击时食指扣压在扳机上。

（2）枪口指向超过安全射界。

（3）双手握枪时左手拇指错放在右手虎口处。

（4）拉套筒时食指抓在枪口上。

（八）枪支使用规则

（1）使用武器前、后，必须验枪，任何情况下枪口不准对人。

（2）在更换弹匣、动作变换时，枪口必须指向目标方向，上下左右摆动不准超过45度。食指必须贴于扳机护圈的一侧，严防发生意外。

（3）爱护武器设备，及时检查、擦拭。

二、手枪基础射击

（一）射击姿势

1. 正面双手射姿

面对射击方向，双脚左右开立与肩同宽，两臂向前自然伸直。右手持握手枪，左手五指并拢从枪握把的下方托住右手或从前方包住右手。

射击准备姿势是：双手握枪于胸前，大小臂弯曲，肘关节指向地面，枪口指向前上方。

2. 侧面双手射姿

面对射击方向时左脚向前迈出半步，肩平面与脚平面平行，使身体保持在一个垂直面上，并与目标呈45度角左侧对。右手持握手枪，左手从前面包住右手，右臂伸直，左臂略弯曲用力向后拉，左肘关节指向地面，用右手前推、左手后拉的合力稳定住手枪。

射击准备姿势是：45度侧对射击方向，右手握枪，左手包于右手外面，呈双手持握枪方式置于胸前，枪的高度低于视平面，枪口指向前上方，两肘关节指向地面，眼睛盯住射击方向，准备实施射击。

3. 侧身单手射姿

以持枪手同侧侧对射击方向，两脚自然开立与肩同宽或略宽于肩，重心落在两脚上或在两脚连线的后1/3处，上体稍后仰但不宜过大，肩部放松，头侧转，右臂自然伸直，右手握枪，手腕挺住，概略指向目标。

射击准备姿势是：侧对射击方向，双脚左右开立，右手持握枪，左手自然放置，右手的大小臂弯曲肘关节自然下垂，枪口指向前上方，头部侧转注视射击方向，准备射击。

4. 侧身双手射姿

射手持枪手臂的异侧对向射击目标，两脚开立，与肩同宽或略宽于肩。双手握枪，持枪手臂伸直，持枪手的大臂与身体平面成最小的夹角，挺肘挺腕，概略指向目标。非持枪手臂弯曲，肘关节指向地面。

射击准备姿势是：两脚左右开立，两肩平面与双脚平面在一个垂直面上。身体侧对射击方向，持枪手的异侧肩对向目标，双手持握手枪，两手臂自然伸直，大臂与身体夹紧，非持枪手下托或前包持枪手，枪口指向瞄准区的斜下方，两眼注视目标，准备射击。

（二）射击动作

1. 据枪

为了准确命中目标，对持枪手臂所实施的动作叫做据枪。正确的据枪动作顺序是：从枪套中掏出手枪后，以最快的速度、最短的运行距离、最协调的动作移动枪身，并指向目标。按需要运用不同射姿据枪时，姿势要稳，感觉要自然舒适，手腕与肘关节、肩关节组成一个整体，肩和大臂放松，小臂肌肉绷紧；握把要实，握力始终保持一致，将枪概略指向目标。

2. 瞄准

为使瞄准基线准确的指向目标所做的各种动作叫瞄准。正确的瞄准动作是：通视缺口与准星，使准星尖位于缺口中央，并与上沿平齐构成平正准星，再将已平正好的手枪指向瞄准区。正确的瞄准景况是：准星与缺口构成的平正关系要看得清清楚楚，而目标则看得模模糊糊。

3. 击发

在合理据枪、正确瞄准的基础上，均匀、正直预压、自然适时压响的动作叫击发。正确的击发动作是：击发时用右手食指第一指关节指腹部分单独地、均匀地、正直向后地扣压扳机，其余四指力量不变。当瞄准线接近瞄准区时，开始预压扳机，扣落第一道火，并减缓呼吸。当瞄准线进入瞄准区内的同时，食指应对第二道火施加压力，逐渐减缓呼吸，一边修正平正关系保持正确一致的瞄准，一边继续对扳机增加压力，即"边瞄边扣"。虽然此时平正准星在瞄准区内时有晃动，但仍要继续均匀、正直、逐渐地对扳机增加压力，即"边晃边扣"直至击发。如果发现平正准星偏离瞄准区较远或屏止呼吸不自然时，食指应暂时停止对扳机的用力，但不松开扳机，经过调整后平正准星能进入瞄准区或呼吸自然了，再继续扣扳机，直到自然击发为止。若射手已无法坚持或对扣扳机信心不足时，则可以松开扳机，收回据枪手臂，重新开始，不应该勉强击发，更不能猛扣扳机。

三、易犯的错误及纠正方法

（一）常见的据枪错误动作

1. 耸肩

为了保证据枪的自然和舒服，应该放松肩部，保持好稳固据枪的同时还要注意据枪持久。

2. 手臂弯曲

若保证不了每次据枪手臂弯曲的角度都相同即动作一致，就应该伸直手臂。

3. 手腕松动

平正准星难以构成，击发时也容易有附加力量。

4. 握枪力度过大或过小

手握枪把的力量过大会造成据枪手臂的肌肉紧张，击发时会使枪支产生角度摆动，增大射弹散布。握力过小、松弛、握不实，不仅枪面不正，难以进行精确瞄准，且击发时也不易做到食指单独用力，所以，基础射击时的握枪力度应适中。

5. 拇指过于用力"夹枪"

这样会对枪支形成侧面的压力，使枪面不平。

6. 据枪时低头收下颌（用眼睛找枪的高度）

持枪准备时眼睛看好目标，据枪时用枪去找眼睛的高度。

（二）常见的瞄准错误动作

1. 瞄目标不瞄准星缺口

很多民警不太了解手枪射击的特点，误以为瞄目标越准就能打得越准，其实这是违背手枪射击客观规律的。有的民警往往想使瞄准线尽量停在瞄准点上再击发，会把视力焦点完全放在靶子上，而忽略了准星与缺口的关系，破坏了正确的瞄准动作。

2. 苛求瞄准点

苛求瞄准点会使瞄准时间过长，不仅视力易疲劳，而且容易产生击发心理压力，在犹豫中错过了据枪后相对稳定的阶段，对击发产生不良影响。所以在手枪射击中不提倡瞄准"点"，而提倡瞄准"区"。

3. 瞄准时间过长

在"瞄好了再扣"这一错误思想指导下，许多人瞄准时间过长，民警一旦认为瞄好了又会希望赶快扣响，从而猛用力扣扳机，导致击发动作出错。

（三）常见的击发错误动作

1. 击发时机掌握不好

掌握好击发时机有利于提高射击精度，击发时机应在据枪晃动较小的时候即瞄准线在瞄区内轻微晃动时击发。有些民警往往希望将平正准星停在最小的瞄准区内，这就必然会延长瞄准的时间，错过相对稳定阶段，造成枪的更大晃动，贻误击发时机。纠正时，要求民警右手食指要预先压到扳机上，并达到一定程度，在枪支稳定的初期大胆地做击发动作。

2. 过于追求响枪时间而猛扣

有些民警的注意焦点不在平正准星缺口上，而是在"怎么还不响枪"上，为了追求"马上响"就会突然用力、猛用力。纠正时要让民警将注意的焦点放在平正关系上，做到何时扣响都让准星缺口平平正正。

3. 抢点猛扣

让民警不要苛求瞄准点，当瞄准线进入瞄准区后就要大胆地扣压扳机，做到"边瞄边扣"，当瞄准线在瞄准区附近轻微晃动时要继续扣压扳机，做到"边晃边扣"。扣扳机时不突然用力，其余四指和手腕不能有任何附加力量。

第七节　盘查技战术

盘查是指公安机关人民警察在执行职务过程中，依法对可能具有违法或犯罪行为的嫌疑人进行盘问和检查，以发现或确认其是否有违法犯罪行为或具有重大犯罪嫌疑的警务活动。

一、盘查嫌疑人行动的特点

（一）较强目的性

盘查是公安民警依法对可能具有违法或犯罪行为的嫌疑人进行盘问和检查。盘查警务的实施，实质上是针对有明显迹象的犯罪嫌疑人的。对于"有明显的违法犯罪迹象"的判断具有很大的主观性，这种认识是否准确，有赖于通过依法盘问和检查进行实际验证。因此，其目的性十分明确。

（二）嫌疑人身份和行为的不明确性

经过群众举报和了解，对有些嫌疑人的盘查是具有比较明确的指向性的。但在实际警务活动中，民警只能通过观察，抓住表现在某些嫌疑人身上的蛛丝马迹来发现疑点，确定盘查对象。

（三）嫌疑人反抗行为具有突发性

由于被盘查人的身份和行为的不明确，一些企图逃避打击的犯罪嫌疑人可能会采取反抗行动，其反抗时间、空间的主动权不在民警手里，反抗的手段如拳打、脚踢、掏取凶器行凶、抢夺警察的武器、捡拾地上的物件攻击警察，或者转身逃跑等也具有突发性质，不易事先察觉。

二、盘查嫌疑人的基本程序

（一）嫌疑人的辨别

在盘查勤务中，被盘查人的情况很复杂，民警除了对正在实施违法、犯罪行为人执行讯问、检查乃至缉捕之外，下列人员应列为盘查对象。

1. 身份可疑的人

如身份证与本人不相符的人；持几个身份证或身份证明信的人；身份与语言、行为举止、穿着气质、携带物品有矛盾的人。

2. 行为可疑的人

如有异常表情或异常行为，在人群中溜出溜进的人；无所事事却在居民区、商场或者银行等地窥测的人；逼近妇女、儿童并与之同行的人等。

3. 体貌和面部表情可疑的人

如体貌与被通缉犯或犯罪嫌疑人相似的；面带疲劳困倦或惊

慌恐惧之状的；身负可疑外伤或身染血迹、伤疤的人等。

4. 携带可疑物品的人

如携带着看似作案工具的人；携带大量现金的人；携带包裹遮遮掩掩怕动怕碰的人；携带可能是毒品的人等。

5. 带有明显犯罪迹象的人

包括身负可疑外伤、身上有血迹或污痕、衣服被撕扯或破损严重的人；自行车、摩托车、汽车的车锁有撬痕或车窗玻璃、车门损坏的等。

6. 其他异常的可疑者

包括男女同行女方表情异常的；大人小孩同行，不允许小孩说话或小孩有泪痕、表情惊恐、欲求搭救的；衣着不伦不类，或衣着与行为反常的等。

(二) 告知

当巡逻中发现可疑人员时，执勤民警应在距其 2~5m 左右的地方举手示意其停下，然后向其敬礼，出示证件，并告知："我是警察，现依据《人民警察法》第 9 条的规定对你进行盘查，请予以配合。"

(三) 盘查时的站立姿势和站位形式

1. 盘查时的站立姿势

执勤民警距盘查对象 1.5~2m 处，侧身站立，重心在两脚之间，眼睛注视对方双手、肩部和眼睛，盘问时注意防备，特别是注意武器的安全。审视证件时，可后退一步，适当拉开距离，然后再进行盘查。

2. 盘查站位的基本形式

盘查站位的形式是实施盘查勤务时民警之间的位置关系和民警与嫌疑人所处的位置关系。在执行盘查任务的过程中，必须是二人或三人实施盘查行动，分工明确。民警站位形式大体包括侧应站位、前后站位、左右侧应站位、三角站位、弧形站位等。

（四）人、物分离

盘查携带包裹的嫌疑人，必须首先把嫌疑人与其携带的包裹分离开，再进行盘问和检查，防止嫌疑人趁机使用装在包内的武器行凶顽抗。

（五）盘问

盘问要由浅入深，问明被盘查对象的姓名、住址、籍贯、工作单位等，查验身份证、暂住证和其他相关证件，核实被盘查人的身份；仔细询问其从什么地方来，到什么地方去，去干什么；弄清携带物的来源、有无证明及其他相关内容等。盘查中应注意其表情、动作、语言的逻辑性以及其说明事情的内在联系，善于发现疑点。

在实际盘查活动中，可以借鉴和运用"十看十对"的方法："看证件对姓名、看面貌对年龄、看举止对职业、看原籍对口音、看言行对学历、看衣着对身份、看物品对来由、看同伴对关系、看去向对方位、看神情对心态。"

（六）检查

检查，通常是指对盘查对象的证件、人身、行李物品以及其所处环境、地点的检查。检查的基本程序是证、人、物。

1. 证件检查

命令嫌疑人掏出证件，密切注视其动作。接过证件时，后退至安全距离，眼睛始终注视着嫌疑人。查验证件时，应当将证件举至约同肩高，使证件与嫌疑人处于视野范围内。认真查验身份证、暂住证和其他相关证件，核实嫌疑人的身份。

2. 人身检查

人身检查是指对嫌疑人人身可能携带、藏匿的危险物品和犯罪证据，依法进行搜索、检查的行动过程。进行人身检查时，必须保持高度警惕，要在盘查对象已经被完全控制的情况下进行，防止其反抗；检查主要按从上至下，从右至左的顺序进行，重点是上肢、头部、脖颈、衣领、前胸、腋下、腰部、腿部和脚下等部位。

3. 物品检查

包括嫌疑人的行李、包裹等。基本程序与要求是：分工要明确，特别要加强对嫌疑人的警戒。查验物品要按一问、二看、三听、四闻、五摸、六开的顺序进行。要轻开、慢拉，谨慎开启，防止内有爆炸物。检查物品时要从上往下地进行，轻拿轻放，防止损坏。不能掏底取物，更不能反复翻动。对赃物、凶器，不要大把抓，应用干净的布、塑料袋或者戴手套拿取，防止破坏痕迹。

（七）盘查后的工作

（1）对经过盘查解除怀疑的，应当立即归还证件、物品，礼貌予以放行，并做好解释工作。

（2）对经过盘查不能解除其犯罪嫌疑的，执勤民警应当采取一定的安全措施将其带回公安机关，按法定程序继续留置盘问。

三、盘查嫌疑人行动中应注意的问题

（一）依法盘查

盘查是一项警务活动，是一种执法行为。因此，在盘查时，要严格遵守法律法规，依法办事，严禁违法、违规盘查。

（二）盘查中应保持警力优势

为保障安全，执行盘查任务的民警必须以巡逻小组的形式进行，时刻保持相对的警力优势，防止出现袭警的事件发生，如果需要盘查的嫌疑人较多，民警应采取跟踪的方法，同时呼叫指挥中心，等待支援，切勿贸然行事。

（三）盘查中要选择对民警相对有利的位置

虽然发现嫌疑人的地点具有很大的随机性，但选择对其进行盘查地点的主动权却在执勤民警手中，因此民警应根据情况选择对自己有利的位置进行盘查。选择盘查的位置应宜明不宜暗、宜宽不宜窄、宜直不宜弯，选择有依托或容易得到支援的地点和道路等场所。

（四）盘查中要公开民警身份

进行盘查，有着装盘查和便衣盘查之分，着装执勤民警可直接盘查，而便衣盘查则必须先出示民警证件。公开身份有两个作用，一是可以起到威慑作用；二是可以得到人民群众的理解和帮助。

（五）盘查中要分工明确，保持高度警惕

对嫌疑人的盘查，在保持警力优势的情况下，执勤民警仍要进行明确的分工，并保持高度警惕，随时控制嫌疑人的各种不利于盘查的动作，对确有违法犯罪行为或者确有重大犯罪嫌疑的盘查对象实施现场抓捕。

（六）对盘查结果要妥善处理

务必妥善处理盘查的各种结果，不留后遗症。一是经盘查嫌疑解除的，则立即人放行、物归还，并做好解释工作；二是查获违法犯罪分子或者重大嫌疑人，则应立即采取强制措施，同时妥善保存证据；三是若经盘查后疑点不能排除，需要进一步审查的，依据法律规定的程序予以留置。

四、对几种情况的处置

（一）对语言不配合情况的处置

对嫌疑人以语言形式对抗盘查时，值勤民警要心态冷静，不卑不亢，冷静地告诉对方，实施盘查是法律赋予公安机关的权利，每个公民都应予以配合，同时还应告知具体的法律规定。如仍不配合，可对其口头传唤，将其强行带至指定地点，在有见证人在场的情况对其进行盘查。

（二）对行为不配合情况的处置

1. 遇有随意插兜或掏东西的情况。

必须喝令嫌疑人停止动作，慢慢地将手拿出，将嫌疑人的手纳入民警的视线范围之内，警戒民警不出枪，迅速将手放在枪支握把上，作出戒备动作；如果嫌疑人拒绝服从命令，继续插兜或做掏取东西的动作，负责警戒的民警，同时加重语言控制的力度，迫使其停止做动作；如情况危险，盘查民警可往后退几步，与嫌疑人保持距离，暂避免与其发生身体接触，直到嫌疑人停止做动作为止。

2. 遇有不断逼近民警的情况。

盘查民警应伸出左手阻止嫌疑人继续逼近自己，命令嫌疑人站住别动，同时右手做欲掏枪的动作，并适当后退，使自己与嫌疑人始终保持 1.5~2m 的距离，警戒民警命令其不许动，以防止出现袭警情况，并严厉告之如继续靠近民警将面临严重后果。

3. 民警拦住嫌疑人准备盘查、嫌疑人突然转身离开。

盘查民警应尾随跟进，并喝令嫌疑人站住别动，警戒民警迅速移动站位，做准备掏枪动作；如嫌疑人继续走，则盘查民警应告知嫌疑人公民应配合执勤民警执行公务，如不配合将面临严重后果，警戒民警则要保持安全距离拦住嫌疑人的去路，直至嫌疑人停下接受盘查。如嫌疑人逃跑，民警应奋力追击，并向指挥中心报告情况，请求支援；追击过程中，民警不要跑在一条线上，应在其侧后方追击，追上以后切忌由后抓嫌疑人的头部和肩部，应采用推、绊、踩、踢等技巧，使嫌疑人失去重心倒地，再行控制。

（三）对发生袭警情况的处置

应在首先确保自身安全的前提下，迅速判明情况，视情予以处置。如果一名嫌疑人徒手袭警，民警可利用警力优势，将其控制、制服后带回审查。若多名嫌疑人袭警或嫌疑人持械袭警，则民警应迅速交替掩护后撤，保持安全距离，并可持枪在手进行威慑，命令其不许动，尽量用语言控制，不与嫌疑人发生身体接触，同时呼叫指挥中心请求支援。如果嫌疑人继续袭警，危及民警的生命安全或有抢枪的意图，民警可依据《人民警察使用警械和武器条例》的规定视情况使用警械或者武器。

第八节 设卡堵截

暴力犯罪嫌疑车辆，是指由暴力犯罪嫌疑人驾驶、乘座的机动车辆。该种情形多为小型车辆，车内全部或大部是犯罪分子或犯罪嫌疑人，个别乘客有可能是人质，也可能是被胁迫或者不知情者。该种情况的犯罪嫌疑人往往犯有暴力罪行，持有凶器、武器甚至爆炸物品，极易反抗、闯卡或做出其他危险举动，查控难度和危险性大，需要高度重视和精心组织，力保我方和群众的安全。

一、基本行动程序

（一）收集情报与分析判断

情报收集的内容包括：犯罪分子或犯罪嫌疑人的犯罪性质、体貌特征、车内人数、已犯有何种罪行；携带有何种凶器、武器或爆炸物品，何种引爆装置；乘坐或驾驶的车型，车上是否有无关人员或者人质，必须经过哪些道路等。根据所获得的情报信息，认真进行分析与判断，及时制订行动计划和应急方案，进行警力部署和装备保障，确定协同方式和联络方式等。同时，要随时掌握最新情报动态，及时调整行动计划。

（二）选择查控路段

由于查控暴力犯罪嫌疑车辆时极易发生战斗，因此，应当尽量选择在车流量和行人均较少的弯道处、上坡处和没有岔路口的路段进行拦截，尽量避免或者减少战斗发生时对无关人员和公私财产所造成的损害后果。

（三）警力部署

对暴力犯罪嫌疑车辆的查控，通常应当将警力部署在3个点上，即观察识别点、第一拦截点和第二拦截点。

观察识别点的主要任务是：负责对暴力犯罪嫌疑车辆的先期识别、观察，将情况及时上报指挥员；负责在行动开始后控制、疏导路面车辆；负责对掉头逃窜的犯罪嫌疑车辆实施拦截。

第一拦截点的主要任务是：负责对暴力犯罪嫌疑车辆实施第一次拦截；在截停后对犯罪嫌疑人以及车辆进行控制与处置；当出现犯罪嫌疑车辆不听指挥、强行闯卡时，进行追击、围堵。

第二拦截点主要任务是：负责对闯卡的犯罪嫌疑车辆实施强行拦截；截停后对犯罪嫌疑人以及车辆进行控制与处置；负责在行动开始后控制、疏导路面车辆。三个点之间不能有岔路口。

二、拦截车辆的地点选择

（一）选择不妨碍交通的地方

拦截车辆妨碍交通，不但给警察制造更多麻烦，而且纷乱的交通对警察本身就是安全威胁。

（二）选择增援警力容易找到的地方

注意找到重要的路口，一旦遇到紧急情况，增援警力或者救护车能够早一分钟赶到，对民警的安全至关重要。

（三）选择地形简单不容易使嫌犯跳车逃跑的地方

如果拦车地点地形复杂，叉路口较多，容易使嫌疑人脱逃。

（四）避免学校校园和人口过于密集的地方

在这些地方，一旦嫌疑犯对警察开火，民警只有挨打的份儿，无法还击。

（五）夜晚选择光线好的地方

警察注意观察周围的环境，尽量不要在对民警安全不利的地段拦截车辆。

三、截停的基本方式

根据现场的具体情况，常用的拦截方式有：手势指挥拦截、警示牌拦截、路障拦截等。当犯罪嫌疑车辆被截停后，执勤民警不能贸然接近车辆，应当按照以下程序采取行动。

（1）由指定民警喊话，警告车内人员不要乱动，服从命令，否则后果自负。其他民警按照部署监视和控制人员、车辆及整个现场。

（2）命令司机熄火，将钥匙扔出后，举手下车至指定地点，由负责查控的民警将其控制。

（3）依次指挥副驾驶、后排人员下车至指定地点，实施控制。

（4）当将所有嫌疑人员控制后，由指定民警对车辆进行检查。

（5）如果犯罪嫌疑人有暴力反抗、逃跑等拒捕的紧急情形，应当视情依法采取强制手段，果断地予以制止。

四、查控结束后的工作

如果执勤民警依法使用了警械、武器，造成人员伤亡的，应当视情分为若干个小组，分别进行抢救伤员、保护现场、向上级以及当地公安机关报告、押解犯罪嫌疑人等工作。指挥员与负责保护现场的民警,应当配合上级或者当地公安机关进行完现场调查后,再组织撤离现场。

第九节 车辆查控

嫌疑车辆是指涉嫌犯罪的行为人使用的机动车辆,其中包括被犯罪嫌疑人盗窃或抢劫的。查控嫌疑车辆比盘查嫌疑人具有更大的危险性。查控嫌疑车辆必须遵循先有效控制后彻底检查的程序,将犯罪嫌疑人可能利用机动车辆继续实施犯罪的危险降到最低点。

一、对嫌疑车辆查控行动的特点

(一) 潜在的危险性

查控嫌疑车辆的潜在危险存在于两个方面:一是嫌疑人抵制民警查控行动甚至采取攻击行为的不可预见性;二是在没有对车辆进行有效控制之前,其本身就具有冲撞、碾压等极强的杀伤力。

(二) 观察的间接性

汽车内部是相对封闭的空间,并且存在从外向内观察的死角,即使是已经被截停下来的车辆,民警对车内情况以及嫌疑人执行命令情况的观察也是间接的。

(三) 较强的机动性

较强的机动性特点对于小轿车来说更为突出。小轿车的车体较小,转弯半径小,起步、倒车、行驶速度快,机动灵活,有较强的机动性,给我们实施截停和捕捉战机带来了一定难度。

二、查控嫌疑车辆的基本程序

(一) 收集信息,分析判断

(1) 对实施犯罪并驾车逃逸的车辆,应尽快了解车型、车牌号和有关特征，同时要了解和掌握驾车人及乘车人的情况，特别是要了解是否携带武器，是否有被劫持的人质及其去向等情况。

（2）对被盗窃或被抢劫的车辆，要通过犯罪情报信息中心了解车型、车牌号和有关特征。

（3）在上述情况不明的情况下，应注意观察和识别车辆疑点，其中包括：型号、颜色、牌照以及有关特征是否与被通缉协查的车辆特征相似；车辆型号与牌照是否一致；汽车牌照的真伪、位置及牢固情况；汽车存在明显的剐蹭损伤却不修理保养；行驶中驾车人有明显躲避检查的行为；面对警察，驾车人或乘车人神色慌张、表现反常等。

（二）明确分工，注意配合

在对嫌疑车辆的查控行动前要进行警力部署和明确分工，在分工时要注意以下几个问题。

（1）人员分工要明确，要有主有次，"主"，即明确接近、盘查的人员。"次"，即明确掩护、防御、策应的人员。

（2）任务明确，有机配合，形成查控行动的整体，不能顾此失彼、各行其是。

（3）扩大视野，既注意现场，又要注意周围的环境，预防来自现场之外的干扰或袭击。

（三）选择地点，截停车辆

1. 宜截停路况

弯道处、上坡道、收费站、检查站等其他能使车辆自然减速的路段，都适合进行截停，如果路况的条件不具备，可以人为地设置障碍，以达到减速的目的。

2. 截停方式

由前截停。一般采用在上述路段设置明显警示停车标志示意停车，此时警车要靠右侧顺行停靠，切记不要紧贴路边。执勤民警在车左前方不要太靠近路中央站位，向嫌疑车辆示意。如有情况立刻以车辆为掩护物确保安全。人员站位应按照分工，依据现场情况而定。

警车由后截停。当嫌疑车辆在我方车前行驶，需对其进行停车检查时，应迅速加速驶到嫌疑车辆的左侧示意其停车接受检查，但时间不要过长，然后将车停在距离嫌疑车辆后约 5m 左右（距离不宜过长）处，且车辆的 2/3 部分露在嫌疑车辆左外侧。这样执勤民警既能把警车作为掩护体，又能保护来往车辆的安全。

3. 核实情况，作出判断。

当执勤民警成功地截停了一辆汽车后，应立刻与指挥中心联系，将被截停车辆的型号、式样、颜色、车辆牌照，报告给指挥中心，指挥中心依据提供的资料，在网上进行核查，查该车是否属于嫌疑车辆。

（四）严密控制，慎重接近

1. 严密控制

控制程序和方法。当嫌疑车辆被成功拦截后，民警应先观察嫌疑车辆有无异常情况，重点控制车内人员和车辆，进而实施检查。

控制内容。命令嫌疑车辆将车熄灭，将车钥匙放在车顶或丢出车外，车内人员将手放在视线可及的范围内（如方向盘、前面座椅背或仪表盘上），然后命令其摇下玻璃或打开车门。

2. 慎重接近

接近的位置。接近时，应从嫌疑车辆的左侧慢慢接近，且接近的路线应与嫌疑车辆左侧在一个平行线上，两线间距离宜小不宜大。当接近到适当位置后（以能看到车内全景为准），应停下继续观察车内情况是否正常，然后，再继续接近。

接近时的心理活动及反应趋向。接近的民警要神情自然，做到外松内紧，在接近过程中要始终注意车内人员的双手和其他可疑行为，如果有情况应立刻作出反应，其原则为先躲避后反击或边躲避边反击。

（五）实施盘查，注意动向

1. 盘查

当确定安全后，应慢慢接近驾驶室，但不要离车太近，保持一定距离并绕到驾驶室门后侧，用右膝顶住车门或手扶住车门上沿，命令驾驶员用非习惯手拿出证件并接受检查，如后排有人应先从后排开始检查，但检查驾驶员时应密切注意车内情况。

2. 搜查

在对车辆进行搜查时，应命令嫌疑人从车辆的同一侧下车，然后，由策应民警控制所有人员，盘查民警对车内和车尾厢进行搜查。

（六）查控后的工作

（1）经盘查发现有犯罪嫌疑的，应立即对嫌疑人予以控制，并将情况及时向指挥中心报告，在采取一定措施后带回，依法留置继续审查。

（2）当盘查后没有发现问题的，应立即交还证件，做好解释工作，礼貌放行。

（3）查控任务结束后，应将情况向指挥中心报告，清点武器、装备、人员后，有序撤离现场。

三、查控暴力犯罪嫌疑人使用的车辆

对营运嫌疑客车的查控。当已知犯罪分子或犯罪嫌疑人混在或可能登上载有乘客的营运客车上时，情况会变得复杂，盘查的难度也随之加大，要求执勤民警更要善于运用谋略，精心设计战术方案，巧妙地实施行动，既要完成盘查任务，又要注意保护好群众和我方的安全。查控时，除按照基本程序与要求实施行动外，还应注意以下几个方面。

（一）情报搜集与分析判断

情报信息搜集的范围、内容包括：犯罪分子或犯罪嫌疑人的犯罪性质、体貌特征、人数；携带有何种凶器、武器及数量，是否携带爆炸物品，何种类型的炸药，何种类型的引爆装置；客车的车型，隶属于哪个单位，车上乘客的人数是多少，必须经过哪些道路等。情报信息要尽可能详细，在此基础上，认真做好行动计划和应急方案，进行警力部署，确定协同方式和联络方式等工作。同时，要随时掌握最新情报动态，及时调整行动计划。

（二）选择合理的截停地点与理由

选择合理的截停地点。多选择在收费站、维修施工路段、上坡处、停靠站（点）等看似正常的地点，必要时，也可以故意制造一个现场，如车祸、施工等，借故将车截停。

公开截停。如果执勤民警以公开身份进行截停，常用的方法是以该任务以外的理由截停车辆，以防打草惊蛇，被对方抢先行动，如检查车辆违章、检查违禁物品等。

秘密截停。如果执勤民警以便衣身份进行查控，则更应选择好截停理由，在正式接触犯罪分子或犯罪嫌疑人之前，尽量不要暴露身份和查控意图（必要时可隐蔽地向司机表明身份，争取其配合），待查控任务结束后，再视情表明身份，做好解释工作。

公秘结合实施截停，即着装民警和便衣民警相配合实施截停，通常是在已经确认目标就在该辆车上时采用。常用的方法有：先由便衣民警借故将车辆截停后，再由着装民警实施查控；有条件或者有必要时，着装民警先在预定地点设伏，由便衣民警借故提前上车，暗中观察车内情况，设法接近、控制目标，至预定地点时，以合理理由使司机停车，形成里应外合，协同查控犯罪分子或犯罪嫌疑人。

（三）实施查控。

基本程序是控制司机；使全部乘客下车；将目标与乘客分离；查控犯罪分子或犯罪嫌疑人。将车辆截停后，执勤民警应当首先控制住司机，令其熄火、拔钥匙、下车，并接受检查。也可视情悄悄向其简要说明情况，争取其配合。以合理的理由使乘客全部下车，并做好解释工作，征得乘客的理解，但尽量不要暴露查控意图。一般情况下，没有特别的把握，执勤民警尽量不要以公开身份上车进行盘查，以防止犯罪分子或犯罪嫌疑人抢先反抗、劫持人质而造成我方的被动。

当发现或者确认犯罪分子或犯罪嫌疑人时，不要立即采取控制行动，可暂不惊动他或者他们，防止其趁人多之际突然反抗，而设法将其与其他乘客分离开。当将犯罪分子或犯罪嫌疑人隔离开并将现场控制住后，执勤民警按照查控的程序与要求，依法实施盘问与检查。

第十节　夜间警务技战术训练

人类对黑暗有一种本能的恐惧，在夜晚人会感到孤独和没有安全感。但夜晚却是嫌疑人作案的最佳时机：一是利于嫌疑人隐蔽自己，不易被发觉，且得手后易于逃脱；二是警察易产生麻痹大意的心理，发生突发事件后容易惊慌失措，无助感增加，不能及时有效地合理处置。据不完全统计，近年来发生的各种刑事与治安案件中有 1/3 是发生在夜间，黑夜已成为嫌疑人违法犯罪的高发时间段。综合以上分析，警务技战术夜间训练形势已是迫在眉睫，必须有针对性地进行警务技战术夜间训练，才能直接为警务实战行动任务服务，对警察具有履行职能使命，强化开拓创新的作用。

一、警务技战术夜间训练的现状

我国公安院校在夜间的警务技战术训练研究领域尚属空白，究其原因，一是理论指导所限，国内尚无独立成体系的关于夜间警务技战术训练的理论研究，仅有的也是关于押解、盘查、抓捕等常规科目的训练，学生按照学时的要求，白天进行各种课程的学习，晚上按照作息时间要求休息。没有专门时间进行夜间警务技战术训练。二是装备器材所限，无夜视器材。警察执法行为发生在夜间，特殊情况下，几个手电筒是不能解决问题的。而且夜视器材也是夜间抓捕重大犯罪嫌疑人中的重要装备。若没有夜视器材，即使能在夜间进行警务技战术训练，也不能发现错误继而纠正，结果训与不训一个样。另外，广泛使用的九二式手枪没有配备用于夜间瞄准的装置，大大降低了九二式手枪在夜间的使用效果。三则是时间所限，对于公安院校而言，教师都是白天工作制，若要进行警务技战术夜间训练，则需要将新警训练大纲做改动，专门抽出时间对学生进行警务技战术夜间训练。

二、警务技战术夜间训练的特点与方法

警务技战术夜间训练的组织方法与白天稍有不同。首先充分做好课前准备，选择光线便于控制的训练场地与夜间照明装备。其次夜间训练要以模拟实战演练为主，基础的战术动作与程序在平时技战术训练中要熟练掌握。通过夜间技战术训练基本达到在

第五章
警务实战训练初级培训内容

夜间执勤中若发生突发事件，警察能做到不慌不乱，进退有序，在心理上能适应夜晚环境发生的执法对抗。

（一）夜间盘查训练

1. 嫌疑人的识别难度加大

嫌疑人利用夜间的掩护进行犯罪行为，大多心存侥幸，认为自己的行为不会被发现。警察要善于利用黑暗环境，在识别嫌疑人时合理利用黑暗环境隐蔽自己，观察被盘查对象的各种行为，以确定嫌疑人，抓住疑点开展盘查，提高盘查的成功率。面对街上形形色色的人，警察不能随意地、毫无目的地盘查每一个人，而是要凭借观察分析人员的体貌、行为和携带的物品以及自身的工作经验来确定盘查的嫌疑人，确定嫌疑人后，嫌疑人的身份仍是不明确的，如果嫌疑人确实是犯罪分子或有重大的犯罪嫌疑，他可以随时逃跑或袭警拒捕，而警察则由于嫌疑人的身份事先不确定，不可能马上就对其采取强制措施，这就形成了对立双方在思想上、行动上的差异。例如：在车巡时，关闭车灯在车内向外观察盘查对象更为直观，发现可疑情况时，突然打开车灯，使盘查对象突然暴露在灯光下，灯光的刺激使盘查对象措手不及，更易暴露出破绽。

2. 光线充足地点开展盘查

当确定可疑人后，警察应立即利用站位优势控制可疑人，迫使其按照警察要求，到光线充足的地点开展盘查工作。在盘查过程中，负责警戒的警察尤其要提高警惕，注意观察周围异常情况，防止无关人员围观及同伙袭警。

（二）夜间车辆查控

1. 设卡的地点要安全合理

夜间要选择光线充分，人员较为稀少的地点设卡，选择不妨碍交通的地方设卡，拦截车辆妨碍交通，会给警察制造更多麻烦，而且纷乱的交通对警察本身就是安全威胁。

选择增援警力容易支援的地方，注意找到标识明显的路口，一旦遇到紧急情况，警察的增援警力或者救护车能够早一分钟赶到，对警察的安全至关重要。

避免选择地形复杂易使嫌疑人跳车逃跑的地方与人口过于密集的地方设卡，如果嫌疑人对警察开火，警察则无法还击。

2. 观察嫌疑车辆难度加大

夜晚选择光线好的地方，要做到警用标识明显，夜间照明设备完备，武器装备齐整，同时注意周围的环境。汽车的结构特点，决定了它有一个相当封闭的空间，嫌疑人正是凭借这一封闭的空间优势来应对警察发出的各项命令，但警察对嫌疑人执行命令的落实情况的观察是间接性的。另外对汽车其他空间的观察也存在着死角，这就是人的视平线以外的空间，这些地方存在的潜在危险也是由于不能直接观察而形成的。

警察绝大多数情况下面临的是未知风险拦截，大多数的警察受伤也是出现在这种拦截行为中。也许警察拦截某车辆的原始动机是简单的交通违规，甚至只是想提醒该驾驶员在傍晚打开车灯。然而警察不知道自己拦截的车辆里面坐着凶残的罪犯。而犯罪嫌疑人却可能以为自己已经暴露，所以孤注一掷。尽管前面几十次拦截车辆的行为都是平淡而例行的，绝不意味着下一次拦截就是安全的。

（三）夜间射击训练

夜间射击的特点是视度不良、死角大，发现目标、测量距离、装子弹、修正偏差都比较困难。特别是对无声光目标射击更加困难。针对嫌疑人夜间抗拒执法发展的趋势，警察必须要加强夜间射击训练,提高夜间射击的精度。夜间射击包括对闪光目标射击、照明射击、月夜射击和暗夜射击等。

1. 对闪光目标射击

闪光目标是指射击时枪口喷射的火光、吸烟时的闪光等。对闪光目标的射击要求做到"三固定";即两肘位置固定、枪托抵肩的位置固定、贴腮固定。对闪光目标瞄准时先找光点,再找准星,后找缺口,瞄准后均匀正直扣扳机迅速射击。

2. 照明射击

夜间利用人工光照亮目标进行射击,叫照明射击。人工照明的光源通常有:灯光、火光、手电筒光。若在此条件下发生警卫战斗,警察应尽量避免直视光源,以防眼花。在灯光下射击时,由于枪身反光,增大瞄准难度,瞄准景况不易掌握,产生瞄准误差。在日常训练中,除按正确要领握枪、瞄准、击发外,还应排除虚光影响。

3. 月夜射击

利用月光和地面反射光对目标进行概略瞄准射击叫月夜射击。月夜光线暗淡,能见度低,目标形影模糊,对发现目标和构成正确瞄准难度较大。而且战斗中的情况千变万化,射击的命中率较低。为此,月夜射击的技能只有通过反复练习摸索,在实践中总结提高。一般方法:当月夜比较明亮,目标、准星缺口看得比较清楚时,可按白天的动作要领瞄准射击。当月光从侧面照来或光线比较暗淡时,据枪后可将枪身移向月光照来的方向,保持射击要领,瞄准射击。当情况紧急时,可将枪身平指目标,进行概略射击。

4. 暗夜射击

利用夜间星光和大地反射光对目标进行的概略瞄准射击叫暗

夜射击。此条件下的射击,光线微弱,难度极大,准星缺口基本上都看不到。方法:可将枪身移向透空较亮的星光处或明亮的物体处,平正好准星关系,保持射击要领不变,将枪指向目标,瞄准射击。在紧急情况下,可将枪平指向目标下方进行快速概略射击。

(四) 夜间搜索战术训练

在搜索行动开始前,应仔细检查是否带齐了应带的装备和器材,武器和装备是否工作在正常状态。例如:夜间是否携带了照明具,手枪的弹匣是否推到了位,保险机是否已经打开,对讲机频道是否正确设置等。对搜索行动所需要的武器、器材、装备或其他物资进行准备、补充及合理调配。例如:犯罪嫌疑人可能持有枪支,警察应准备防弹衣和防弹头盔;现场光线昏暗,警察应携带照明具;若需要强行进入某个房间,警察应携带破门器材。如果有若干个警组协同动作,应将对讲机、照明具、冲锋枪等器材及武器按警组进行合理搭配。

在建筑物内进行搜索,由于地形复杂,光线昏暗,反应时间极短,参与搜索的人员高度紧张,往往容易造成误判和误伤。因此,警察必须可靠识别目标,慎用武器。在进行人员控制时,口头命令必须清晰、明了,强制动作和措施必须合法、适度。建筑物内大量的拐角、门窗、家具、堆放物以及昏暗的光线,使警察的视线受阻,形成诸多的观察死角和盲区;狭窄的走廊、楼道,使搜索者的机动能力受到限制,往往难以发挥警力优势和火力优势。

意外因素的出现往往干扰行动计划的执行甚至导致行动的失败。例如狗吠声暴露警方隐秘搜索的意图,建筑物内突然增大的人员流量使得事态突变的可能性提高;搜索过程中由于光线原因,使警察的背影提前暴露等因素。因此,在展开搜索行动前,要根据现时的实际情况慎重考虑行动方案是否合理。

（五）夜间警卫处突训练

警卫对象晚上一般在住地，但也有晚上外出活动的情况，所以也不能保证夜间在路线和现场发生突发事件的可能。一般来说，路线和现场发生警卫战斗时应按预定方案迅速掩护警卫对象撤离，应急分队担负压制敌方火力和拖延任务，为警卫对象撤离危险区域争取时间。此种情况下主要考验的是警卫人员的快速反应能力和应变能力，不因是夜晚而乱了方寸，它和白天的情况大致相同，只要消除夜晚的恐慌心理，平时多加训练，不论警卫战斗发生在白天还是夜晚，主动权会始终在我方手中。在夜间若发生战斗，真正采用的多是快速射击，以压制性火力掩护警卫对象撤离。在上述几种射击的基础上还应再结合卧倒、出枪、翻滚等战术射击动作，做到更有效地隐蔽自己打击敌人。

夜间处突主要强调发生在住地的警卫战斗。人容易在夜间产生麻痹大意心理，一天的劳累和平安让警卫人员松懈下来，却不知此时可能是恐怖分子虎视眈眈等待一天的时机。警卫人员在夜间值班时应更加提高警惕，带班员不定时查勤查哨，不给犯罪分子可乘之机。若发生突发事件，做到不慌不乱，按预定方案掩护警卫对象撤离危险区域，若情况允许应撤离出事住地，也就是说车辆无论车况和停放位置都应处于最优状态，值班司机在最短时间内将车开到应急出口将警卫对象带离住地。应急分队则采用压制性火力掩护警卫对象的撤离，情况允许时消灭敌人。做到这一切，都要求警卫人员在平时的训练中应考虑到夜晚这一特殊情况，平时多磨合练习，真正到了战时才会做到有条不紊。

三、夜间警察执法心理

在夜间警察的反应明显而多变，视野的限制，对黑夜的恐惧，都会或多或少地加大影响警察的判断和反应。在处突中警察只有临危不惧、处变不惊才能作出正确、有效的应变处置。这就要求加强警察的心理素质训练。近似实战条件下的训练是警察心理锻炼的最好环境。警察只有亲身感受和体验到的夜暗条件下突发事件处置的紧迫性、严酷性,才能有效控制自己的情绪,做到"见怪不怪"、"处变不惊"。要进一步强化"练为战""练为用"的思想,充分设想可能出现的各种情况,根据情况设置不同的场景、条件,尽可能地使警察在近似实战的环境中摔打,使之经受各方面强烈的心理刺激和考验,强化警察对在夜暗条件下对各种复杂情况的处置适应心理。如选择在夜间或照明度低的情况下进行训练,射击中增加各种外界干扰因素;变换射击位置、地形,进行模糊瞄准、瞬时击发等训练;在警察执勤训练中,增加突然性因素,锻炼警察在夜间黑暗条件下反应能力和心理素质;在夜间警察战术训练中,增大战术想定的不确定性、复杂性,使警察不断增强近似实战的心理感受等。总之,夜间警务技战术实战训练越接近实际,警察所受的锻炼就越大,应变能力就越强,战斗能力越能得到提高。

四、组织夜间警务技战术训练时应注意的问题

夜间警务技战术训练只有安排在晚上进行才能出成果,而在晚上训练安全将是首要考虑的问题。在白天,教师虽然也能创造黑暗环境既进行警务技战术训练,但受场地所限,训练效果会大打折扣。譬如射击,这些训练科目在白天都是高度紧张危险的,如在晚上进行,则更加大了危险系数和不可预知性,因此加大训练保障力度,提高参训人员的安全意识,成为头等大事。

规范化既是公安工作的生命线,又是夜间警务技战术训练的安全保障。一是要突出抓好夜间警务技战术训练规范化教育。要学习掌握新形势下警务技战术训练的新要求，熟练掌握应知应会的法律、业务知识，坚持"理性、平和、文明、规范"执法，真正融法、理、情于一体，提高正确理解和运用警务技战术的能力。二是规范职业技能和实战训练。要以增强安全防范意识和警务规范意识为切入点，将警械使用、手枪射击、徒手搏击、控制与搜身带离、现场救护等单警技能训练，以及犯罪嫌疑人盘查、抓捕、犯罪嫌疑车辆缉控、建筑物搜索等个人和团体实战训练作为主要内容，强化技能和战术规范化训练，增强民警自我防范意识，切实提高公安队伍的实战能力。

第十一节　遇抗控制

一、神经点触压法

（一）下颌骨角神经点控制法

警察保持重心，防止对方反抗时自己失去平衡后摔倒固定头部，要防止对方反抗或痛楚时，头部会撞向自己的头部和胸部准确按压下颌骨角神经，其位于下颌骨角和耳垂下一厘米交汇处向鼻尖方向按压，若对方顽抗，可用固定其头部的手进行互压，按神经穴位的手指同时钻动，对方如服从指令则停止按压，否则会引起不必要的挣扎或反抗。

（二）框内神经点控制法

警察保持稳定的重心，防止对方反抗时自己失去平衡后摔倒固定头部，要防止对方反抗或感到痛楚时，头部会撞向自己的头部和胸部准确按压框内神经，其位于人中和鼻根的中间利用食指或中指指节，从上移下横压于神经点上，避免从下向上，防止对方嘴巴咬伤手指，指节沿45度角向头顶中央方向按压，对一些鼻梁曾受伤的人或吸毒的人可能失效，鼻膜脆弱的人可能会流鼻血，可能会破坏警察形象，尤其是在公众地方维持秩序时要慎用，对方如服从指令则停止按压，否则会引起不必要的挣扎或反抗。

（三）舌下神经点控制法

警察保持稳定的重心，防止对方反抗时自己失去平衡后摔倒。固定头部，要防止对方反抗或受痛楚时，头部会撞向自己的头部和胸部，准确按压舌下神经点，其位于下颌骨角和下颌骨角中间向内1cm处指尖或指节向头顶中央方向施压，对方如服从指令则停止按压，否则会引起不必要的挣扎或反抗。

（四）面部神经点控制法

警察保持稳定的重心，防止对方反抗时失去平衡后摔倒。右手快速从对方头部后侧沿脸颊前伸，左右手掌会上下互握，并用手臂前端桡骨挤压面部神经点准确按压面部神经点，其位于上下牙床交汇处。如对方顽抗可以扭动桡骨挤压面部神经，对方如服从指令则停止按压，否则会引起不必要的挣扎或反抗。

（五）使用程序

一是不断大声重复命令、警告相对人；二是将对方的头部固定；三是在指尖或指节发力，如对方反抗，可用固定其头部的手进行互相按压；四是若对方服从指令即停止按压。

（六）注意问题

首先，对方消极对抗，可以接近时，如静态拦路、静态抓控人或物。其次，对方头部可以固定（从后固定应注意三点：一是固定手按压对方额头；二是将对方头按压至臂膀腋窝处，形成稳定三角形；三是固定手肘部按压对方肩膀），便于双向施压。第三，按压点准确，并在按压时注意观察对方的肢体反应，如发现按压效果不明显时，应扳动手指或指节，以此扩大按压面。最后，对神经点按压后会有个体差异，有5%左右的人酸、痛、麻的感觉不明显。该触压法通常在对方头、颈上的神经穴位上按压；按神经穴位时，通常是使用拇指的指尖或拇指的指节发力。

二、震击、击打法

（一）肩胛上端神经点震击

击打的目标是人体的肩胛上端神经，肩胛上端震击会影响人体中枢神经，可以令手臂机能暂时性失效，使用此震击法动作要领是：通常自己位于对方较高的背后位置，利用掌根震击肩胛上端神经，准确击打肩胛上端神经，其位于双肩近头位置及耳垂下方，利用自己的重量及降低重心，双手从上垂直贴近双耳向下震击，震击时作短暂停留。

使用时机：一是被控制人消极抵抗用力抓人或抓物时；二是对方对后警惕不足时。

（二）手掌根击打

击打的目标是人体的锁骨末臂神经丛，使用此击打法动作要领是：正面提手站姿戒备，利用腰胯转动，手臂急速伸直，利用掌根击打对方锁骨末臂神经丛。当对方接近时，也可借用对方冲力击打该神经点。单手击打时，另一手保持戒备，防止对方手臂的袭击，如相对人猛力冲击警戒线时也可用双手同时击打相对人的左右锁骨末臂神经丛，迫使相对人拉开距离，同时发出口头警告，如再反抗将使用更高一级武力。

其使用的时机是：被控制人不断逼近警察，警察运用掌根击以确定一定的距离或用以驱赶对方。

（三）臂神经丛源击打

击打目标是脖子两侧。警察通常可以运用四个部位：掌根、前臂内侧、手背、前臂外侧击打臂神经丛源，对付嫌疑人猛攻狂打的效果甚佳，击中对方后将令对方失去知觉 3~5 秒。使用此击打法动作要领是：正面提手站姿戒备，右脚后踏一步，双膝微曲保持重心平衡，成戒备姿势。击打点在颈部两侧的臂神经丛源，利用腰胯转动，手臂快速伸直，利用人体四部位做震击，另一手保持正面提手戒备，防止对方手臂击打己方头部。击打时应作短暂停留，使力量传导到被击打点深处。

使用时还应注意：一是不能用掌刀或骨头部位击打该神经点，因其力量较难控制，在激烈对抗中可能因力量过大而引起脑部伤害；二是动作快速且隐蔽，防止因击打头部对外界造成过度使用武力的不良影响；三是击打后迅速拉开距离保持武力戒备，避免对方近距离和警察纠缠。其使用的时机是：一是对方离警察较近，并干扰警察执行公务。如，冲击警戒线等；二是对方颈部疏于防范，我方要果断突然发力，方能达到较好效果。

（四）脚尖踢击打

击打部位是人体的踝前神经点，其要领是正面提手站姿戒备；锁紧关节以脚尖微微向下踢向对方踝前；注意重心，脚趾拗下蹬直，避免先抽腿才踢出，前踢后留意对方状态；迅速保持平衡返回原位。

其使用的时机是：阻挡对方向前冲超越警察封锁线或分散对方注意力，为使用下一级武力控制做准备。

（五）侧踢腿击打

击打部位是人体的腓骨神经或股骨神经，其动作要领是正面提手站姿，双膝微曲以保持重心及平衡，位于盘查位置；前踢踏进对方正面，前足尖方向应和对方相对平行，后腿应保持蹬直，转动腰胯并以小腿胫骨前正中，横扫对方腓骨神经，震击时应作短暂停留，而后迅速保持平衡拉开距离返回原位。

使用时机：对方向前冲超越警察封锁线或拒不离开警察的封控区域。

（六）膝撞击打

击打部位是人体的腓骨神经，其动作要领是双手最好固定对方上肢在实行膝撞；强弱脚互换位置时，最好强脚在后面；以膝盖撞击对方腓骨神经；分散对方注意力，以便使用关节锁或直臂压倒。

使用时机：押解对方反抗时作分散注意力使用。

（七）前臂挡格击打

击打的部位是锁骨末臂神经丛，前臂挡格也叫本能挡格。例如，有人突然攻击你时会本能地闪躲、格挡或敲膝盖会踢腿。前臂挡格是利用人体在受到攻击时双手抱头的本能进行强化后转被动防守为主动防守的方法，其必须是在对方未攻击到位前做出反应。其动作要领是在受到对方攻击时，快速将手肘打开并大于90度，提手略高于头部水平并注视对方，拳击站姿并且身体微微前倾，腰部配合转动动作，手掌张开用手臂前端尺骨击打对方锁骨末臂神经丛源，目的是能尽快摆脱，以便制造距离和使用高一级武力。

使用时机：摆脱——制造距离——高一级武力。摆脱时应尽量在最短时间完成，那样才会更安全。

第六章 警务实战训练中级培训内容

警务实战训练中级培训训练对象以治安、刑侦、派出所、监管警种的科职领导职务为主。培训内容既有专业技能培训,也有一定的战术指挥课程,侧重以小组及分队组织战术指挥配合训练为主要内容。

第一节 治安岗位培训内容

一、清查战术

(一)清查的范围

清查的范围很广:一方面是对人的清查包括清查扰乱公共秩序者,从事违法犯罪活动,流浪乞讨,露宿街头,生活无着,在本市无合法居所,无正当生活来源,流落街头无人监护的精神病患者或智力严重缺损的人员。另一方面是针对物品的清查。包括清查假冒伪劣商品、非法出版物等。北京作为中国的首都,重大政治活动和大型会议繁多,对社会治安的要求很高,清查作为整治社会治安的重要手段,有其独特的战术特点。

(二)清查行动应携带的警械

根据现场处置可疑人员工作规范。执行治安检查的民警每人应携带:警棍、手铐、警笛、警绳,每组应该携带手台。夜间执行任务时应携带强光手电等照明器材，根据实际情况携带枪支、防弹背心、防刺背心等警用装备。

（三）清查的战术方法

1. 清查繁华商业街、交通枢纽的方法

可以采用游动清查的方法。游动清查可分公开清查、秘密清查、公开清查与秘密清查相结合的3种形式。

公开清查，是清查人员组成清查组，每一个清查小组应由3人组成。在公共复杂场所进行游动巡查，执行正常的维护治安秩序勤务，发现违法犯罪嫌疑人，进而采取盘问、检查和缉捕的清查方式。

秘密清查，是清查人员穿着便衣在公共复杂场所进行游动、观察，发现违法犯罪嫌疑人，选择适当时机，上前拦截、公开身份进行盘问、检查和缉捕的清查方式。

秘密与公开相结合的清查，是指查缉人员公开清查和秘密清查结合的清查组，共同执行清查任务。秘密组在游动中以观察、发现可疑对象或违法、犯罪嫌疑人为主，由公开游动执勤的小组上前盘问、检查，秘密组则在周围监视、策应，并担负支援任务。一旦需要控制或采取缉捕行动，两组即共同动手，保证盘问、检查和缉捕任务的完成。

2. 清查繁华商业街、交通枢纽的战术

清查之前要先和辖区派出所取得联系，在统一规定的时间内开始清查。清查时一定要明确分工、合理站位。执行清查任务时，应明确一人负责盘问和检查，另一人负责对周围情况的观察并警戒，防止被清查对象的同伙突然袭击，其他警察应负责对清查对象的控制。警察与被清查对象应相距1.5~2m。站立姿势应为两脚前后开立，侧身面对被清查对象，右手扶在警棍或枪柄上，使身体要害部位暴露面小，而且便于拿警棍或枪支，也便于快速上前攻击和后退防守。站位形式应根据警察的人数和清查地点的障碍物情况而定。3人时，负责清查的警察应正对被清查对象，负责控制的警察位于被清查对象的右侧或背后，控制被清查对象的右手动作；3人以上时，警察站位应形成包围形式，将被清查对象夹在警察中间，清查的警察正对被清查对象，其他的警察位于被清查对象四周负责控制和警戒。如果周围有可利用的墙、树等障碍物，可命令被清查对象背对障碍物，警察将其围住，封住其可能逃窜的方向。清查多人时，应站在犯罪嫌疑人一侧2~3m处，左侧民警负责清查，组长在中间稍微靠后，右侧民警负责监控，按照从左至右的顺序逐个对清查对象进行清查。明确分工、合理站位，可使警察各司其职，发挥整体协防的功能，避免出现防守的遗漏，有利于确保警察的生命安全。清查完毕，需要带离现场的，应该命令被清查对象排成纵队前进。1名民警在队伍的右侧，负责带路和监视被清查对象的右侧。特别是右手的举动，如果有异常举动民警应该及时警告。另一人在队伍的左后侧，负责断后和监视被清查对象的左侧，其余民警分布于两侧。在清查过程中，如果被清查对象不配合，需要带离现场时，清查对象有不愿离开、无理取闹的情况，民警不要强行带离现场，以免引起不必要的群众围观和不明真相群众的误解，给民警执法造成不利的影响。这种情况民警应原地控制，利用电台呼叫清查车辆到现场予以清理。

3. 游动清查应注意的问题

（1）加强观察，提前发现情况。游动清查是搜索特点突出的清查，观察、发现可疑对象或犯罪嫌疑人是游动清查的重要任务，游动清查人员加强观察，从中发现疑点，提前发现异常情况，才能采取正确措施处置当前情况。

（2）距离、站位要保持安全距离。游动清查人员在游动中应保持安全的距离和站位。既不能太远，又不能太近，太远难以相互联系和支援，太近相互之间行动易受妨碍，也难在需要使用武器时发挥武器的作用，始终保持 1~1.5m 的距离。正确的站位距离与控制的是否牢靠密切联系，与反应速度和成败密切相关。因之，游动清查应特别注意保持安全的距离和站位。

（3）加强防卫意识和防守反击的能力。游动清查中如遇重大暴力犯罪嫌疑人，其突然袭警的可能性极大，而警察相当数量的损失和牺牲都与遭到犯罪嫌疑人突然袭击有关。游动清查人员在清查过程中必须加强防卫意识，根据实际情况，应该穿着防护设备进行公开清查。随时注意清查对象的神情和行为，注意观察清查对象的双手动作，一旦发现清查对象有逃窜或反抗袭警的企图，应立即采取措施。若对方实施逃窜或袭警行为，应予以反击。

（4）加强联络、及时通报情况。游动清查，发现情况之时应向上级及友邻通报情况；情况处置中发现重大疑点或需请示上级方能决定的事宜，也要及时通报；情况发生重大变化，应一边行动一边向上级及友邻通报，交待处置结果。加强联络、及时通报情况，一方面能使上级及友邻方面掌握自己的位置和工作状况，了解发生了什么事情，或没有发生什么事情；另一方面便于直接接受上级指导和求得上级及友邻的协助和支援，可在短的时间内迅速加强清查点、位上的力量，形成全方位协同作战的优势。

4. 清查外来人口聚集区、宾馆旅店、娱乐场所的方法。

（1）采用定点清查的战术。定点清查在行动前虽有清查类别的确定，但基本没有特定的目标，每一个清查小组应由 3~5 人组成。因此对外来人口聚集区、宾馆旅店、娱乐场所进行公开的定点清查，寻找违法、犯罪嫌疑人，视情节予以盘查、检查和缉捕，处理违反治安管理等事件，是治安部门清查中基本的常用方法。

（2）清查外来人口聚集区、宾馆旅店、娱乐场所的战术。外来人口聚集区包括外来人口长期居住的区域，外来人口居住的工棚、出租的房屋等地点。清查外来人口聚集区、娱乐场所一般都是在夜间开始清查行动。清查之前要先和辖区派出所或者工地负责人取得联系，在特殊情况下可直接采取行动。要采用定点包围、挨门挨户全面清理的清查方式进行清查。首先控制清查区出口，其次民警进入外来人口长期居住的区域逐户对清查对象依法进行清查。清查工棚时，进入房间后，对多人检查时，要表明身份，命令所有人在床上不许乱动。按照人数多少对房间进行控制后，再开始清查。检查的顺序是进屋后分区域开始，其余民警负责警戒，要逐个穿衣服接受检查，不要造成多人同时穿衣的情况，容易造成混乱，不利于民警对被盘查对象的控制。检查完毕后，将不符合租住规定、身份不明及有违法犯罪嫌疑的人员要带回审查区。另外针对建筑工地出现的盗窃案件进行清查时，可以采用定点包围的形式进行清查。

5. 采用定点清查应注意的问题。

（1）根据特点，事先准备。根据外来人口聚集区、宾馆旅店、娱乐场所的特点，准确划定需要定点清查的场所、地点，并根据违法、犯罪嫌疑人在这些场所和地点活动的时间规律进行公开清查。也可和建筑工地的负责人、保安人员建立稳定的联系，以便随时掌握这些地点、场所的治安情况，相应确定清查的重点和方法。

（2）提高警惕，充分准备。由于清查目标事先不确定，敌暗我明，搜索性强，与犯罪嫌疑人遭遇的突发性明显等特征，因此，在清查时必须高度警惕，加强防卫意识和防范措施。清查时警力、装备、清查的方式方法（定点包围、直掏窝点、挨门挨户全面清理等清查方式）发生意外突发性事件的紧急处置措施等，均应准备充分。

（3）严密控制，注重协同。定点清查对清查场所、地点内的人员应严密予以控制，注重正确站位和相互掩护，注重动作的相互配合、相互协同，注意控制清查节奏，注意区分无关人员与违法、犯罪嫌疑人员，发现可疑现象应盘问、检查清楚，发现异常举动应立即采取果断措施严厉制止。清查中可疑人员需留置或带回审查的或不宜在现场盘问、检查的应控制牢靠，带离现场，或带回审查。若清查对象突然逃窜、袭警，则应立即实施缉捕。

二、九五式步枪精度射击

射击成绩的优劣是由射击动作完成的质量和射手具备的心理素质来决定的。相对稳固的据枪，正确一致的瞄准，均匀快速的击发和射击过程中心理活动的合理配适，是提高九五式自动步枪点射命中率的必要条件。

（一）合理用力，稳固据枪

据枪是射击动作的基础，它是指射手使用双手和身体配合握持武器的方法。九五式自动步枪的重心、枪管轴线的位置和外部形状与五六式自动步枪存在着很大的差异，因而决定了其据枪动作的特殊性。

1. 双手据枪的位置和力量的分配

据枪时左手手心向上握下护盖，大臂与小臂约呈直角，左肘在枪身下方着地外撑并向后下方稍用力；右手虎口向前握正握把，手腕自然内合下塌，右肘着地外撑，右大臂垂直于地面或稍有外张。由于九五式自动步枪的弹匣后置，对右手腕部的内合动作有一定影响，右手虎口握力不应过大，适度即可。双手不要刻意地前推后拉枪身，用力的方向要适应射击时枪体前后运动的规律。

2. 正确抵肩

抵肩的作用是通过人与枪的正确配合，去保证射击时枪身的平衡状态。由于九五式自动步枪的无托结构，枪尾部短，抵肩时应当将枪尾部切实抵于右大臂肌肉与锁骨之间的肩窝内，身体右侧与枪身在一条直接上，上体下塌，以加大身体触地面积，用整个身体承受武器后坐，最大限度地减少后坐力对命中精度的影响。

3. 正确据枪动作的技术特征

正确的据枪动作的技术特征是自然、稳定、确实。自然，据枪时身体姿势自然，无别扭感；用力自然无强加感；据枪动作完成时，有依托时的游隙应保持在中间位置，瞄准线能自然指向瞄准区中心。握枪过程中身体各部的姿势和用力稳固不变，以身体的稳定实现射击时枪体的稳定。抵肩确实，保持身体与枪后坐一致；上体下塌确定，保持人枪合一；腹部贴地确实，保持人与地面合一。

（二）抓住难点，精确瞄准

瞄准是射击动作的核心环节，其技术难度较大。由于九五式自动步枪一改我军轻武器瞄准具的传统设计风格，采用了国际上流行的"觇孔式"瞄准装置，在提高瞄准精度的同时也给习惯了用准星缺口瞄准的射手带来了很大的不适应。

1. 正确的瞄准方法

瞄准时右眼与觇孔保持 5~8cm 的距离，通视"觇孔、准星、目标"三点成一线。瞄准中难度较大的是使圆形觇孔的中央对正准星尖，并保证其平正的关系。训练中要强调瞄准动作的"三平正"：枪身平正，觇孔准星平正和射手头部与身体的平正。

2. 瞄准时视力的分配

在九五式自动步枪的连发射击中，射手在瞄准时其视力能量的80%应分配在觇孔和准星的平正关系上，其余部分放在目标上，这样就能做到瞄准时觇孔和准星清晰而目标又不至于过分模糊不清。

3. 熟记弹道高

九五式自动步枪的觇孔表尺仅有"3、4、5、6"4个分划，因此对300m内的目标射击时要记牢各距离段弹道高的数据，以确定对目标瞄准的高度，这在实战中尤为重要。

4. 建立瞄准的首感效应

瞄准的首感效应就是射手对目标进行瞄准时的"第一印象"，它是判断和修正瞄准偏差的基本依据。射手在训练时要通过观察对比的方法，建立正确清晰的瞄准首感效应，并坚信其准确性。

5. 适度放宽瞄准区

瞄准时由于身体晃动等因素的影响造成了瞄准线的不规则运动，其运动的范围可以作为选择瞄准区大小的基本依据。一般而言，当射手能把瞄准线晃动的区域控制在10环之内时，就应当把瞄准区放宽到9环左右的范围内。瞄准区的适度放宽不仅可以促使射手合理分配注意力、提高觇孔和准星的平正质量，而且还可以给射手带来一种"稳"的感觉，从而有利于射击动作的正确发挥。

（三）针对特点，快扣稳响

击发是射击动作的灵魂，是准确射击的关键。九五式自动步枪扳机的设计具有手感清晰和连贯顺畅的特点，这就决定了射手在击发时应采用与之相适应的"快扣稳响"的击发方式。

1. 击发方式的优选

击发方式按扣压扳机的速度可分为"慢扣"和"快扣"两种。慢扣耗时较长,要求"在不知不觉中枪响";快扣击发时间较短,通常3~6秒,其动作要求是:食指单独用力,及时、快速和平稳地扣响扳机。在九五式自动步枪的教学中,对同批次参加实弹射击考核的62名射手的射击成绩和击发方式进行过对比分析,其结果显示:"快扣组"的射击成绩(平均91.18 ± 0.28环)明显高于"慢扣组"(平均87.89 ± 0.86环)。

2."快扣"击发动作的技术特征

"快扣"是在瞄准线接近瞄准区中心、据枪动作处于较为稳定时的一种"主动式"的击发方式。这种击发动作以大胆预压扳机为基础,在据枪的正常晃动中边扣边瞄,当理想的击发时机出现时,快速、均匀地扣响扳机,其技术特征是"快而不猛,匀而不慢"、"食指动而全身静"。"快扣"这种击发动作具有一定的风险性,但它是一种"高收益"的射击动作,一旦射手正确地掌握了"快扣"的击发技术,并与据枪、瞄准动作有机地结合,就可以创造出优秀的射击成绩。

3."快扣"击发动作的训练要点

(1)大胆预压扳机。九五式自动步枪扳机手感清晰,训练中应当要求射手在充分熟悉手中武器的基础上实现人与枪的双向"磨合",射手应当把枪恰到好处地当成自己身体的一部分,对扳机的击发力和击发行程切实做到心中有数,在击发时机到来前大胆准确地将扳机预压到"一触即发"的极限状态。

(2)扣瞄结合。实弹射击过程中瞄准与击发是相互融合和相互制约的关系,要求射手在枪体晃动的稳定期到来之前边瞄边扣,右手食指保持高度兴奋和敏感的状态,这一阶段射击动作的技特征是瞄准景况清晰,不苛求瞄准点,击发动作均匀顺畅,心理活动平稳自然。

(3) 快扣稳响。快扣稳响是在理想的击发时机闪现时,果断完成击发。其技术特征表现为:击发动作果断、主动、干脆利落,并最大限度地减弱了击发用力对枪身稳定状态的不利影响。空枪训练中要求射手在击发瞬间保持枪身稳定 1~2 秒,以便自我检测击发动作的质量。

(四) 射击过程中的心理调控

在抓好射击技术训练的同时还应有针对性的进行心理素质方面的训练,使射手了解射击心理学的基本原理,掌握实弹射击过程中心理调节的方法,从而达到心理素质和射击技术同步提高的目的。

1. 情绪调控

紧张的情绪是实弹射击时射手正常的心理反应。紧张的程度不同,会对射击技术的发挥产生不同程度的影响。因此,情绪调节不是盲目地强调消除紧张,而是将射手的紧张情绪调节到适当的范围内:射击心理学的研究成果表明,适度的紧张是有益的,可以充分调动射手的心智能量去促使射击技术的充分发挥,只有过分紧张才会产生负面影响。

2. 注意力调控

在训练中应强调射手将注意力高度集中在自己的射击动作上,一切与之不相符合的心理活动都应视为干扰,须用意念的力量主动地加以消除或抑制。

三、娱乐场所抓捕战术

娱乐场所内抓捕主要是指在歌厅、酒吧、迪厅、洗浴中心等文化娱乐活动场所对犯罪嫌疑人实施的抓捕行动。

娱乐场所内抓捕工作有三个主要特点。一是人员复杂。娱乐场所消费的人员多且成分非常复杂，各种身份、职业、年龄、性格的人都有。二是环境复杂。娱乐场所场所建筑结构及相关环境复杂，场所内通常有大厅、VIP包房、舞厅、浴室、更衣室、健身房、麻将室、游戏厅、网络间等多种娱乐项目；房屋建筑的结构也比较复杂，具有方位错乱、出入口多、通道交织、房门比邻、电梯楼梯并用且可能设计有秘密通道；一般部分服务消费区照明灯光较为昏暗等。三是情况复杂。情况复杂突出表现在：犯罪嫌疑人混杂在娱乐消费人员之中；娱乐消费人员不固定且流动性强；场所管理人员不愿暴露违法问题。

（一）掌握相关情况

1. 犯罪嫌疑人情况

犯罪嫌疑人情况，主要是指犯罪嫌疑人员、违法犯罪活动规律及特点、在场所的娱乐消费方式等情况。其中，重点要掌握犯罪嫌疑人有无犯罪前科，对场所的熟悉程度，是否具有暴力犯罪倾向，反抗和拒捕能力及程度，有无携带枪支、爆炸物、易燃物等突出情况。

2. 抓捕现场情况

（1）场所结构。主要是指娱乐场所内部房屋建筑及设施的结构布局情况，如场所的出入门、大厅、楼道、电梯间、娱乐区域及房间等，特别是要掌握场所内是否设计有秘密通道，有无放哨和通风报信的人员等。

（2）周围环境。主要包括现场周围建筑物、公共设施和道路、街区、摊位、车站、停车场及交通流量等情况。

3. 场所管理情况

（1）经营业务。主要是指娱乐场所经营项目、范围、方式、规模、管理及消费等相关情况。

（2）保安人员。主要包括保安人员数量、工作职责、岗位位置及职守情况等。

（3）服务人员。主要包括场所服务人员人数、工作职责、岗位位置及职守情况等。

（4）消费人员。主要包括场所内消费人员数量、消费活动及其分布等情况。

（二）实地踏勘调查

1. 化装侦察

在行动前，侦查员可化装成消费者进入场所实施侦察。进入场所时不要穿戴反映公安人员身份的服饰，如警用腰带、皮鞋、衬衣、领带等。在侦查中不能暴露工作意图。

2. 制作现场图

现场图要尽量详细、准确，包括场所布局结构和房间、楼梯、电梯、通道的位置，以及犯罪嫌疑人所在娱乐消费场所的相关部位等。

3. 形成抓捕方案

侦查工作完成后，按工作要求研究制定抓捕工作的具体实施方案。

（三）行动任务分工

1. 现场布控

（1）场所外围布控。主要包括对场所门区及外部控制；对犯罪嫌疑车辆及停车场控制；外围观察和制高点控制；其他相关部位控制的警力部署。

根据犯罪嫌疑人和出入口数量，在相应部位部署警力，其中娱乐场所的出入口和车辆及停车场是布控工作的重点。外围布控警力要注意行动隐蔽，避免提前暴露抓捕行动意图。要注意切断犯罪嫌疑人的内外联系，以防其通风报信、串通勾连。在控制过程中，各部位的警力要时刻保持联系，确保行动通讯联络的畅通。

（2）中心现场布控。主要是指对娱乐场所营业大厅的控制，各楼梯、电梯间、走廊通道的控制和对犯罪嫌疑人所在娱乐消费活动场所及房间控制的警力部署。要分批、多点、化装、隐蔽进入现场。注意切断犯罪嫌疑人之间、犯罪嫌疑人与场所工作人员和犯罪嫌疑人与外部的通讯联系。避免与场所保安人员发生纠缠和冲突。控制警力要与指挥人员和外围布控警力保持密切的联系。根据需要，适当安排女侦查员对女性服务区进行有效控制。

2. 机动警力部署

机动警力主要负责外围跟进、带离接应、现场取证和处突处置等工作任务。

（四）有效实施抓捕

1. 确保统一行动

抓捕行动警力必须明确任务和分工。由指挥员统一下达指令，行动要求步调一致。明确行动的联络通讯方式，如事先确定电台使用的频点、选择行动的手语和暗号等。

2. 迅速实施抓捕

确认对象。行动前，须迅速确认抓捕对象及人数，防止错抓和漏抓。防止干扰。行动中，一是防止犯罪嫌疑人的同伙的干扰；二是防止场所保安或管理人员的干扰；三是防止现场无关人员的干扰。

侦查员要将现场娱乐消费的无关人员迅速隔离，同时封闭抓捕现场，防止对抓捕进行干扰。另外，要采取有效措施将犯罪嫌疑人与同伙进行隔离控制。控制照明。行动中，侦查人员要掌控场所的照明设施，以防突然断电妨碍抓捕工作，导致犯罪嫌疑人乘机逃跑。必要时，应携带应急照明装备。迅速抓捕。充分利用现场的地形、地物，选择最佳时机，采取有效方法迅速抓捕犯罪嫌疑人。

3. 警力快速跟进。

犯罪嫌疑人被制服控制后，外围接应警力快速跟进，配合抓捕行动组做好约束抓捕对象、收集现场物证、实施押解带离等工作。

（五）后期处置工作

抓捕行动结束后，侦查人员要向场所管理人员表明警察身份，说明在执行公务。必要时，向受到影响的无关娱乐消费人员做好解释工作。

四、独门独院内抓捕行动战术

独门独院内抓捕主要是指对在城区平房四合院、私人别墅等区域内犯罪嫌疑人实施的抓捕行动。

独门独院内抓捕工作主要特点，一是房屋结构较复杂。独门独院的房屋结构复杂多样，不可能完全统一，特别是房屋结构难以全面了解，而犯罪嫌疑人熟悉房屋结构，易藏匿、逃逸等。二是反抗拒捕凶器多。院内会存有各种物体、器械、工具等，都可能被犯罪嫌疑人作为反抗拒捕的凶器。三是易受到各种干扰。独门独院的抓捕场所人员、环境、物品等不易掌握，容易给抓捕工作带来干扰。独门独院多为犯罪嫌疑人或其关系人的居住地，在抓捕过程中容易受到其亲属及其关系人的阻碍和干扰。

（一）掌握相关情况

1. 院落情况

建筑格局：院落的方位、范围，主体建筑的布局等。附属设施。院落内建筑的储物间、厨房、凉棚、停车房、地下室、地窖、庭院等相关场所及设施情况。进出通道：院落的出入通道、路线及前后门等情况。养犬情况：院落内及其周边院落是否养犬。

2. 房屋情况

房屋结构；内部陈设；使用情况。

3. 环境情况

周边建筑：特别要掌握抓捕现场与周边院落的比邻情况，犯罪嫌疑人可能借助周边建筑物逃跑。

街区道路：特别要掌握临院落门、窗的街区道路情况，为防止犯罪嫌疑人逃逸和对犯罪嫌疑人押解带离提供依据。

服务设施：特别是院落附近的服务设施，如商店、饭店、报摊、市场、修车点等，可进行掩护监控。

交通状况。特别是与犯罪嫌疑人活动相关的停车及逃跑路线的交通状况。

4. 人员情况

犯罪嫌疑人：犯罪嫌疑人及其居住和活动的规律特点。

同住人员：与犯罪嫌疑人同时在院内居住的相关人员情况。

其他人员：经常或近期在院内活动的人员，如亲属、保姆、朋友、邻居、租住人员等情况。

（二）行动任务分工

1. 现场监控

对院落人员出入情况进行监控。

对犯罪嫌疑人在院落内活动情况进行监控。

对院落内其他人员活动情况进行监控。对院落相关房间及场所进行监控。

2. 突进抓捕

制定入院抓捕的具体行动方案。

确定突入犯罪嫌疑人房间的形式与方法。

实施入室后对犯罪嫌疑人的制服控制。

明确对院落其他人员的控制措施。

3. 外围警戒

对院落周边实施控制,有效发现、制止或拦截无关人员进出院落,防止犯罪嫌疑人逃跑或弃赃。

4. 院落出入口

对院落的大门或侧、后门进行严密布控,防止犯罪嫌疑人强行闯门逃跑。

5. 院落围墙周边

一般院落的围墙不是很高,在围墙周边部署警力,防止犯罪嫌疑人跳墙逃跑。

6. 院落房屋窗外

有的院落房间窗户位置临街,可以直接通向院外,要在窗外部署警力,防止犯罪嫌疑人跳窗逃跑或弃赃。

7. 接应机动

配合押解带离犯罪嫌疑人;协助对犯罪现场的后期搜查;对现场突发事件进行处置。

(三)有效实施抓捕

1. 选择战机

在确定犯罪嫌疑人的具体位置后实施抓捕;在犯罪嫌疑人没有察觉和思想准备时实施抓捕;在院内无其他人员干扰的情况下实施抓捕;在现场抓捕警力全部准备到位后实施抓捕。

2. 进入院落

化装进入：可化装成查水电、入户调查、打听事、上门服务等人员进入院落。

协助进入：可通过居委会、居住人员所属单位等具有合理理由进入院落的部门及人员进入院落。

翻越进入：翻越进入院落应注意：防止监控器报警；防止犬进行扑咬；防止翻越摔伤。

3. 突入房间

尽量明确犯罪嫌疑人所处的房间、位置、屋内设施；尽量熟悉院落各房间的位置及通道；尽量掌握房间房门的开关及结构情况；尽量清楚犯罪嫌疑人所处的房间内的人员情况。

4. 有效控制

发现目标后，抓捕手先迅速控制住犯罪嫌疑人的双手，随即约束搜身；后续警力快速进入房间进行协助和警戒；将犯罪嫌疑人控制在房间内的合理位置；把犯罪嫌疑人与房间内危险物品有效隔离；出现突发情况及时通报指挥员和其他警力。防止犯罪嫌疑人发生袭警、逃跑、自杀、自残等情况。

5. 迅速撤离

犯罪嫌疑人被抓捕后，接应组快速到位；合理选择押解带离犯罪嫌疑人的方式、路线；防止发生相关人员围堵、攻击等情况。

五、群体性事件现场处置指挥

面对群体性事件多发、高发的严峻形势，公安机关必须提高紧急状态下现场处置能力。而紧急状态下的处置行动的核心是指挥。实践证明，正确的警务实战指挥，可以使公安机关以极小的代价迅速取得重大的战果；而错误的指挥，往往会使公安机关在取得绝对优势的情况下，付出惨重的代价。对群体性事件现场统一指挥处置，是全局各级领导应具备的一项重要职能。

（一）现场指挥员应具备的素质

群体性事件现场处置指挥员，应当通过专门的培训、系统的学习、严格的训练和现场处置工作实践，具备较强专业素质和能力。

1. 良好的政治素质和运用法律政策知识的能力

群体性事件处置工作政策性强，决定了现场指挥员应具备很强政治素质和法律水平。要随时了解掌握党的大政方针，有很强的政治责任感、使命感，全面熟悉处置群体性事件的法律、法规、政策及处置原则、程序、方法和措施，并准确运用到实际工作中。

2. 认真细致的计划、运筹和组织能力

处置群体性事件要做到周密组织，既要科学地计划，尽量提高组织工作时效，又要考虑处置过程中的各个环节和各个方面。在事前信息研判，方案制定，研究部署、组织实施等方面的准备必须充分，确保现场组织协调有条不紊。

3. 丰富的实践经验

实践经验是群体性事件现场指挥员的功底。只有不断经过实践磨炼，善于总结经验，并创造性地运用到实际工作中，才能不断提升现场指挥的能力和水平，更好地发挥指挥才干。

4. 敏锐的洞察能力

敏锐的洞察力是在观察与思考的基础上发展起来的一种综合判析能力。能够迅速抓住群体性事件的性质、特点和发生、发展变化的机理，对现场情况变化感觉灵敏，通过观察和分析，能够准确判断事态可能发展的方向。

5. 良好的应变能力

应变能力是一种适应能力，它与生搬硬套、死搬教材是对立的。能够熟悉群体性事件的现场控制和平息方法，根据处置原则和事件发展变化的具体情况，合理调整处置计划、方案和措施，并准确实施。

6. 沉着应对的心态

在群体性事件现场处置工作中，能有效地控制自己的情绪，不因情况紧急而慌乱，不因聚集人员猖狂而躁怒，不因受挫而气馁，始终保持镇定自若。

7. 坚决果断、指挥若定的工作能力

由于群体性事件的偶发性和突发性，决定了现场处置过程中任何迟缓与犹豫都意味着被动，为此，指挥员要具备良好的心理素质，具有坚决果断、勇于负责的精神，在现场出现战机或情况时，指挥员要充分发挥自身的主观能动性，迅速抓住机会，审时度势，坚决利落，当机立断作出决策，不犹豫不决、优柔寡断，牢牢把握现场处置的主动权。

（二）现场指挥员的具体职责

在群体性事件现场处置工作中，按照属地管理原则，现场聚集人员较多，如暂时上级没有指定由局属相关部门牵头处置的，现场指挥员应由分县局领导或治安支（大）队领导担任。主要职能是运筹谋划、组织协调；分配任务、下达命令；平息事态、处理善后。具体职责包括6个方面。

1. 做好事前准备工作

遇有群体性事件预警性信息，要及时开展六方面工作：一是收集各方面信息，综合分析研判；二是结合现场实际，研定工作方案；三是对现场进行勘查，根据实际绘制现场平面图；四是根据方案确定的职责任务，及时组织部署；五是充分做好运送车辆、运送地点、救护人员等必要的保障工作；六是积极协调党委政府相关部门配合开展工作。

2. 迅速出警先期控制，重点开展四个方面工作

调集警力，赶赴现场。接到现场处置任务后，指挥员要按照分县局日常出警处置预案，迅速调集警力，携带处置装备，及时赶赴现场。

封闭现场，维持秩序。指挥员到达现场后，要迅速组织力量封闭中心现场，劝离无关人员，疏导行人和车辆，维护现场秩序，有效控制事态发展。

了解动态，掌握情况。要在最短的时间内，了解群体性事件的起因、参与人数、来源地、诉求、情绪状态、聚集人员的意图、动向以及党委政府的意见等，为下一步组织开展处置工作奠定基础。

选择地点，组建指挥部。根据现场处置实际需要和可能，选择既靠近现场易于观察掌握现场动态，又便于传达命令、指挥警力行动的地点，建立指挥部。

3. 整体工作部署全面

处置群体性事件涉及多部门、多警种，指挥员要在短时间内整合全部力量，按照制订的方案、计划、措施，迅速、准确传达部署，使各参战单位明确各自的职责任务；同时，还要检查参战单位准备情况，及时纠正问题，做好充分的准备。根据实际需要，现场指挥部要设定12个组，具体任务是：

（1）辅助组：由各职能部门的负责人组成。负责辅助决策、了解任务、理解意图、对现场情况的发展变化进行预测，提出多种方法、措施，进行分析评估，供指挥员选择，并将指挥员的决心具体化，变为实施的行动。工作中，可协调涉事单位、主管部门、来源地工作组等相关人员参加。

（2）通讯组：负责设立通讯网络，确定无线、有线通讯联络方式，保证情况信息渠道畅通，及时准确上传下达。

（3）警戒组：负责现场警戒区域的秩序维护。

（4）取证组：负责现场照录像取证。

（5）对话组：负责与现场聚集群众或上访代表骨干人员对话。

（6）行动组：按照命令实施制止、训诫、强制带离等措施。

（7）机动组：作为机动力量在现场周边待命，听从指挥部调遣。

（8）审查组：负责对依法带离的挑头闹事人员审查、处理。

（9）信息组：负责收集、整理、上报现场各类情况信息，研究制订行动计划、方案，针对现场发生重大、异动、突发情况或准备采取的措施，确需决策部门立即决断的，及时向上级请示报告。

（10）记者组：负责现场境内外记者的管理；拟定对外宣传口径，开展对外宣传工作。

（11）后勤组：负责现场处置器材装备以及执勤单位补给的保障。

（12）督察组：负责对现场警力到位和开展工作情况进行督察，对民警执法情况进行检查。

4. 疏导教育动态控制

按照确定的行动计划、方案迅速实施。要将现场聚集人群控制在安全、有序的范围内，通过协调党委政府有关部门到现场疏导劝解，配合对话、训诫教育，及时劝离或引导群众按照公安机关的指引方向离开现场。

5. 择机采取强制措施

根据具体情况灵活应对是确保群体性事件处置工作针对性、

精确性、实效性的必要手段。行动过程中，要充分考虑有利和不利因素，选择最佳时机，在强制带离、抓捕违法犯罪人员和依法处理等环节上，要适时、择机，以不激化矛盾、不使已控制的局面再失控、不使已平息的事态再反复为标准。

6. 处理善后总结建档

对现场滋事闹事挑头闹事人员，组织法制、预审等部门研究适用法律和依法处理的意见；对不构成处理的群体性事件参与人员，协调、建议有关部门做好劝返接回后的教育疏控等工作，将整体工作情况书面上报。并对整个处置过程进行总结，分析得失，形成书面材料，建立专门的档案，做到"随发生、随补充、随归档"。

第二节 刑侦岗位培训内容

一、防暴枪使用

（一）防暴枪概述

用以驱散聚集人群或控制犯罪分子，发射木质、橡胶、塑料等非金属枪弹、榴弹、铅丸或催泪弹等非致命面（性）杀伤弹药的枪械。九七式18.4mm防暴枪及防暴弹经国家靶场考核实验，于1997年设计定型，并通过国家部级鉴定正式列装的警用防暴武器装备，主要装备公安机关以及《中华人民共和国枪支管理法》规定的其他需配备公务用枪的有关部门。

（二）九七式18.4mm防暴枪技、战术特点

1. 一枪多弹，适用范围广

九七式18.4mm防暴枪配备有18.4mm动能弹、痛快弹、催泪弹、染色弹和40mm枪射催泪弹等防暴弹药，用以驱散非法聚众闹事的骚乱人群及制服隐藏在建筑物内的犯罪分子；同时，还

配备有 18.4mm 杀伤弹，用来应付突发事件，压制持枪歹徒的火力，实施有效打击。

2. 首发命中率高

特指 18.4mm 杀伤弹。每发弹中有 22 粒 6mm 的铅丸，弹出枪口后铅丸逐渐扩散，形成散布面飞向目标，快速、有效地压制、打击敌人，不用精确瞄准只需概略瞄准即可击中目标。

3. 威力适中

18.4mm 杀伤弹，50m 内可有效杀伤有生目标，50~100m 内有一定的杀伤作用；在 50m 内，杀伤弹的侵彻力较大（可穿透 25mm 松木板），可穿透一定的屏障（灌木丛、草丛），同时，它的停止作用好，击中目标后弹丸速度急剧衰减，不会在穿透目标后再对人或物造成伤害，适于在城市中使用。

4. 体积小，便于携带

九七式 18.4m 防暴枪全长 660mm，重量 2.65kg，可隐蔽在车内，方便携行；根据需要，使用随枪工具可更换后手柄改变外形。

5. 使用安全性高

当闭锁不完全时，即使扣动扳机也不会击发击锤，避免开膛炸（当闭锁不完全或不闭锁时，前手柄带动的游体支杆没有运动到极前位，到位保险不能使到位保险拨爪落下，阻铁推杆也就不能落到阻铁的啮合处，即使扣动扳机，阻铁也不会转动而释放击锤，即"到位保险功能"）。当闭锁不完全时，即使击锤击发，击针也不会击发子弹，视为第二道防止开膛炸的保险（当闭锁不完全或不闭锁时，闭锁卡铁前端不能抬起到规定高度，后端下部阻挡击针前移，由于该枪是惯性击发，因此，即使由于意外原因，如跌落、磕碰，使击锤击发，击针被闭锁卡铁卡住，不能前移击发子弹，即"卡铁保险功能"），扳机保险（在击发机座后部扳机处，设有扳机保险，当扳机保险压向枪的右侧，处于保险状态时，扳机不能移动，阻铁推杆就不会推动阻铁解脱击锤）。到位保险前端，对游体支杆的支撑，防止了击发时提前开锁的可能（如果射手经验不足或过度紧张，会使握前手柄的手在射击时始终向后用力，但是在击发后，到位保险由于前端与游体左支杆尾部因用力而产生较大的摩擦力，使到位保险不能立即解脱对游体支杆的锁定，从而避免了在击发的瞬间开锁，造成开膛炸。另，在开锁时，前手柄向后约有7mm的空行程，保证不会出现提前开锁的现象）。该枪零部件经过严格的热处理，枪管经过高压弹实验，使用规定弹药时，不会产生炸膛现象（高压弹实验——枪管装配前用最高膛压值比平均膛压值高40%的高压弹射击，以检验枪管强度的实验）。

6. 勤务性好

九七式18.4mm防暴枪不需专用工具即可完成分解结合。

（三）九七式18.4mm防暴枪的主要性能及诸元

九七式18.4mm防暴枪是手动供弹的滑膛武器，配备多种弹药有18.4mm杀伤弹、动能弹、痛快弹、催泪弹、染色弹及40mm枪射催泪弹。

表6-1 九七式18.4mm防暴枪的主要诸元

口径：18.4mm	全枪长：660mm	全枪重：2.65kg
枪管长：425mm	弹仓容量：5发	扳机引力：15~30g
故障率：≤0.5%	寿命：≥3000发（杀伤弹）	使用环境温度：-40℃~+43℃

（四）九七式18.4mm防暴枪的结构及工作原理

1. 九七式18.4mm防暴枪的结构

九七式18.4mm防暴枪有88种91个零件组成，全枪可分解为五大组件：机匣组件、枪管组件、游体组件、枪机组件、击发发射机组件。

机匣组件是防暴枪的主体，由 25 种 26 个零件组成。它分为机匣部件、弹仓部件、后手柄部件、照门部件。

（1）机匣部件：由 8 个零件组成。其作用是供弹、抛壳、封闭枪膛。

（2）弹仓部件：由 5 个部件组成。其作用是容弹、供弹。

（3）后手柄部件：由 5 个部件组成。其作用是便于据枪。

（4）照门部件：由 10 个部件组成。其作用是瞄准。

（5）枪管组件：由枪管、准星、枪管固定座焊接而成。其作用是与火药气体配合，赋予弹丸一定的初速和飞行方向。

（6）游体组件：由游体管、游体左右支杆、前手柄、护木定位帽 5 个部件组成，其主要作用是带动枪机完成开闭锁、供弹等动作。

（7）枪机组件：由 16 个零件组成，其主要作用是闭锁、开锁、抛壳。

（8）击发机组件：由 32 个零件组成。是防暴枪的控制部分，其作用是打击击针、保险、到位保险、锁定游体支杆、控制上弹。

2. 九七式 18.4mm 防暴枪的工作原理

九七式 18.4mm 防暴枪是唧筒式滑膛武器（唧筒式武器——通过护木运动实现装退子弹的武器），以持枪者手为动力，拉动前手柄前后运动完成供弹、退壳等一系列动作。

工作过程：从待发状态，持枪者左手握前手柄向后拉，带动枪机组件向后移动，完成开锁、抛壳、压倒击锤、从弹仓中释放一发弹于输弹器上，后移到位后，向前推前手柄，带动枪机组件向前移动，击锤被阻铁构成待发状态、压下变换挺使输弹器前端向上托起子弹、枪机推弹入膛、完成闭锁、前移到位、到位保险前端抬起锁住游体支杆，后端落下使阻铁推杆位于阻铁啮合部位，打开扳机保险即可击发。击发后，到位保险解脱对游体支杆的锁定，此时，枪械又重新处于待发状态，从而完成一个工作循环。

3. 防暴枪的包装与标志

防暴枪的包装有小包装盒和大包装箱，每个包装箱内装有5个小包装盒，每个小包装盒内装有一支防暴枪和一份说明书、合格证、工具包。

防暴枪在机匣的右侧下方打印有枪代码"GA/QFB18.4mm"，左侧相应位置打印有枪号，后手柄左侧有"97-1式"字样。

（五）九七式18.4mm防暴枪的使用方法

九七式18.4mm防暴枪是在唧筒式猎枪的基础上发展而来的，该枪的使用与其他军用枪相类似，只是上弹、退壳等动作不同。

1. 装填子弹

直接装弹入膛。右手握机匣后部，食指压下到位保险；左手握前手柄，向后拉到位；右手取子弹，弹底向后从抛壳窗放入机匣中；左手握前手柄向前推到位，子弹上膛；打开扳机保险即可射击。

持枪时，应左手握前手柄，右手握后手柄，利于上弹；当右手食指压不着到位保险时，说明枪未挂火，可直接拉前手柄上弹；装弹时要目视敌方，同时注意弹底向后。

2. 装子弹入弹仓，再上膛

将前手柄推到极前位；左手握前手柄，右手从装具中取出子弹，弹底向后，用子弹托起输弹器，用拇指向前推子弹，当听到"咔"一声响时，子弹即装入弹仓，可装5发子弹；右手食指压下到位保险；左手握前手柄向后拉到位，再向前推到位，子弹上膛；打开扳机保险，即可射击。

装弹时，左手应始终握前手柄，右手装填子弹；当右手食指压不着到位保险时，说明枪未挂火，可直接拉前手柄上弹；携带多种弹时，弹仓不应装满，应留有 1~2 发空位，以备快速更换弹种。

3. 瞄准方法

九七式 18.4mm 防暴枪的瞄准系统由固定准星与可调照门构成，瞄准时构成"三点一线"即可。

（1）标尺的选择：九七式 18.4mm 杀伤弹、动能弹两种弹属面打击弹药即霰弹，由于弹丸散布面积较大，故可采取概率瞄准（目视枪管方向概率指向目标）；精确瞄准时，使用标尺 1。精确瞄准时，手柄后部离脸部的距离应在 20cm 以上。

（2）九七式 18.4mm 痛快弹：此弹为独丸橡胶弹丸，主要打击单个目标，使用标尺 2。

（3）九七式 18.4mm 催泪弹：弹丸是独丸，使用标尺 3。

（4）标尺的调节：用拇指与食指压下游标与游标卡的两端面，前后移动游标，到标尺数处松手，游标就定位在数字处，该数字就是标尺数。

4. 射击方法

九七式 18.4mm 防暴枪为双手柄式，射击时枪的后坐力绝大部分作用在后手柄上，弹种不同，后坐力大小也不同，初学者应多加练习，才能掌握正确的使用方法。

（1）具体操作：射击时，左手握前手柄，右手握后手柄，上弹后，右手食指压下扳机保险，扣动扳机后击发；第一发弹击发后，左手握前手柄向后拉到位再向前推到位，扣动扳机第二发弹被击发；重复动作可将弹仓内的弹全部击发。

（2）射击时的注意事项：正确选用弹种。根据不同的打击目标，选用不同的弹种。射击时，应观察风向、风力，注意修正瞄准。射击时，左手握前手柄，前后运动时不可用力过猛，如在射击时，始终拉紧前手柄，击发后向后拉不动，需向前稍缓一下再向后拉即可。

击发时，用右手食指第一关节均匀正直向后扣压扳机。接近瞄准点时，开始扣压扳机，并减缓呼吸，当瞄准线在瞄准点附近晃动时，应停止呼吸，继续增加对扳机的压力，果断击发（切忌猛扣扳机）。

击发要领归纳为：据枪同时压游隙，瞄准区内加压力，食指均匀正直压，余指力量不增减，扳机到底即可松，身体要正枪不歪。

5. 退弹

压下到位保险，反复拉动前手柄前后运动，就可退出枪膛和弹仓中的全部子弹。具体步骤：右手握机匣后部，食指压下到位保险，左手握前手柄向后拉，到位后子弹从弹膛中抛出；向前推前手柄到位，再向后拉，退出弹仓中的子弹。

压下到位保险，向后拉前手柄，退出膛中子弹后，压下右开关片簧，可退出弹仓中的全部子弹。具体步骤：右手握机匣后部，食指压下到位保险；左手握前手柄向后拉约 3/4 时，取出膛中子弹后迅速托起输弹器；向后拉到位，弹仓中的子弹退出一发；右手压下右开关片簧，子弹在弹仓簧的作用下依次从弹仓中退出。退弹时，枪口严禁对人；子弹退出时，应用手接住，避免子弹落地损坏。

6. 换弹

九七式 18.4mm 防暴枪配有多种类型弹药，以适应不同场合的需要，因此，在实战中，根据目标不同需快速更换相应的弹药。其快速换弹的方法是：弹仓中应有 1 发以上的空位；弹膛中有弹，前手柄在前；取所需弹装入弹仓；右手食指压下到位保险；左手握前手柄向后拉到位，退出膛中子弹；向前推前手柄到位，所需子弹上膛，打开扳机保险即可射击。此种快速换弹是应急措施，如需更换多发，应采取快速退弹，重新装填。

7. 安全注意事项

在使用九七式18.4mm防暴枪时，应根据国家的法律法规，正确合理的使用不同类型的弹药。使用时应注意：经严格训练熟练掌握使用方法后，方可用于实战，操作时不可用力过猛，以免造成机件损伤；携行、训练时，必须关闭扳机保险，非射击时，手指不得伸入扳机护圈内；严禁枪口对人、随意扣动扳机；严禁使用猎枪弹；注意保护枪支，避免磕、碰及粘上酸、碱、盐类物质，如粘上应及时清理并涂油保护；新枪使用前应先擦拭并涂适量枪油，射击前检查枪管中无杂物，射击后，用涂有枪油的棉纱或棉布，擦拭枪管内膛；射弹过多或恶劣环境中使用后，必须对枪进行完全分解，擦拭涂油；存放时，不应长时间处于挂火状态，以免造成击锤簧力减弱影响正常击发；训练时，少打空枪，避免损伤击针。

（六）九七式18.4mm防暴枪的分解结合

通过对九七式18.4mm防暴枪的分解，检查枪支在使用后的状况，对枪支进行擦拭、上油、检查、排除故障，分解分为不完全分解和完全分解两种，因为完全分解技术要求较高，未经许可，禁止完全分解；一般只进行不完全分解。

1. 分解结合的要求

分解前必须验枪；分解结合应按顺序进行，不要强敲硬卸；不完全分解时，卸下枪管后不要拉动前手柄，应使前手柄始终处于中间位置以利于结合，更不许打开扳机保险扣动扳机；除所讲内容外，未经许可，不准分解其他机件；结合后，拉前手柄数次，检查机件结合是否正确。

2. 分解结合的目的

防暴枪经过射击后，火药气体残渣残留在枪管中，由于残渣中含有氧化物成分，对枪管内膛有腐蚀作用；长期积累易使枪内膛表面的镀铬层脱落，影响使用寿命，严重的会在枪管内膛产生成片氧化面，使光洁度下降，射击时影响弹丸的速度导致性能降低，甚至会使弹丸留膛，不能正常使用。在正常训练时，尘土或杂物易进入枪管，如不及时清除，会造成隐患。防暴枪的不完全分解是快速方便的分解方法，既可清擦枪膛，又可清除枪机前端面的残余物，是保养手段之一。

3. 不完全分解结合的方法

用右手食指压下到位保险；左手握前手柄向后拉到位；推前手柄到前位，使枪处于挂火状态；将扳机保险压向右侧，关闭扳机保险；压下到位保险；前手柄向后拉20~50mm；下枪管固定螺帽；手握住机匣前手柄后处弹仓，防止前手柄滑动；机匣中抽出枪管，如果抽不出来可用力左右转动几下即可；枪管卸下后，可对枪管内膛进行清擦，附具中备有布擦头、毛刷头和铜刷头，可根据污垢的程度依次选用。擦拭干净后涂适量的枪油，按分解的倒序将枪管装入机匣中，对准枪尾端槽与机匣中的抛壳挺座的前榫（损），旋紧枪管固定螺帽。打开扳机保险，空枪击发检验枪管是否安装合适到位。

（七）九七式18.4mm杀伤弹（代码GA/DQJ18.4）

九七式18.4mm杀伤弹属于致命杀伤性霰弹，用弹丸的动能对目标形成打击力量，使打击目标快速丧失反抗能力，因此，它在近距离内的作用要远远大于普通的制式枪弹。每发杀伤弹中装有22粒铅丸，射击时同时射出枪口，在50m处射击人形靶，将有多粒弹丸着靶，且瞄准时间也会大大缩短。同时，使受过训练的人员在紧张的情况下也容易击中目标，并且在有效射程内可同时对多个目标实施打击。"出枪快，首发命中率高"。

1. 诸元及性能指标。（见表 6-2 和表 6-3）。

表 6-2　九七式 18.4mm 杀伤弹的主要诸元

全弹长 65mm	全弹重 43g	弹丸数 22 粒
弹丸直径 6mm	单粒弹丸重 1.2g	弹丸材料铅合金

表 6-3　九七式 18.4mm 杀伤弹的主要性能指标

弹丸初速 V_5：335m/s	膛压：≤70Mpa	失效率：≤3% 弹丸 着靶率：≥50%	使用环境温度：-40℃ ~ +43℃
威力：50m 距离处能够穿透 25mm 厚松木板靶	立靶密集度：35m 距离	安全落高：3m（带内包装）	储存期：15 年（带内包装）

初速——弹头出枪口切面瞬间的速度。常用枪口附近规定距离内，弹头平均速度用 V_x 表示。膛压——膛内火药燃气的压力。射击密集度——弹着点对于平均弹着点的密集程度；铅丸总数与命中环靶数量的百分比。威力——枪械在一定距离上、一定时间内对目标杀伤和破坏的能力，通常用射程、射速、射击精度、终点效应等进行综合衡量。

2. 结构及作用原理

杀伤弹结构主要由压好底火的红色弹壳、发射药、弹托、弹丸及识别垫组成。杀伤弹的作用原理是防暴枪被击发后，底火点燃发射药，发射药产生高压气体将含有 22 粒弹丸的弹托发射出去，当弹托飞行约 10m 时，由于空气阻力的作用，弹托与弹丸分离，弹丸逐渐散开射向目标。在 50m 距离内弹丸可以有效地杀伤有生目标，在50～100m距离内也有一定的杀伤作用。

3. 标志与包装

弹的标志有观察标志和触摸标志。杀伤弹的观察标志为：弹壳为红色，并在弹壳上印有"九七式18.4mm杀伤弹"字样。触摸标志：在弹的顶部有一道5mm长的凸起。触摸标志是为使用者在夜间或黑暗的场合以及目视目标时只用手即可识别弹种的一种标志。熟练掌握触摸标志，才能保证在任何场合下正确装弹（才能在任何场合下不会错误上弹，造成不必要的麻烦）。

杀伤弹的内包装为铝塑袋抽真空包装，每袋5发。每个包装袋外用白色泡沫包装盒包装（包装盒称为内包装）。打开铝塑袋后弹的防潮能力明显降低，不采取防护措施不宜长期保存。包装盒盖上印有"九七式18.4mm杀伤弹"字样，生产批号、制造年份、工厂代号（01-99-XY）。

包装木箱及标志。包装木箱正面印有：GA/DQJ18.4mm——杀伤弹代号；01-99-XY——生产批号、制造年份、工厂代号；540×445×235——包装木箱外形尺寸长、宽、高；5×60——装箱数量300发；23kg——包装木箱全重；包装木箱正面左上角有红色的识别带，与弹壳颜色相同。

4. 杀伤弹的使用规范及注意事项

九七式18.4mm杀伤弹属于致命杀伤性弹药，使用时，必须符合国家的法律、法规（《人民警察使用警械和武器条例》第9条规定）。九七式18.4mm杀伤弹在不同的距离射击，对人体的作用是不同的，在50m距离内可以有效杀伤有生目标，在50～100m距离内有一定的杀伤作用。杀伤弹属霰弹，弹丸的散布面积随射击距离的增加而增大，发射时使用照门1。

表 6-4　距离与弹道指标

射击距离	10m	20m	30m	40m	50m
弹道降	-0.5cm	-2.3cm	-3.9cm	-9.3cm	-12.1cm
散布直径	φ19.2cm	φ45.2cm	φ73.5cm	φ111.3cm	φ154.7cm

5. 注意事项

要正确掌握使用时机，只有符合《人民警察使用警械和武器条例》第9条规定的才可使用。训练中，当出现瞎火时，不得立即退弹；枪口指向目标方向，6秒后方可退弹，以防迟发火对使用者造成伤害。使用时，环境温度和风向风力会使弹丸的速度和方向有所改变；在高温天气下射击时，膛压增大，弹丸速度也会增大，威力也会相应增大，相对应后挫力也会增大。低温天气时，膛压、弹丸速度和威力将减小，杀伤力也会降低。打开铝塑袋包装的弹药，防潮能力降低，不采取防护措施不宜长期保存。

（八）九七式18.4mm动能弹（代码GA/DQF18.4mm）

九七式18.4mm动能弹，俗称"胶粒弹"，属非致命霰弹。用弹丸的动能对目标形成打击力量，使被打击目标疼痛、恐慌，达到驱散的目的。动能弹在非常近的距离也能致命，在一定距离内也可致人重伤，因此，在使用时要特别谨慎，一定要掌握好安全距离（35m以外对人体喉部以下射击才不会造成重伤，35m以内应禁止使用）。动能弹主要用于35～100m距离内驱散非法聚众的闹事人群，该弹发射时有比较大的枪声，具有一定的威慑、恐吓作用。

1. 九七式 18.4mm 动能弹的诸元及性能指标

表 6-5　九七式 18.4mm 动能弹的诸元及性能指标

全弹长：65mm	全弹重：24g	弹丸数：8 粒	弹丸直径：8mm	膛压：≤70Mpa
弹丸材料：硬橡胶	弹丸初速：315m/s	单粒弹丸重：0.85g	立靶密集度：35m 距离处 弹丸着靶率：≥50%	威力：35m 弹丸动能：≤28J
失效率：≤3%	安全落高：3m（带内包装）	储存期：15 年（带内包装）	使用环境温度：-30℃~+43℃	

2. 结构及作用原理

动能弹主要结构由压好底火的黑色弹壳、发射药、弹托、弹丸及识别垫组成。动能弹的作用原理在防暴枪被击发后，底火点燃发射药，发射药产生高压气体将含有 8 粒弹丸的弹托发射出去，当弹托飞行约 10m 时由于空气阻力的作用，弹托与弹丸分离，弹丸逐渐散开射向目标，用弹丸的动能对目标形成打击力量。

3. 标志与包装

动能弹的观察标志：弹壳为黑色，印有"九七式 18.4mm 动能弹"字样。触摸标志：弹顶部识别垫上有两道 5mm 长的凸起。包装盒及标志：包装盒与杀伤弹相同，包装盒盖上印有"九七式 18.4mm 动能弹"字样及生产批号、制造年份、工厂代号。

4. 包装木箱及标志

GA/DQF18.4mm——动能弹代号；

01-99-XY——生产批号、制造年份、工厂代号；

540×445×235——包装木箱外形尺寸长、宽、高；

5×60——装箱数量 300 发;

17kg——包装木箱全重。

包装木箱正面左上角有一条黑色的识别带,与弹壳颜色相同。

5. 使用规范及注意事项

动能弹属非致命性威慑弹药,主要用于驱散 35~100m 范围内非法聚集的人群。九七式防暴枪发射动能弹时使用照门 1,瞄准 35m 外人体喉部以下射击,其弹丸在 35m 处的散布圆 φ 为 1.6m,弹道降为 10.6cm。

使用时,严格遵守国家法律、法规的相关规定(《人民警察使用警械和武器条例》第 7 条)。严禁在 35m 内对人体直接射击,严禁在 35m 外对人体喉部以上部位射击。当出现瞎火时,不要立即退弹,保持枪口方向,6s 后方可退弹,以防迟发火对使用者造成伤害。在使用时,环境温度和风向风力会对弹丸产生影响,高温或顺风时,应适当加大安全距离。打开铝塑包装后,弹药的防潮能力将减弱,不采取防护措施不宜长期保存。

(九)九七式 18.4mm 痛快弹(代码 GA/DKT18.4mm)

九七式 18.4mm 痛快弹,俗称"橡胶弹",属非致命性威慑弹药,用弹丸的动能对目标形成打击力量,使其疼痛、恐慌达到驱散的目的。在近距离内,可致人重伤,使用时要掌握安全距离(35m 内禁止使用,35m 外对人体喉部以下射击)。痛快弹主要用于 35~100m 距离内驱散非法聚众闹事的人群,可以打击单个目标。

1. 九七式 18.4mm 痛快弹的诸元及性能指标

表 6-6　九七式 18.4mm 痛快弹的诸元及性能指标

全弹长：65mm	全弹重：18.7g	弹丸重：8.6g	膛压：≤70MPa	弹丸数：1 粒
弹丸材料：硬橡胶	弹丸初速 V5：130m/s	弹丸直径：18.7mm	立靶密集度：35m 距离——Ez×Ey ≤0.3m×0.4m	威力：35m 处弹丸、动能≤120J，比动能：≤12J/cm²
失效率：≤3%	安全落高：3m（带内包装）	储存期：15 年（带内包装）	使用温度：-30℃～+43℃	

2. 结构及作用原理

痛快弹主要结构由压好底火的黑色弹壳、发射药、隔垫、弹托、橡胶弹丸组成。痛快弹的作用原理是防暴枪被击发后，底火点燃发射药，发射药产生高压气体将隔垫、弹托、橡胶弹丸发射出去，隔垫与弹托在出枪口后相继与弹丸分离，橡胶弹丸射向目标，用弹丸的动能对目标形成打击力量。

3. 标志与包装

痛快弹的观察标志：弹壳为黑色，印有"九七式 18.4mm 痛快弹"字样。触摸标志：弹顶部球面中心有一圆形凸起。包装盒及标志与杀伤弹相同。

包装木箱正面印有：

GA/DKT18.4mm——痛快弹代号；

01-99-XY——生产批号、制造年份、工厂代号；

540×445×235——包装木箱外形尺寸长、宽、高；

5×60——装箱数量 300 发；

15kg——包装木箱全重；

包装木箱正面左上角有两条黑色的识别带，与弹壳颜色相同。

4. 使用规范及注意事项

九七式 18.4mm 痛快弹属非致命性威慑弹药，用九七式 18.4mm 防暴枪发射，主要用于驱散 35～100m 范围内的非法聚众人群。35 米处瞄准目标时，用照门 2，对人体喉部以下部位射击。

严格按照国家的法律法规进行使用（《人民警察使用警械和武器条例》第 7 条）。严禁在 35m 距离内对人体直接射击，严禁在 35m 距离外对人体喉部以上部位射击。连续发射 50 发弹以后，必须清擦枪膛，以免影响射击精度，防止弹丸滞留枪膛。出现瞎火时，不得立即退弹，保持枪口方向，6 秒后方可退弹，防止迟发火对使用者造成伤害。环境温度和风向风力的变化会使弹丸的速度和方向有所改变（高温和顺风时，应加大安全距离），打开包装后，弹药防潮能力降低，不采取防护措施不宜长期保存。

（十）九七式 18.4mm 催泪弹（代码 GA/DLC18.4mm）

九七式 18.4mm 催泪弹属非致命性防暴弹药，利用催泪剂对人体皮肤组织的强烈刺激作用来制服犯罪分子或驱散非法聚众闹事的人群。适用于小的封闭空间，如车间、房间等。对空旷地带非法聚众的闹事人群，同时发射多发催泪弹也可达到驱散的目的。

1. 九七式 18.4mm 催泪弹的诸元及性能指标

表 6-7 九七式 18.4mm 催泪弹的诸元及性能指标

全弹长：65mm	全弹重：21.7g	弹丸重：12.5g	催泪剂种类：CN
弹丸初速：60～80m/s	膛压：≤70MPa	立靶密集度：50m 距离：$E_z \times E_y \leq 0.3m \times 0.4m$	威力：达到骚扰浓度的威力幅员面积：≥20m²
延期时间：2 秒（±0.5 秒）	失效率：≤1/30	安全落高：3m（带内包装）	使用环境温度：-30℃～+43℃

2. 结构及作用原理

九七式 18.4mm 催泪弹的结构由压好底火的蓝色弹壳、发射药、弹丸组成，弹丸由压药弹体、尾翼、延期体组成，压药弹体压有混合催泪发烟剂和引燃剂。

催泪弹的作用原理是防暴枪被击发后，底火点燃发射装药，发射药产生高压气体将弹丸发射到目标，发射过程中发射药同时点燃延期体，延期体在 2 秒后，点燃压药弹体中的引燃剂及发烟剂，此时弹丸到达目标处，迅速喷射烟雾，烟雾携带催泪剂在目标区对人体皮肤及黏膜组织产生强烈刺激，使人的眼睛、呼吸道和皮肤达到难以忍受的程度。

3. 标志与包装

观察标志：弹壳为天蓝色，印有"九七式 18.4mm 催泪弹"字样。触摸标志：弹顶部端面为圆形平面。与杀伤弹相似，在包装盒上印有"九七式 18.4mm 催泪弹"及生产批号、制造年份、工厂代号。

包装木箱正面印有：

GA/DLC18.4mm——催泪弹代号；

01 - 99 - XY——生产批号、制造年份、工厂代号；

540×445×235——包装木箱外形尺寸长、宽、高；

5×60——装箱数量 300 发；

16kg——包装木箱全重；

包装木箱正面左上角有一条天蓝色的识别带，与弹壳颜色相同。

4. 使用规范及注意事项

九七式 18.4mm 催泪弹属非致命性防暴弹药，主要用于制服 50m 距离内隐藏在建筑物内的犯罪分子，对空旷地带非法聚众的闹事人群，同时发射多发催泪弹也可达到驱散目的。射击后快速接近目标时需戴防毒面具。用九七式 18.4mm 防暴枪发射催泪弹时，最大射程可达 200m，50m 距离射击目标时，用照门 3。

注意事项：使用时，严格执行国家法律、法规的相关规定（《人民警察使用警械和武器条例》第 7 条）；发射后需快速接近目标，必须佩戴防毒面具；严禁对人体直接射击；空旷地带发射时，要注意风向，顶风发射需戴防毒面具；连续发射 30 发后，必须清擦枪膛后再行射击，以免影响射击精度、防止弹丸滞留枪膛；出现弹丸滞留枪膛，应立即停止射击，枪口朝向安全方向，拉开枪机，将枪放在下风处安全的地方，待烟雾散完，20 分钟后才能清理枪支。弹丸滞留枪膛不会炸膛，对射手无伤害，但催泪剂有可能刺激射手。枪支使用后入库前，应完全分解，先用酒精清擦内外表面，再用洗油或汽油清擦一次，最后涂适量的枪油，然后入库保管。射手一旦被催泪剂刺激，应面对风向，让附着在皮肤及黏膜表面的催泪剂尽快挥发，也可用清水冲洗，20 分钟后疼痛感会逐渐消失。条件允许时，可用淡高锰酸钾（粉）溶液或淡碳酸氢钠（小苏打）溶液清洗受刺激部位，然后用清水清洗干净，以达到消毒的目的。出现瞎火时，不要立即退弹，枪口指向安全方向，6 秒后方可退弹，防止迟发火对使用者造成伤害。使用时，风向风力的变化会对弹丸的速度和方向产生影响，要适时地修正瞄准方向。打开铝塑包装的弹药，防潮能力降低，不采取防护措施不宜长期保存。

（十一）九七式 18.4mm 染色弹

染色弹属特殊用途防暴弹药，弹丸在击中目标后，在人的皮肤和衣物上染上短期内不能去除的颜色，为事后查证提供依据。

1. 九七式 18.4mm 染色弹的性能指标及作用原理

表6-8　九七式 18.4mm 染色弹的性能指标及作用原理

全弹长：65mm	全弹重：22g	膛压：≤70MPa	立靶密集度：35m 距离：Ex×Ey≤ 0.3m×0.4m	染色效果：对漂白布染色后，24小时内洗涤手段都不能清洗干净
染色剂颜色：玫瑰红 延期时间 1.5秒（带内包装）	瞎火率：1/30	安全落高：3m （带内包装）	储存期：5年	使用环境温度：-30℃~+43℃

染色弹由装好底火的橙色弹壳、发射装药和弹丸组成；弹丸由壳体、染色剂、密封圈、延期体、扩爆药组成。

染色弹在 18.4mm 防暴枪中被击发后，底火引燃发射装药，发射药将弹丸发射出去，同时，点燃延期体；当弹丸飞行到目标处后，延期体引燃扩爆药，使弹丸中的染色剂飞溅，达到对目标的染色目的。

染色弹的观察标志：弹壳为橙色，印有"18.4mm 染色弹"字样。

染色弹的触摸标志：弹顶为十字凸起。

2. 使用规范及注意事项

18.4mm 染色弹属非杀伤性防暴弹药，主要用于 35m 外对人体或物体进行染色，为事后查证提供依据。

使用时，严格执行安全距离，严禁在 35m 距离内对人体直接射击，35m 外，严禁对人体喉部以上进行射击。连续发射 30 发后，必须清理枪膛。弹丸滞留枪膛时，立即停止射击，用通条将弹丸推出并清理枪膛。出现瞎火时，不要立即退弹，枪口指向安全方向，6秒后方可退弹，防止迟发火对使用者造成伤害。使用时，风向风力的变化会对弹丸的速度和方向产生影响，要适时地修正瞄准方向。打开铝塑包装的弹药，防潮能力降低，不采取防护措施不宜长期保存。

（十二）九七式40mm催泪枪榴弹

1. 九七式40mm催泪枪榴弹的诸元及性能指标

表6-9　九七式40mm催泪枪榴弹诸元及性能指标

全弹长：220mm	全弹重：260g	弹径：40mm	催泪剂：CN	延期时间：2s
立靶密集度：50m距离：Ex×Ey≤0.3mm×0.4mm	威力：达到骚扰浓度的威力幅员面积：≥80m²	失效率：1/30	安全落高：3m	储存期：5年

2. 结构及作用原理

催泪枪榴弹结构由装药弹体、弹尾及发射杆组成，发射杆由杆体、底火及击针组成。专用发射药由弹壳、发射药、泡沫塑料垫及配重铁粉组成。

发射枪榴弹的作用原理，将发射杆部位插入九七式18.4mm防暴枪枪管中，然后将专用发射弹装入枪膛，按照发射目标距离确定标尺后，扣动扳机击发专用发射弹，专用发射弹产生高压气体将枪榴弹发射到目标，在专用发射弹发射的同时，由于发射弹的作用，发射杆中击针击发底火，底火将装药弹体内混合催泪剂点燃发烟，烟雾携带催泪剂在目标区对人体皮肤及黏膜组织产生强烈刺激，达到令人难以忍受的骚扰浓度，起到制服与驱散的目的。

3. 使用规范及注意事项

在催泪枪榴弹的包装袋内有1发榴弹和1发发射弹。使用时，将榴弹的尾部插入枪口，然后将发射弹装入枪膛，即可射击。榴弹上设有标尺供瞄准时使用。发射榴弹时应注意风向，瞄准时应对准目标区上方使榴弹落下，或瞄准目标区前方让榴弹靠惯性滚动到目标区，不得对人群直接射击。

严格按照国家法律法规的相关规定进行使用（《人民警察使用警械和武器条例》第7条）。连续发射30发后，必须清擦枪膛。发射催泪枪榴弹时，在任何距离都禁止对人体直接射击；需快速接近目标或顶风发射时，要佩戴防毒面具。射手一旦被催泪剂刺激，应面对风向，让附着在皮肤及黏膜表面的催泪剂尽快挥发，也可用清水冲洗，20分钟后疼痛感会逐渐消失。条件允许时，可用淡高锰酸钾（粉）溶液或淡碳酸氢钠（小苏打）溶液清洗受刺激部位，然后用清水清洗干净，以达到消毒的目的。出现瞎火时，不要立即退弹，枪口指向安全方向，6秒后方可退弹，防止迟发火对使用者造成伤害。使用时，风向风力的变化会对弹丸的速度和方向产生影响，要适时地修正瞄准方向。打开铝塑包装的弹药，防潮能力降低，不采取防护措施不宜长期保存。

实施方法：按照个人体会、分组练习、观摩评比、小结讲评。

二、队组搜索战术

搜索是指执勤民警在某些区域或场所内寻找、发现，并力求抓捕隐藏其内的犯罪嫌疑人的执法活动。从本质上说，搜索行动是抓捕行动过程中的一个特殊阶段，由抓捕行动引起，并且以发现抓捕对象，转入抓捕行动为终结。

（一）建筑物搜索行动的特点

建筑物的结构及环境特征，决定了对其进行的搜索行动具有如下特点。

1. 地形复杂，优势难发挥

地形复杂，不利于我方观察、机动和展开警力搜索，建筑物内大量的拐角、门窗、家具、堆放物以及昏暗的光线，使搜索者的视线受阻，形成诸多的观察死角和盲区；狭窄的走廊、楼道，使搜索者的机动能力受到限制，往往难以发挥警力优势和火力优势。

2. 遭遇性强，有较高风险

在建筑物内，当搜索者发现隐藏的犯罪嫌疑人时，往往距离非常接近甚至迎头碰上，或者搜索者在近距离内遭到犯罪嫌疑人的突然袭击。由于空间狭窄缺乏回旋余地，同时留给搜索者的反应时间极短，因此危险性很高。

3. 人员复杂，突变性明显

建筑物是人们居住、活动的主要场所之一，当隐藏其中的犯罪嫌疑人感觉自己将被发现并且走投无路时，极可能随手抓住居住者或其他群众，导致事态突变，形成劫持人质事件，进一步增加抓捕的难度；当建筑物为犯罪嫌疑人的居所时，其朋友、家属、访客、房客对搜索者的阻碍及纠缠，也可能刺激犯罪嫌疑人的顽抗心理，并给其造成乘机袭警的机会。

（二）建筑物搜索行动的基本程序

1. 情况的收集

采取各种手段，尽可能详细地了解有关情况，并对某些情况绘出草图。应着重收集以下情况：建筑物的类型；主要建筑物与其他建筑物的关联；建筑物的进出通道及其他可供犯罪嫌疑人逃窜的部位（如窗户、阳台、下水管道、避雷装置等）；建筑物内部的大致结构、布局和门窗特征；建筑物内可能的藏匿位置；建筑物内人员居住和流动情况；易燃、易爆物品的存储数量及存储位置；基本案情；犯罪嫌疑人的人数、性别、年龄、体态相貌特征和衣着特征；犯罪嫌疑人是否持有武器及其类型；犯罪嫌疑人最后从民警（或举报人）视线中消失的时间和位置。

2. 分析判断

在情况收集的基础上，应对下列问题进行分析判断：犯罪嫌疑人是否已经察觉警方意图；目前是否有足够警力对目标建筑物进行可靠封锁和搜索；现有的武器、装备和工具是否足以支持这次搜索行动；事态恶化的可能性；是否有必要并且有时间等待更充分的警力和装备支援。

3. 制订行动方案

现场指挥员的人选和指挥位置；搜索人员的编组和分工；联络、协同方式；封锁区域；任务划分；搜索实施方式；时间限制；武器、装备、器材保障；应急计划。

4. 行动的实施

（1）对建筑物所有的出入口进行布控并设立观察点，以形成对行动区域的可靠封锁，并检查装备和器材。

（2）在实际展开搜索行动前，对行动区域进行观察，考虑情况是否有新的变化，是否需要调整行动方案。

（3）再与上级联络沟通一次，报告行动方案和行动决心，取得上级的同意和支持。

（4）展开搜索。

5. 注意事项

（1）安全第一：每个搜索人员都应牢记，必须对自己的安全负责，对队友的安全负责，对民众的安全负责，并把安全第一的理念贯彻到自己的每一个动作中去。

（2）不假设：搜索人员绝不能凭主观臆想来决定自己的行动。任何没有查看过的地方，都不能认为是安全的地方。

（3）尽量保持肃静：在视野受到限制的建筑物内，保持肃静可以使民警通过倾听发现犯罪嫌疑人的位置，并且使犯罪嫌疑人不易发现民警的意图，并减少民警受到袭击的机会。

（4）注重联络和沟通：在展开搜索时，应视具体情况运用手势、无线电或短语等各种方式，保持通畅的联络和沟通，从而发挥集体的优势，保持行动的主动。

（5）尽可能自上而下搜索：在楼房里自上而下搜索，有可能迫使犯罪嫌疑人离开不利于展开警力的建筑物，从而减小抓捕行动的难度。当犯罪嫌疑人持有可投掷的爆炸装置时，自上而下搜索较为安全。

（6）协同动作，灵活运用战术：为了保证安全，应杜绝个人英雄主义，注重搜索人员之间、警组之间的配合与协同，运用各种战术应付搜索难点，避免单干冒进。

6. 行动结束后的工作。

第一向上级报告。报告的内容有：捕获疑犯的人数和捕获地点，缴获的凶器，击毙击伤情况，我方人员及群众伤亡情况等。第二处置伤员。应该立即救治所有的伤员，伤势较重的伤员应立即送往医院。对于疑犯伤员，处置或送医院时要采取适当的控制措施，防止其反抗或逃离。第三处置疑犯。应立即将疑犯押离现场。若案情重大需要现场突审，也应将疑犯带至安全或得到可靠控制的地方进行。第四保护现场。若与案情有关，或发生了交火事件并导致伤亡，则应对现场进行保护，以便事后勘察查证。最后搜集证物。搜索时，应注意搜集证物，包括疑犯丢弃的凶器、赃物、衣物。

（三）对一般建筑物的搜索

1. 对房间的搜索

进入房间搜索之前，首先应从房门两侧接近并实施控制，然后进行倾听和观察。如果房门是关着的，应判断房门打开的方向。搜索人员应用较轻动作试探房门是否反锁，根据其状态和结构决定是否直接强行进入或是否需要使用适当的破门器材。若房门已经打开，则应运用"切角"等战术动作查看厅室内的情况。

（1）进门动作。

绕门框入室。进入宽阔的大门时，门两边的民警同时绕过就近的门框进入房间。此方法适宜房内已有其他民警作掩护时采用。交叉入室。位于门两边的民警采用一先一后的顺序、前低后高的姿态、十字交叉的机动路线冲进房间的预定位置。

（2）注意事项。

伸手开门时，应将枪收于胸前或腰间做准备射击姿势；打开门后，退后两步，以便获得较大缓冲空间；在未查明门后是否安全之前，不可贸然踏进房间。

（3）进门后的动作。

进门后应迅速扫视厅室内情况，若无人活动，则应立即判断可能出现威胁的位置，并配合对所有潜在威胁位置进行控制，然后逐一排查。若发现有人，则应大声发出口头控制命令，同时做好射击准备。

2. 对楼道、楼梯的搜索

（1）对楼道的搜索。

拐角搜索要领（切角）。为达到抢先发现对方的目的，民警先与欲拐过的墙角保持安全距离，在队友的掩护下，枪口向着墙角边缘，并以墙角为轴心，采取渐进的方法，一步一步地作横向圆弧运动，慢慢地将墙角后面的隐蔽区域纳入视线范围，直至完全拐过墙角或发现嫌疑人部分身形为止。

拐角搜索射击姿势。搜索时，民警要采用适当的射击姿势，枪口与视线同处一个垂直面内，并尽量避免肩、臂及腰间装备暴露于危险区，以便保持隐蔽效果。

楼道推进的基本队形。3人小组是搜索行动中最基本的队形，构成前锋、掩护和后卫3个基本位置。楼道推进时，左侧民警警戒着楼道的右前方，右侧民警则监视楼道左前方，后卫则警戒着楼道的后方。

T形楼道交接处。对T形楼道的搜索实际上是对左右两个墙角的搜索。两人行动时，前锋队员在作拐角搜索时，除了要留意墙角后面的情况外，还必须留意另一边楼道的情况。掩护队员则与前锋肩并肩同步前行，掩护后方。3人行动时，后方警戒可交由后卫负责，掩护队员仍然与前锋一起前行，警戒楼道的前方，但要留意前臂和武器是否在不经意间进入了前方拐角的危险区。

十字形楼道交接处。当需要在十字形楼道交接处拐弯时，警戒的方向便由原来只有楼道前后两端，增至前后左右4个方向。只要将上述方法结合使用，3人搜索小组便可应付这种复杂形势。

尽可能保持肃静；注意身影的隐蔽；注意联络、沟通，随时传递信息；除非收到队友明确的求援信息或确有必要，否则应坚守自己的警戒方向，避免顾此失彼；与墙壁保持适当距离，避免跳弹杀伤。

（2）对楼梯的搜索。

向上搜索。楼梯中段有中间平台，楼梯之间又有墙壁作间隔的设计，对搜索人员有较大危险。搜索小组在沿楼梯而上的过程中，应将队员按战术队形进行合理的责任分配，对这些危险点进行有效控制。

向下搜索。沿楼梯向下搜索时，为了避免脚部先踏进楼梯范围而让楼下的人发现，前锋可俯身做拐角观察，搜索行动中，掩护队员必须对前锋队员侧翼作严密警戒。

三、手枪应用射击

应用射击训练时，应加强带有战术背景条件下的射击训练。根据执法实践中经常遇到和发生的各种情况，有针对性地设计出各种带有逼真的战术背景条件的练习内容，使应用射击训练与执法战斗的实际情况更加贴近，加强警察在训练中的实战意识和紧迫感。如制造各种干扰，或给其展现较为复杂的现场景况，或令其在进行突然的剧烈活动时马上转入精度射击等，提高警察的心理承受能力。

（一）概略射击技术要点

手枪概略射击是指把手枪作为近距离快速射击武器，把快速命中作为射击首要目的的射击方式。

（1）快速拔枪出套的技术：拔枪时右大臂带动小臂上提，右手顺势拨开扣带，其余手指接握枪柄，小臂继续上提顺势将枪拔出。此时，右臂以肩为轴向前平伸，枪面与视线平行并吻合。拔枪时不能低头，始终目视射击目标。

（2）直指目标的出枪技术：右手拔枪时左手向前伸，大约在胸部高度，手心朝向右下；当右手运枪经过左手位置时，用左手的虎口卡压套筒准心后抛壳口前的位置，以右手前推和左手后拉的力量使套筒向后运动；左手松开套筒，利用复进簧的弹力使子弹上膛，切忌左手跟着套筒向前送。

（3）一步到位的预压技术：概略射击的时间要求使得射手必须尽量缩短完成预压所用的时间，以保证有相对充足的时间稳定击发，所以在握拉套筒后，两手内旋充分结合的同时完成预压。要做到出枪到位同时预压到位。

概略瞄准技术：两眼盯住目标中心，出枪指向目标的同时，视线从枪水平面看出去，果断击发；如偏差较大，迅速调整自然指向同时果断击发。概略瞄准时，通常大目标枪口指向中央；小目标枪口指向下沿。

（4）上跳松开、回落预压技术：快速连续射击中扳机松到恢复待发状态和预压到临界位置食指的感觉。后座上跳的第一时间不完全松开扳机，有助于保持射手对枪控制力量的一致性，相对于发射时完全松开扳机，上跳幅度减小、跳动规律、回落快。

（二）快速出枪技术

快速出枪是指民警在正常执行勤务（如巡逻、盘查等）时，能迅速从枪套中将手枪抽出、推子弹上膛并立即形成射击姿势的动作过程。在出枪时，动作应是非常连贯、迅速的，不能有停顿和犹豫的现象。通过反复训练，使打开枪套扣、握住枪柄、将枪抽出以及左手卡握套筒协助右手推子弹上膛并迅速据枪指向目标等一系列动作，成为一种自然的、下意识的动作反应。

（三）快速连续射击技术

快速连续射击技术就是以最短的时间，在据枪、概略瞄准的基础上，以最快的速度进行较准确连续射击的方法。

1. 概略瞄准

概略瞄准是在快速出枪的基础上，用双眼紧盯目标，双手将枪面保持平稳，并使之处于右眼的视平线上，枪口就指向了目标。据枪时，准星和缺口基本平正，用眼睛的余光透过缺口看向准星与目标，即目标清楚，缺口模糊。

2. 扣压扳机

在枪口指向射击目标并形成概略瞄准的基础上，握枪手的食指应快速果断，正直均匀地向后扣压扳机使之击发。击发后随扳机的引力向前快速松开，到位同时预压扳机，实施第二次击发……以连续的动作达到快速压制的目的。扣扳机的特点是"两快一慢"，即预压扳机要快，松开扳机要快，击发瞬间稍慢。

3. 快速射击中的错误动作及纠正方法

（1）猛扣扳机：破坏准星与缺口的平正关系，造成射弹偏差太大。

纠正的方法：应强调快速均匀、正直向后用力扣压扳机。

（2）枪支颤动，手腕挺不住，造成射弹偏低。

纠正的方法：应强调握枪时不要用力过大，两臂肌肉用力要协调。多练习臂力、腕力，握枪时，强调手腕用力挺直。

（3）左手用力不当。

纠正的方法：强调左手拉握右手，以右手至右肩为直线，左手与右臂形成前推后拉之势，注意左手后拉不要用力过大，保持枪的稳定性。

（4）射击姿势不正确，重心不稳固。

纠正的方法：强调正确的站姿、跪姿角度，保持身体的稳定性。

（5）握枪一致性差。

纠正的方法：强调右手前后捏握枪柄和左手的拉握力度。不要打一枪松一下，要连续射击完毕后再调整。

（6）握枪时构成瞄准基线不正确，用眼睛找准星。

纠正的方法：强调头部要摆正，用瞄准基线找眼睛的视平线。

（7）握枪时不到位，构成瞄准基线慢，影响首发射击速度。

纠正的方法：强调双臂据枪要迅速、要定位，不要忽高忽低。

（8）射击时，扣扳机的食指不灵活，松开扳机时离开扳机。

纠正的方法：强调多加强食指"两快一慢"的练习，松扳机时随扳机向前的引力松开，食指不要有意识地向前弹开。

（9）射击时，弹与弹之间的连续性不好，忽快忽慢，没有节奏感。

纠正的方法：按规定的时间分配每 1 发子弹的时间，做到心中有数，节奏明显。

（10）出枪或更换弹匣时眼睛看枪。

纠正的方法：强调眼睛始终向目标方向，动作时要全凭手感来完成。

四、防手枪被抢

如果民警在执法时携带枪支，首先要侧身站位，佩枪一侧远离对方并时刻提高警惕，防止枪支被抢，确保用枪安全。

（一）防止枪支被抢处置原则

1. 保护

避免持枪时手枪被抢，最直接的自然反应是双手用力握紧手枪握把，将手枪迅速放入枪套。

2. 固定

弯曲手肘，双手用力将手枪包握加以固定，同时屈膝降低重心。

3. 摆脱

通过身体的旋转，用两手臂腕臂部旋压对方腕部，摆脱对方。

4. 保持距离

摆脱后拉开相应距离或以掌根击打对方来保持距离，保持反应空间。

5. 避免纠缠。

携带枪支时，尽量避免和对方纠缠在一起。

（二）持枪解脱技术

1. 低姿戒备手枪被抓解脱

当处于低姿戒备手枪被抓时，双手迅速屈肘回拉将枪收于腹前，如不能拉近，可踏步向前达到枪械贴近腰边，用另一只手前臂或掌根打击或推压对方握枪手，同时持枪手用力将枪回拉，予以摆脱。

2. 高姿戒备手枪被抓解脱

当处于高姿戒备手枪被抓时，双手应立即握紧手枪握把，身体重心下沉，迅速将枪由上向下拉至腹前，如不能拉近，可踏步向前达到枪械贴近腰边，用另一手前臂或掌根推压对方握枪手，同时突然发力将枪沿直线回拉予以摆脱。

3. 佩枪被抓解脱

当佩枪在枪套内被抓时，首先用手将枪按回枪套内，同时用手抓紧对方抢枪手，连同枪与枪套贴紧腰部，重心下沉逆时针方向快速转体360度摆脱对方。在面向对方时，保持距离，视情况是否拔枪，如仍不能摆脱可采用转移注意力的方法再加以摆脱。

五、抓捕战术指挥

抓捕犯罪嫌疑人的行动，是指警察对各种违法犯罪分子或犯罪嫌疑人的武装捕获活动。常用的抓捕形式有围捕、诱捕、搜捕、追捕、伏击、袭击、强攻等。

（一）抓捕行动的基本特点

1. 对抗性

犯罪嫌疑人为了逃避法律制裁，往往会以各种方式与人民警察进行对抗、拒捕。一个方面表现为体力、武力的直接对抗，另一方面则体现在千方百计地逃避、藏匿，即智力上的较量。

2. 危险性

由于抓捕行动必须通过直接接触犯罪嫌疑人来完成，而其警觉程度一般高于正常人，一旦反抗起来，往往穷凶极恶，不计后果。因此，警察与抓捕对象激烈搏斗的可能性时刻存在，具有很大的危险性。

3. 多变性

抓捕行动的过程是由多个环节组成的，又往往是在动态下进行的，因此，许多意想不到的因素会打乱原定的计划，情况的多变、突发是抓捕行动的基本特点，也对民警的应变、处置能力提出了更高的要求和考验。只有充分认识，因情施变，抢先施变，机动灵活地予以处置，才能始终把握抓捕行动的主动权。

4. 对情报的依赖性

抓捕行动的目标是有一定证据证明有犯罪嫌疑的人，抓捕的首要问题是情报要准确、全面。如果情报出现偏差或虚假，将直接决定着抓捕行动的成败。

（二）抓捕犯罪嫌疑人的基本程序

1. 收集情报

（1）犯罪嫌疑人的基本情况。主要包括：犯罪嫌疑人的犯罪类型、性质；犯罪嫌疑人的人数、性别、年龄、经历、体貌特征、心理特征、技能特点；可能藏匿或者出现的地点、企图；反抗的意识、拒捕能力及方式；其家庭情况、社会关系；携带凶器、武器或其他危险物品的数量、种类等情况，并不间断地跟踪了解和掌握。

（2）现场环境的基本情况。主要包括：犯罪嫌疑人的具体位置；建筑物的类型与结构，与周围建筑物的关系；出入口的数量与位置；现场是否养有鸡、犬等家禽。

（3）抓捕现场的基本社会情况。主要包括：犯罪嫌疑人的亲属情况；现场的人、车流量；当地的民风习俗、宗教信仰；群众的政治素质、法制观念以及抓捕对象与周边的社会关系等。

（4）我方情况。包括：能够实际参与行动的人数、年龄、性别、经验、技能与战术等方面的优劣；武器、警械与器材的保障情况等。

（5）天气情况。包括昼、夜、风、雨、雪、雾及气温、光线等因素。

2. 分析判断

在尽量掌握准确、全面的情报后，应当及时进行分析、判断。

（1）对犯罪嫌疑人情况的分析判断。主要判明抓捕对象的人数、位置、行动企图、心理素质、抵抗手段、机动能力、藏匿地点和可能逃窜的通路等。

（2）对双方力量的对比判断。包括人数、技能与战术素质、心理素质；对抗的条件、手段；现场双方的优劣态势等。

（3）对抓捕环境条件的分析对比。主要分析地形、环境等条件对双方行动的利弊关系。

（4）对社情的分析判断。主要分析研究抓捕对象与其亲属、周围居民及其他人员的关系如何，是否可能增强其拒捕、反抗或逃跑的能力等。

（5）对天气、时间的分析判断。分析研究各种不同的天气、时间等条件对双方行动的利弊关系。

通过对上述情况的综合分析对比，按照"以我之强、击敌之弱，扬我之长、克敌之短"的原则，得出下列判断结论：抓捕时可采取的各种行动措施和战术手段；抓捕行动中需投入的警力和武器、警械、器材、装备的数量、种类及保障方式；选定对抓捕行动最有利的地形、路线、方向、突破点等；行动中可能出现意外情况的环节、时机、方式、程度与应对措施等。

3. 制订行动方案

为了抓捕行动的顺利实施，在抓捕行动前，小组指挥员应组织小组成员对主、客观情况进行分析判断，并在正确理解上级意图、明确任务和周密判断情况的基础上，制定行动方案。行动方案的主要内容包括：战术形式，警力部署，分工与协同方法，技术手段，接近的路线与方法，行动开始的时机，出现意外情况时的处置措施等。由于抓捕行动的不确定因素很多，因此，条件允许时，可以文字的形式制定详细、具体的行动方案，向参与行动的民警进行部署。当情况紧急或时间紧迫时，指挥员也可将行动方案运筹、归纳后，以口头形式进行部署。如情况特别紧急时，则只能在边组织、边开进的同时进行部署。

4. 任务分工与配合

任务分工，是指根据抓捕行动的需要结合现有警力进行分组，明确各组（人）的任务、职责、地点或区域、识别标记和需要达到的行动目的；明确指挥员的指挥位置和指挥方式。通常应分为抓捕组、监控组和接应组，也可根据需要进行增减。配合，是指应当明确各组（人）之间的协同动作、协同时机、协同方式、联络方法，以及出现意外情况时的任务转换、相互支援、交替掩护等。

5. 组织行动保障

组织行动保障，是指指挥员根据抓捕行动的需要和实际情况，对抓捕行动过程所需的各种保障而进行的组织、落实工作。通常保障的内容有：情报信息、武器装备、交通工具、通信联络以及生活供给等。

（三）抓捕行动的实施

1. 派出先期监控人员

派出先期监控人员的目的，是为了在抓捕行动开始之前，进一步掌握情报信息而进行的实地侦查，一般只需 1~2 名民警。其主要任务是：快速、隐蔽到达现场；确认犯罪嫌疑人后，对其进行严密监控或者跟踪；对抓捕现场的环境、建筑物结构与特点、社情等情况，进行仔细地观察与了解；及时将情报信息、动态报告指挥员。

2. 接近

接近由两个环节组成：一是民警由集结地点向抓捕现场预定位置的运动、接近。二是当行动开始时实施抓捕的民警由预定位置向犯罪嫌疑人的运动与接近。接近的方式应根据不同的抓捕对象、地形、时机等条件，灵活运用，相机而定。常用的接近方式有：

（1）伪装接近。即抓捕民警便衣伪装，秘密接近抓捕目标的方法。主要是在抓捕目标对我行动意图不明或心理戒备不强时采用。

（2）诱惑接近。即抓捕民警以伪装的身份，以给抓捕目标提供某种需求为借口，接近目标的方法。通常选派机智灵活、胆大沉着、善于伪装以及技战术全面的民警担任。

（3）隐蔽接近。即抓捕民警利用各种地形作掩护，从目标观察、射击的死角秘密接近目标的方法。如墙壁、墙角、楼梯、树木等。通常是在抓捕目标已察觉我方意图，但抓捕行动未暴露的情况下采用。

（4）迂回接近。即抓捕民警迂回到抓捕目标观察、射击的翼侧或侧后接近目标的方法。必要时可采用正面牵制吸引对方的注意力、火力，同时采取侧后迂回接近的方法接近。

（5）搜索接近。即在抓捕目标的具体位置不明确区域内，边搜寻边接近的方法。搜索接近的特点是"敌暗我明"，抓捕人员极易遭受袭击，故接近时应时刻保持高度警惕，随时做好快速反应准备。

3. 控制

应对抓捕对象所处的场所进行控制，即形成对抓捕对象所在区域的范围控制，并逐步缩小包围范围，达到在地域和空间上对抓捕对象的控制。

对抓捕对象的控制，即实施抓捕，包括使用徒手技术对犯罪嫌疑人的双手、身体的约束与控制，使用警械、武器的控制，以多对少的警力优势控制，同时要表明身份，警告其不要乱动。应特别强调：抓捕时无论采用何种技术动作，都应首先控制其双手，并使用背后上铐的方法加以约束。

必须对身处现场的相关嫌疑人员进行控制，及时查清其真实身份、与犯罪嫌疑人的关系和与案情的关系，视情及时予以处置，同时要防止其以暴力方法阻碍民警履行职责。应对现场的无关人员进行有效控制，防止围观和妨碍民警的行动，力保我方以及抓捕目标的安全。应密切控制可能出现的意外情况，及时予以处置，向指挥员报告和提醒其他民警。在这个环节中，重点是对犯罪嫌疑人的控制。

4. 搜身

在控制抓捕对象后，应立即对抓捕对象进行必要的搜身，缴获其凶器、武器等危险物品，查获各种犯罪证据。搜身的技术与形式可根据现场的情况灵活运用，对犯罪嫌疑人和周边环境进行严密控制，防止出现意外情况。

5. 押解

这里所称押解，是专指将犯罪嫌疑人从抓捕现场押解至羁押处所的过程。通常有徒步押解和利用交通工具押解等方式。押解时，应采取安全、牢靠的约束措施，也可用专用工具或者其衣物将其头、面部进行遮掩，保持高度警惕，随时应对突发情况，严防抓捕对象反抗或自残、自伤、自杀现象的发生，确保顺利押解至目的地。必要时，可对犯罪嫌疑人进行现场突审后再行押解。

（四）抓捕行动结束后的工作

1. 报告情况

即将抓捕行动任务完成的情况及时向上级报告，听取上级的指示。

2. 搜查勘验

即对现场及现场遗留物品进行搜寻、检查、清点、甄别、取证和保护。重点是搜查、清理与犯罪嫌疑人有关的作案工具、赃物、赃款等犯罪证据。对造成公、私财物损坏的，应当清理、登记，待后处理。

3. 现场救护

对行动中的负伤人员要及时进行救护，对伤情严重者应及时送往医院救治。

4. 组织撤离

上述工作结束后，指挥员应及时通知有关人员清点人数、武器、装备等，组织有序地撤离现场。

第三节　派出所岗位培训内容

一、巡逻战术

派出所民警日常巡逻工作一般可分3种类型：徒步巡逻、自行车巡逻与机动车巡逻。步行巡逻和自行车巡逻是由1~2名人员在自己管理的片区内执行，而机动车巡逻通常由4名人员利用警车执行。

（一）各种巡逻方式的优点与弊端

1. 机动车巡的优势与弊端

（1）机动车巡逻在流动性方面比步巡、自行车巡、摩托车巡有优势，因可在极短时间抵达现场。此外，可以跟嫌疑人的逃走车辆或执行战术性的人员调配。

（2）由于机动车巡逻车辆可装载较多人员，故此警力较为充足。

（3）虽然警车在枪战发生时都并非最理想的掩护物，但总比没有掩护物强，所以在紧急情况下仍可以暂时用作掩护物直至找到更佳掩护物为止。

（4）从另外角度讲，由于巡逻机动车的外形及声音，如果需要隐蔽式地向现场推进时，则没有步行和自行车、摩托车方便。

2. 其余巡逻方式的优势与弊端

（1）步行式巡逻和自行车巡逻、摩托车巡逻在装备及枪械的携带方面受到限制，而机动性巡逻车辆可运载枪械及装备以供选择，如急救箱、防爆破工具、防暴枪、防爆盾牌等；

（2）由于警察摩托车、自行车的灵活及流动性，可以在交通繁忙时大派用场。更可在嫌疑人逃走时，预先沿其逃走路线在某一地点埋伏。

(二) 熟悉辖区内地形与人员

根据各种巡逻方式的优点及缺点，调配工作可弹性进行以收到最理想的效果。如一小队人员正驾驶车辆巡逻，当接报有关牵涉使用持械抢劫的案件，便可快速作出反应。警车可停于离开案发现场一段距离的地点，警察可隐蔽式徒步到场及只携带合适的配备或枪械，如防暴枪。

执行巡逻时，警察需要掌握其辖区内的任何资料，包括进行中的事项、地点及有关人物。此类知识包括：地理分布、实质分布及亲身熟习环境。人员及市民的安全有赖于警察对其区域或管辖范围的熟识程度。

（1）了解地理分布包括掌握以下资料：巡逻区域、分局或分区的划分；邻近的分区。

（2）实质分布：了解实质分布即警察掌握其工作区域的实际类别。是否基本的住宅区，或是晚上人迹稀少的工业区；有否高危建筑物在区内以及位置；这些信息有助于出现紧急情况时，可快速及准确地作出反应。熟悉区内主要建筑物的分布。区内可能有多种潜在犯罪目标建筑物，必须留意此类目标。对高危建筑物如金铺、银行有深入的了解，包括其结构、出入口等。假如案件发生，警察须知道如何着手封锁现场。找出建筑物外良好掩护物的位置及确定它们是否可以作为掩体。熟悉这些建筑物出入口外的逃走路线。尽可能掌握这些潜在案件目标的任何资料，警察到场前可以准备及展开计划。了解区内人多集结的地点，如医院或学校，如需埋伏突击嫌疑人，要避开这些位置。

（3）熟悉环境。知道如何快速、准确地进出巡逻区域是控制嫌疑人的关键，起重要的作用。了解辖区内有什么因素可以影响民警抵达现场，这些所谓行动危机可能是建筑物的一部分，道路的结构或某地点集结的人群。它们可以阻塞信道或造成交通挤塞。因此,要知道怎样可以尽快略过这些行动危机。以群众的安全为前提迅速抵达案发现场。选择赴现场的路。最短路线未必是最好路线。掩护物位置、隐蔽程度及速度都是考虑因素。

(4) 熟悉居民。熟悉辖区内工作或居住的人员,和他们保持良好警民关系。他们可以是报纸摊挡小贩、店主或居民。除可以树立警察良好形象外,这些人员可以在发生严重案件时提供极有用的消息,或可以补充由指挥中心提供消息的不足。

(三) 执行巡逻工作前的准备

虽然有些行业的死亡率比警察还要高,但是对情绪所造成的压力,应该还是警察行业最严重。警察勤务前需有充足准备。巡逻职务的准备包括:心理准备,充足信息的收集,个人装备,心理准备等。

1. 民警在上班前应做好心理准备

有没有任何情况在上次发生而需上班后跟进呢?如遇到辖区内发生持械劫案,应采取什么步骤?如发生枪击事件,最好的掩护物在什么位置及应采取什么枪械战术?

2. 顾及区域内需要视察的高危建筑物应如何着手

任何其他事项都不要考虑,有充足的心理准备去执行任务。

3. 执勤人员绝对不可以心不在焉

因处于心不在焉的心理状态时,对危机的反应比警觉时慢得多。因此,应将任何私人烦恼在上班前清理。上班时摆脱私人事件,在处理案件时,保持中立及专业化。

(四) 充足信息的收集

(1) 上岗前半小时,回到单位收集信息以应付当日值勤时的需要。

（2）阅读巡逻区域档案及其他信息文件

熟识最新罪案倾向，尤其是与枪械有关的，以及留意最新与警务有关的法律。

（3）与分局内刚下班人员交谈，特别是巡逻同一区域的人员以确定可否会遇到相同的情况。

（五）个人装备

（1）检查警械具等装备。

（2）领取枪械与子弹时，习惯检查各项目，确保功能妥善，此步骤不可马虎。

（3）检查其他装备如伸缩警棍与手扣，确保各功能妥当。

（4）不论日夜都应携带电筒以确保进入密封的环境时（如建筑工地内）可有足够照明。电筒须可靠耐用。

（5）测试无线电及确保电池已正确充电。

（6）其他个人装备如笔、记事簿、急救包须妥善检查。

（六）基本巡逻战术

1. 不规律巡逻

不规则步行巡逻能够提高发现辖区内发生或已经发生的案件的可能性。应有系统但随意地巡逻。如每次巡逻用不同时间或不同的道路去巡逻区域内某幢建筑物或街道。罪犯会尝试找出墨守成规的人员，以便确定其模式或时间表。因此，避免巡逻时一成不变。可回到原位，改变步伐或步速。

2. 可使用的掩护物及逃走路线

巡逻时，留意及记着可使用的掩护物，对高危建筑物来说尤其重要。充分留意此类建筑物的现场环境，确认掩护物及逃走路线。

3. 高危建筑物

接近任何高危建筑物前，应习惯性地先观察环境，以免毫无准备地发现正在进行的案件。

留在街角以隐蔽的形态，观察可否有市民出入建筑物；及现场是否有可疑人员正为嫌疑人把风。

观察是否有可疑车辆停在目标建筑物的范围，该车辆可能是嫌疑人的逃走工具。观察现场人员的面部表情，如有异常，可从中获取信息。

如怀疑，不要尝试冲入建筑物内以免遭遇伏击，应立即通知指挥中心，同时留在掩护物后继续观察，由于大部分持械劫案的过程都是在数分钟内结束，因此等待嫌疑人逃走时施展伏击比冒险强行相对更安全。如观察数分钟后并无动静，例如见到顾客如常进出建筑物，可以放心继续例行巡逻。

当在建筑物内与保安交流有关安保事宜时，仍要对现场的入口保持警觉。

二、居民区抓捕战术

居民区抓捕主要是指在公民居住相对密集和封闭的区域对犯罪嫌疑人实施的抓捕行动。

居民区抓捕工作主要特点：一是居民楼相对密集。居民区内楼房建筑较为密集，且建筑风格、样式、结构、布局等各不相同。二是区内道路相对狭窄。一般情况下，居民区内的道路较为狭窄，且错落交叉。三是居民区服务设施多。居民区内多有商店、菜站、洗衣房、水站等以及老人之家、课外辅导站、文化娱乐场所等。四是居住人员较为复杂。居民区内居住的人员身份复杂多样，且常有老人、妇女、儿童在居民区室外活动等。五是社区管理相对封闭。居民区多有围墙或护拦，设有保安管理。另外，社区还会组织群众性联防组织。

（一）掌握相关情况

1. 居民区及周围环境

出入口控制是主要控制点，主要包括：

（1）居民区出入口的数量和位置，其中包括专供车辆通行出入口，专供人员通行出入口，以及人、车都可以通行的出入口情况。

（2）门卫保安值守工作情况，包括门卫保安员值班制度、岗位设置、值班人数、换班时间等。

（3）出入口的车辆、人员通过情况，以及出入的高峰期时间段。

（4）犯罪嫌疑人进出规律及可能在逃脱时被利用的出入区域及封闭口，如居民区的铁护栏、矮墙、绿化带、平时封闭的门道等。

2. 道路交通

掌握居民区内的道路交通情况，包括居民区内的双行道、单行道、人行道、交叉路口、小路等道路设施，以及居民区内的一些道路交通管理规定等。

3. 停车场

掌握居民区内的停车场数量、停车场位置和停车模式（固定停车位、临时停车位），以及停车位离抓捕现场的距离等，以便于准确选择停车区域、分散行动、隐蔽进入、蹲守位置和快速到达指定地点，同时也为在停车场实施监控和抓捕犯罪嫌疑人做好准备。

4. 休闲娱乐场所

了解居民区内各种休闲娱乐配套设施、开放时间以及经常活动的人员情况，如室内外运动健身场所、文体活动中心、街心公园等活动场所。

5. 建筑布局及结构

了解居民区楼群整体布局、房屋具体位置及其内部结构等，确保警力及时、准确到达指定地点和位置，采取科学合理的封控方式，避免人员伤亡，同时确保实施抓捕时减少对周边居民的影响。

（二）居民区管理情况

1. 居委会

行动前要详细了解小区居委会管理情况，根据需要与居委会取得联系，争取居委会的支持和配合。一方面利用居委会及治保积极分子对居民区内人员、车辆较熟悉的优势，为制定抓捕工作方案提供信息和线索；另一方面也避免行动时与侦查员发生误会，影响抓捕行动。

2. 保安部门

了解掌握居民区的保安上岗人数、位置、时间和工作职责、工作模式等情况，必要时请他们配合侦查员实施抓捕行动。

3. 物业部门

了解掌握小区物业管理模式，其中包括封闭式管理、半封闭式和开放式管理。同时要掌握小区物业管理的职责范围和工作内容等。在特殊情况下，可化装成物业管理人员实施抓捕行动。

4. 居住情况

通过辖区民警全面了解掌握居民区内常住人口、暂住人口以及重点人口情况。

5. 监控设施

了解掌握小区周边报警及监控设施，包括监控器的类型和数量、监控器设置的位置、监控的范围,是否能够充分利用监控设施对目标实施监控及取证等。

6. 服务设施

了解居民区内各种配套服务设施,如学校、幼儿园、饭馆、水站、医务站、小超市、洗衣店、美容美发、保健室、传达室以及楼宇值班室等服务项目及设施情况,为制订工作方案提供依据。

7. 其他情况

在合理利用小区居委会、物业公司、保安部门等管理资源的同时,要充分利用居民区内的各种资源,如快递服务、志愿者服务、快餐配送服务、水电煤气管理等。

(三)犯罪嫌疑人情况

重点掌握犯罪嫌疑人在居民区内居住和活动的情况。

(四)秘密进入

1. 化装进入

由于居民区管理相对封闭,为减小影响,避免引起犯罪嫌疑人的警觉,侦查员可以化装成各种身份进入,如化装成快递公司人员、停车场管理员、送餐人员、工程维修人员、超市送货人员、电梯工、送水工等进入居民区。

2. 批次进入

抓捕行动需要人员和车辆较多的情况下,抓捕人员和车辆应分批次从不同的出入口进入小区,以缩小目标和减少影响。

3. 掩护进入

抓捕行动尽可能不使用警用车辆,必要时可征用社会车辆,如搬家公司、速递公司、送餐公司、出租公司等部门的车辆作为掩护,秘密进入居民区。

（五）现场监视控制

1. 宜于监控

选择监控点，要求能清楚地观察到犯罪嫌疑人活动及其周边相关的情况，如犯罪嫌疑人居住楼房或活动区域对面的制高点、临近的房屋内、附近的停车场、必经的道路旁等便于观察的场所及地点。

2. 不易暴露

观察监控点既要便于观察，同时还要注意隐蔽，要充分利用居民区内的地形地物和各种资源，如饭馆、水站、医务站、小超市、洗衣店、美容美发店、门卫室、传达室、楼宇值班室和居民区内其他场所及地点。

3. 多点设置

为了严密监控和准确分析判断犯罪嫌疑人的活动情况，要在不同部位或同一地点部署2个以上不同角度的观察点，对犯罪嫌疑人实施全方位观察和监控，为抓捕决策提供准确信息。

4. 便于联络

各观察点的设置要便于相互之间的联络、配合和支援，以及与指挥部之间的密切联系，以确保做到及时、有效地沟通信息和传达行动指令。

（六）严密现场守候

1. 交替守候

进入居民区实施抓捕，多数情况下采用蹲守抓捕形式。侦查员在蹲守时要坚守岗位，为避免长时间守候精力不集中贻误抓捕时机，应当采用轮班交替守候的形式，确保不出现空岗和在岗失控的情况。

2. 利用监控

侦查员要熟悉居民区内的监控设施及设备性能，行动时要充分利用其对犯罪嫌疑人进行全天候的监控。

3. 录像记录

守候时，在有条件的情况下，侦查员应对犯罪嫌疑人的活动情况进行录像监控，及时采集相关材料和固定证据。

（七）有效实施抓捕

1. 确保安全

实施抓捕时首先要确保周边群众的安全，因此侦查员要选择犯罪嫌疑人周边人员较少时，在确保不会伤及现场无辜群众的情况下实施抓捕。同时还要考虑侦查员的自身安全，当犯罪嫌疑人周边有砖头、棍棒等击打物时，尽量不选择此处为实施抓捕地，以免其就地取材进行反抗拒捕，伤及侦查员的人身安全。

2. 防止逃逸

实施抓捕行动，侦查员应选择犯罪嫌疑人处在相对便于封控的空间内进行。如居民区建筑物区间、停车场、狭窄通道等，避免在空旷的公共场所、通道路口较多的地点、周围人员较多的区域、居民区护栏和围墙容易翻越的部位等犯罪嫌疑人容易逃脱的地点及位置实施抓捕。此外，要充分考虑到犯罪嫌疑人对居民区情况熟悉，行动时防止其与侦查员进行周旋后实施逃逸。

3. 减少影响

抓捕行动应选择最佳的时机、方式和场所，避免因抓捕行动影响居民区群众的正常生活秩序，惊吓老人、妇女、儿童，招致媒体采访，以及对其家人、亲戚、朋友造成不良影响等。如当犯罪嫌疑人与家人、朋友在一起时，侦查员要根据犯罪嫌疑人的性格特点、脾气秉性，酌情确定是否当着他们的面实施抓捕，这样既可避免犯罪嫌疑人因顾及面子而进行反抗，也防止其家人、朋友情绪一时激动进行阻挠，因妨害公务给抓捕工作造成被动。

三、宾馆客房内抓捕行动战术

宾馆客房内抓捕主要指对宾馆、饭店、酒店、商务会馆等（以下统称"宾馆"）客房内的犯罪嫌疑人实施的抓捕行动。

宾馆客房内抓捕工作主要特点：一是住宿人员复杂。宾馆客房住宿人员的情况非常复杂，而且流动性非常强。二是客房结构多样。宾馆客房内部结构多种多样，室内设施及陈设备不相同，即使是同一宾馆、同一楼房、同一楼层都可能结构不同。三是宾馆环境各异。由宾馆内建筑物、服务设施、道路通道多而复杂，会影响抓捕工作的有效控制。

（一）掌握相关情况

1. 宾馆情况

（1）建筑格局。宾馆的方位、面积范围、主体建筑及各接待、活动、消费场所的情况。

（2）场所设施。主要包括宾馆出入口、大厅、客房、餐厅、楼道、电梯、消防通道、餐厅等场所的基础信息。其中重点是与犯罪嫌疑人活动相关的场所情况。

2. 客房情况

（1）楼层位置。客房位置及与楼道、电梯、外挂楼梯的相对位置。

（2）房屋结构。客房空间和建筑格局及建筑材料等。

（3）内部陈设。客房室内电器设备、家具陈设等。

（4）使用管理。客房日常使用和管理的相关情况。

3. 环境情况

具体包括：周边建筑，街区道路，服务设施，交通状况。

4. 管理情况

（1）入住管理。与抓捕工作相关的宾馆人员入住的情况。

（2）安保管理。宾馆内部的保安人员、职责、岗位及履职情况。

（3）监控设备。宾馆监控设备的安装和使用情况。

（4）活动组织。主要指宾馆组织活动的情况，如是否安排会议、宴请、婚礼、店庆等活动。

5. 人员情况

（1）犯罪嫌疑人。主要包括犯罪嫌疑人及其登记入住的房间、房间居住的人数、居住的规律特点等情况。

（2）入住人员。包括入住犯罪嫌疑人所在楼人员；同楼层入住人员；相近时间入住人员情况。

（3）接触人员。与犯罪嫌疑人有过接触的人员。

（4）服务人员。包括为犯罪嫌疑人所在楼服务的人员，如保安、客房服务员、保洁员、电梯工、维修人员等。

（二）行动任务分工

1. 现场监控

对宾馆门、服务大厅进行监控；对楼道、楼梯、电梯间进行监控；对犯罪嫌疑人的房间进行监控；对相关房间及场所进行监控。

2. 突进抓捕

制定入室抓捕的具体行动方案；确定进入房间的形式与方法；实施入室后对犯罪嫌疑人的制服控制。

3. 外围警戒

防止无关人员对抓捕工作的干扰；防止外部犯罪嫌疑人的勾连串通；防止犯罪嫌疑人闯门、跳窗逃跑；确保侦查人员的行动安全。

4. 接应机动。

配合押解带离犯罪嫌疑人；协助现场后期搜查；应对现场突

发事件。

（三）有效实施抓捕

1. 选择抓捕时机

在确定犯罪嫌疑人的具体位置后实施抓捕；在犯罪嫌疑人没有察觉和思想准备时实施抓捕；在客房区无其他人员或没有干扰的情况下实施抓捕；在现场抓捕警力全部准备到位后实施抓捕。

2. 突击进入房间

可利用服务员以客房服务为由趁机进入，如查房、送水、送餐、打扫卫生、维修等方式；可利用宾馆通用钥匙开门进入；可利用犯罪嫌疑人的熟人关系骗门进入；可采取化装的方式骗门进入；可采取破门的方式强行进入。

3. 实施有效抓捕

（1）防止暴露。行动前接近房门时注意躲开门镜、动作轻小、避免对话，防止被犯罪嫌疑人察觉。

（2）有序进入。明确警力进入的方式和先后顺序，防止因空间狭小影响进入速度或受伤。

（3）快速低姿。要以最快的速度进入房间，身体姿势要放低，并准确判明犯罪嫌疑人所在位置。

（4）有效控制。发现目标后，警察迅速控制住犯罪嫌疑人的双手，随即约束搜身。

（5）迅速跟进。后续警力快速进入房间进行协助和警戒。

（6）分别看押。对室内所有人员要进行分开看押，一是防止袭警；二是防止犯罪嫌疑人劫持人质；三是防止串供。

（7）如选择破门进入，要充分掌握房门的性能和结构，考虑房门上是否有挂链。

（8）发现突发情况及时通报指挥员和其他警力。

（四）押解带离现场

抓捕到犯罪嫌疑人后，要在接应警力的配合下迅速将其带离宾馆。事先确定好押解带离的路线，押解带离车辆提前在楼外准备到位，避免无关人员干扰和群众围观。

四、派出所领导对群体性事件的具体职责

在各分县局辖区内发生30人以下或超过30人的群体性事件，分局指定由属地派出所牵头处置的，派出所领导为现场处置指挥员。

（一）派出所领导的基本素质与要求

通过日常学习、培训和实际处置工作，掌握基本的专业处置技能，同样要具备现场指挥员的素质要求。同时，还要掌握源头情报信息、协调配合疏导化解、落实重点人口管控措施、对小规模群体性事件牵头处置以及依法打击处理等方面的能力。

（二）及时上报采取措施

对由属地派出所负责处置的群体性事件，派出所领导要立即组织警力，重点做好以下工作。

（1）对辖区内发生的群体性事件在上报分局的同时，要迅速组织警力赶赴现场，划定控制区，劝离围观人员，及时控制事态。

（2）立即了解现场情况，包括群体性事件的起因、参与人数、来源地、诉求、情绪状态、政府有关部门的答复意见、上访群体的意图、动向等。

（3）协调党委政府有关部门到现场对上访人员进行疏导劝解，配合开展宣传、教育、训诫、劝离等工作。

（4）对现场全方位拍照、录像，并向挑头滋事闹事等人员及时取证。

（5）对违法犯罪人员及时审查，依法处理。

（6）事件处置结束，要形成书面报告，并建立专门的档案，留存备查。

（三）积极配合处理得当

遇有规模较大、情绪激烈、由分局等上级部门牵头处置的群体性事件，派出所领导配合开展工作的职责是：

（1）在向分局报告的同时，先期组织警力到现场，采取划定控制区，设置警戒线，疏导劝离无关人员，制止过激行为等措施，控制现场局势。

（2）及时向现场指挥员报告群体上访人员基本情况、现场动态、先期开展的工作以及建议性工作意见。

（3）按照现场指挥部的命令，作为处置力量之一，安排派出所警力继续开展相关工作。

（四）依法处理及时跟进

（1）处置工作结束后，按照指挥部的部署，对扰序滋事人员依法审查、处理。

（2）对属辖区内的聚集上访人员，事后要配合街道、乡镇、居（家）委会、主责单位做好疏导、教育、稳控等善后工作，在群体上访人员中，布建信息员或治安耳目，随时了解掌握动态，要建立专门档案，及时补充，存档备查。

第四节　监所岗位培训内容

一、警务押解技战术

无论是抓捕后的带离，还是取证中的押解，如果民警押解方法不当或放松警惕，犯罪嫌疑人都有可能逃跑，无论是对民警的人身安全还是对嫌疑人的人身安全都构成了很大的威胁，所以必须掌握过硬的押解技能，达到有效押解的同时避免发生危险事故。

(一) 规范警务押解技战术的重要意义

押解，是指国家司法机关依照法律规定，将犯罪嫌疑人押送到指定地点的一种途中看押勤务。公安机关的押解，其内容更为广泛，从抓捕现场将犯罪嫌疑人押回公安机关，从看守、监管等部门提出犯罪嫌疑人都是押解的范畴。押解工作是警察日常重要勤务之一，警察从抓捕现场将犯罪嫌疑人押回公安机关，从看守、监管等部门提出犯罪嫌疑人，整个过程在社会上流动，犯罪嫌疑人行凶、脱逃、自杀的情况随时可能发生，警察的安全防范工作难度很大。将犯罪嫌疑人安全押解到指定地点，既要防止其逃跑，还要防止其自残及与同伙串供，随时提防犯罪嫌疑人可能对警察的伤害和对社会造成危害。缉捕后的犯罪嫌疑人一般已处在我方的有效控制之下，将捕获的犯罪嫌疑人押送到指定地点，方法是多种多样的。押解工作从路途远近上可分为短途押解、长途押解；从人数上可分为单人押解、多人押解；从使用警械上可分为徒手押解、警械押解；从交通工具上可分为徒步押解、车辆押解等方式。押解犯罪嫌疑人采用何种方式，应视具体情况而定。因此，警察掌握正确的押解技战术是完成押解任务的根本保证。

研究警务押解技战术的目的就是采用各种有效技术，将犯罪嫌疑人安全、迅速地押解至目的地。押解时要注意对押解过程中的安全性进行考虑，要降低在押解途中危险性的，防止发生被押解人反抗、脱逃、自杀、自残及其他危险的行为，必须对其身体采取必要的约束措施，以保证押解安全、顺利地完成。这些措施对于保障押解人员的安全，防止隐患发生，有效安全的押解犯罪嫌疑人有重要意义。

（二）警务押解的原则

1. 保持警惕，措施周密

押解是保证执法和案件审理顺利进行而必不可少的重要环节，如果在这一过程中被押解人出现脱逃、自杀、自伤或犯罪嫌疑人劫夺等意外情况，将会造成难以想象的后果。因此，执行押解任务的警察必须提高警惕，认真对待。在押解前，应当对押解方法、技术手段、警力配置、应变措施等，制定出合理、周密的押解方案，确保押解实施的安全、有序。

2. 约束牢靠，不留遗漏

押解时，为安全起见应对犯罪嫌疑人的人身采用各种方式进行约束。根据具体情况可以使用手铐、警绳押解，也可以徒手押解，但是无论采用何种方式进行押解，对其进行的约束都必须牢固、可靠，既要给其留出必要的行动空间，不使其过于痛苦或不便，又能够有效地限制或制止其挣脱、脱逃，做到松紧适度。

3. 紧贴跟随，快速反应

在押解过程中，警察必须紧紧跟随犯罪嫌疑人，使其始终处在视野范围和监控之内，不让其有任何可乘之机。当出现犯罪嫌疑人企图反抗、逃脱及其他危险行为，或者有其他犯罪嫌疑人劫夺被押解人、袭击警察等情况时，现场的警察应快速反应，当机立断，根据方案和现场的具体情况，果断采取相应措施，坚决予以制止，必要时，可依法使用武器，以保证自身的安全和押解任务完成。

4. 分工明确，协同配合

押解时，参加押解时的警察应当有明确的分工，熟知各自的任务、位置，各司其职，同时又能够相互照应，配合默契，尤其是出现意外情况时，更应组织有力，协同配合，相机处置，充分发挥警力的整体优势，防止出现各自为战、盲目混战的现象。

5. 确保安全，迅速有效

一是警察要安全。自身要格外防备在押解过程中受到来自犯罪嫌疑人或其同伙的袭击、伤害；二是在场群众要安全。尤其要防止犯罪嫌疑人以人质要挟警察；三是犯罪嫌疑人的安全。不能发生犯罪嫌疑人自杀、自残事故，更不该让犯罪嫌疑人伺机逃脱。"迅速"是指在抓捕现场和押解过程要尽量迅速，撤离抓捕现场速度要快，不给犯罪嫌疑人可乘之机。

（三）警务押解的特点

1. 危险性

由于押解是一项警务活动过程，暴露时间长，安全措施难以达到万无一失，被押解人员反抗、逃脱和遭受犯罪嫌疑人袭击、劫夺等可能性随时存在，故押解具有较大的危险性。

2. 移动性

押解过程，无论是徒步、乘车、乘机，均是移动的过程，有时因任务的需要，押解的距离、时间会较长，其移动性就会更加长，有时因需多种交通方式押解，其移动性又呈多样化的形式。

3. 强制性

押解本身是强制性行为，在押解过程中，为防止发生犯罪嫌疑人反抗、脱逃、自杀、自残及其他危险行为，必须对其身体采取必要的约束措施，以保证押解安全、顺利地完成。

4. 秘密性

为保证迅速、安全地完成押解过程，除个别情况外，押解均需在相对秘密的状态下进行，防止引起围观、人群骚动及其他情况发生，具有较强的秘密性。

(四)警务押解的准备工作与要求

1. 押解准备工作

(1) 在押解前,检查押解车辆的车况,如:水、油、电、轮胎等,防止押解过程中车辆出现异常情况。清理检查押解车内部杂物,如随车工具、防冻液、地上的金属物品等,不给犯罪嫌疑人可乘之机。检查通讯工具是否通畅、电力是否充足。检查枪械是否正常,弹药是否充足、放置是否合理。

(2) 明确押解路线,准备备用路线。要准备适情请求增援。要争取和保证警方人数的优势,彻底摧毁犯罪嫌疑人的侥幸心理。

(3) 认真检查约束犯罪嫌疑人的警械具是否得当、坚固。明确犯罪嫌疑人上铐形式,即背铐。尽量不使用前铐,前铐会给犯罪嫌疑人的双手留有活动余地。

(4) 押解开始时,要详细向指挥机关报告始解地点、押解方法、押送路线等具体情况,为指挥整体决策提供准确信息。

2. 押解工作要求

押解犯罪嫌疑人是一项复杂的警戒监管工作。押解过程是在社会上流动,犯罪嫌疑人行凶、脱逃、自杀的情况可能随时发生,安全防范工作难度很大。做好押解工作必须遵循以下基本要求。

(1) 组成押解工作小组。指定负责人,根据押送犯罪嫌疑人的多少、路程远近,配备足够的警察,布置具体的押解任务,明确职责,交代工作方法。选配押解人员,由于押解具有法律性、强制性和复杂性等特点,必须挑选政策纪律观念强,有熟练的押解技术和身体健康的警察担任。押解力量的安排,一般三比一为宜。长途押解或押解特殊犯罪嫌疑人,还应增加力量。女犯罪嫌疑人的押解,应有女民警参加。

（2）明确押解的路线及交通情况。注意与沿途的公安或有关部门取得联系，以便得到协助。在边疆或少数民族地区执行押解任务，还必须注意尊重当地的民俗、风俗习惯。

（3）要熟悉押解过程中的路途情况，配备押解的交通工具。在押解途中，需要乘坐交通工具时，要与有关单位和人员取得联系，以便得到必要的支持和协助。根据犯罪嫌疑人情况，制定押解的方案，在充分研判押解中可能发生的情况的基础上，制定包括押解路线、押解方式方法，以及可能出现的问题及对策等内容的具体方案。

（4）配备足够的武器、警械装备。制定安全防范的措施，准备必要的警械。根据押解的特点，押解人员必须携带必要的武器、械具、证件等，以防止犯罪嫌疑人在押解途中行凶、逃跑、自杀等可能发生的事故，对押解的犯罪嫌疑人可以加戴械具，途中不许摘掉手铐。确保押解任务的顺利完成。

（5）押解中必须保持高度警惕。押解人员要坚守岗位，尽职尽责，严密看管。随时掌握犯罪嫌疑人的思想变化，做好突发性情况的处置准备，同时防止犯罪嫌疑人与熟人接触或以暗语示意。

（6）正确执行使用武器和械具的规定，不打骂、侮辱、虐待犯罪嫌疑人。

（7）除执行秘密押解等特殊情况外，押解人员必须穿警服。

（五）徒手押解

徒手押解，即以徒手技术控制的方法进行押解。由2名以上警察协同，将被押解人控制并搜身，以徒手使用擒拿技术将其控制。由1名警察押解前行，另1名在一侧实施监控，或由2名警察共同押解前行。多在押解距离短、徒步行进、没有携带约束性警械及情况紧急时使用，押解对象一般只限于1名。徒手押解擒拿技术使用的力度应略大。贴紧被押解人的身体，行进速度要快，保持高度警惕，随时准备制止其反抗、脱逃行为。

押解工作中不提倡单人押解，在实战中，如果抓获了犯罪嫌疑人，情况又比较急，需要尽快将其押解回单位，那该怎么办？不慌不乱、沉着应对是警察应具有的能力，要妥善地去完成押解任务。实际工作中，单人押解往往需要民警大胆细致、合理操作，确保民警自身安全，还要保证疑犯不逃脱及自伤、自残。在有效控制嫌疑人的前提下，既可以通知就近派出所，也可以打车，还可以锁紧嫌疑人肘部或抓牢其衣领徒步带离。

只有有效地"保存自己"，才能更好地打击犯罪分子，保卫人民群众的生命财产安全。因此，单人作战的警察更应克服麻痹轻敌思想和侥幸心理，加强对警务技战术的训练，以提高警察的应变能力、攻防转换能力、单人作战能力和自救互救能力，消除各种隐患，切实保护好双方的安全。

1. 押解控制动作

（1）大臂控制（以左侧民警为例）。左侧民警在犯罪嫌疑人左后方站立，由后用右手抓握犯罪嫌疑人左大臂内侧，控制其大臂，防止犯罪嫌疑人逃脱。

（2）腕肘控制（以左侧民警为例）。左侧民警在犯罪嫌疑人左后方站立，用右手抓握犯罪嫌疑人左手手背成折腕动作，左手抓握犯罪嫌疑人肘关节上部，大小臂夹角成90度，达到肘部和腕部双重控制，防止犯罪嫌疑人逃脱和反抗。

（3）肩臂控制（以左侧民警为例）。左侧民警右手由前从犯罪嫌疑人左臂下穿过，同时向左转体并用右手抓握犯罪嫌疑人左肩，达到对犯罪嫌疑人肩部和臂部双重控制，防止犯罪嫌疑人逃脱和反抗。

2. 多人押解技术动作

（1）对于一般的犯罪嫌疑人，押解民警在犯罪嫌疑人左右两侧站立，分别采用大臂控制动作对犯罪嫌疑人实施控制。

（2）对于具有可能反抗或逃脱的犯罪嫌疑人，押解民警在犯罪嫌疑人左右两侧站立，左侧民警采用腕肘控制动作，右侧民警采用大臂控制动作。

1名民警在犯罪嫌疑人前方2~3m处，另一名民警在犯罪嫌疑人左后方，根据犯罪嫌疑人情况分别采用大臂控制、肩臂控制、腕肘控制等动作实施押解。

3. 简易捆绑方法

在公安实战中，警察经常碰到嫌疑人团伙作案，当警力对比不占优势或携带手铐不足时，应尽可能利用各种可用的物品进行捆绑，如嫌疑人的鞋带、领带、腰带、衣服等。押解前命令对方倒地或靠墙，仔细搜查犯罪嫌疑人随身携带的刀具和其他可疑物品，警察常用的简易捆绑方法有鞋带捆绑、领带捆绑、腰带捆绑等。在充分控制住犯罪嫌疑人的情况下，让犯罪嫌疑人解下皮带或鞋带，用皮带或鞋带将其捆绑。实施捆绑时要密切注意观察嫌疑人的反应，时刻要警惕嫌疑人可能的突然反抗。捆绑应该松紧适度，过紧可能造成犯罪嫌疑人的伤残、窒息或出现生命危险；也要避免过松致使其有反抗、逃脱的机会。

捆绑时将犯罪嫌疑人皮带、鞋子等解除，用皮带反绑其双手，再用鞋带将其两个拇指反手捆绑在背后，一手抓住1人反手的捆绑处。其次将上衣外套半脱，拉到肘部，起到约束胳膊的作用。最后用衣服或其他东西遮住头部。1名警察紧贴被押解人，一只手控制其上肢，押解前行；另1名警察在其一侧监控随行，将其押解回单位。此做法有效控制了嫌疑人的上肢，使其可以行走，但不易奔跑,便于押解。多用于中、短距离、徒步、上下车等情况下的押解。

(六) 利用警械押解

警械押解,在使用约束性警械进行控制的基础上进行押解的方法。警械是押解人员制服疑犯或罪犯,限制其活动能力的一种执法工具,可以有效防止其逃跑或反抗。警察执行公务最常用的警械是金属手铐。对犯罪嫌疑人加戴警械必须是在其已经被完全控制或制服的情况下才能进行操作。

首先,所使用的手铐必须处于两锁臂的交叉、非锁死状态。当拔出手铐时,应使用手铐的活动锁臂卡压对方的右手腕。如果疑犯或罪犯是左撇子则应先铐住其左手腕,依靠其运动的惯性完成上锁的过程。在铐住其右手后,应用自己的右手拉住手铐链,将其右手拉至其背后,并将空铐环从其背后的腰带处穿过。最后,迫使其背过左手,快速卡压其左手腕将其铐住。上铐时,尽可能使其双手的手背相对,手心向外。穿过腰带的铐法,可以使其双臂紧贴身体腰部,减弱其反抗的力量,同时也可以防止其双手由背后绕到身体前面来,有效地控制其反抗。使用手铐时,应以铐环内侧接触皮肤为限度,过紧或过松会导致其疼痛或逃脱,以致对押解产生影响;使用警绳时,因绳子具有一定的弹性,故应将其上肢置于关节生理限度时予以捆绑,绳结应牢固,保证押解安全。

押解前约束方法有:一铐一人、一铐两人、两铐两人、两铐三人、两铐四人。捆绑方法,颈前绕臂捆绑、勒喉手腕捆绑、小臂捆绑。如果警察迫不得已采用腹前上铐的方法,必须有其他约束措施辅助进行约束并搜身。要严格检查犯罪嫌疑人身上有无可致本人与他人危险的东西(钥匙、刀片、药物),戴上械具(手铐、指拷、警绳等）后，还要检查其所戴械具是否牢靠。

1. 上铐后徒步押解

（1）折腕抓肘押解。

动作要领：铐好后，我方站在对方的右后侧，左手抓握对方的右手，折压其手腕，右手抓住对方的右肘关节，用手控制对方，实施押解。

（2）别臂押解。

动作要领：铐好后，我方站在对方的左侧，右臂从嫌疑人的左臂下插入向上别臂，左手扶肩辅助控制，实施押解。

（3）抓领押解。

动作要领：铐好后，我方站在对方的左后侧，右手从嫌疑人的手铐下穿过，向上抓住对方的衣领，右手下压，右臂上抬，使嫌疑人身体前倾，同时左手抓住对方的肩臂部，辅助控制，实施押解。

2. 利用警棍的押解

（1）别臂押解。

动作要领：铐好后，我方站在对方的左侧，右手持棍从嫌疑人的左臂下插入向上别臂，左手扶肩辅助控制，实施押解。

（2）别铐押解。

动作要领：右手握警棍把段，将棍前段斜向插入手铐与对方两腕之间，左手抓住其后衣领，别转铐链，实施押解。

（七）徒步押解

徒步短途押解 1 嫌疑人时，最好有 2 名以上警察，警察给犯罪嫌疑人交代政策，做点"思想工作"，使其在押解途中老实些。特殊情况时，公开自己的身份，便于群众理解、支持，必要时可以动员群众协助。押解过程中，用警械具将其双手约束，警察在其身后监视。通过蒙其双眼，影响视线，限制其逃跑的条件。将犯罪嫌疑人的皮带作为威慑的工具，将鞋子解除，单手提裤，另一只手置于脑后。押解人员要在押解对象的左右侧稍后的位置跟进，与其保持一定的距离不能与押解对象保持平行位置，以防押解对象突然抢夺押解人员的武器。徒步押解时，应密切注意周围地形、地貌，防止案犯逃跑、自伤、自杀或其同伙反扑。同时还要尽量使押解路线避开闹市区和复杂地段。根据路途远近，携带足够的食品和饮水，避免在途中购买来源不明的食物。如果押解途中必须食宿时，应将疑犯或罪犯羁押至看守所或请求当地政法部门协助解决食宿场所，押解人员不得擅离职守，但可以轮换休息。

数名警察对 2 名以上犯罪嫌疑人的徒步押解，须用绳、铐将犯罪嫌疑人互相串联起来（必要时要做脚上绊绳的串联）。押解警察须有明确分工，进行警戒，保持通信联络，控制、引导犯罪嫌疑人等，各司其职，配合默契。对有严重暴力倾向的犯罪嫌疑人除须在背后捆、铐外，脚上还要加绊绳。绊绳在两脚之间的距离约为 40~50cm。押送警察手持警棍行进在犯罪嫌疑人身后，相距 1.5~2m 远，保持高度警惕，防止意外发生。

由于受种种因素的制约，徒步押解也算是一种"不得已而为之"的方法。为了贯彻"安全、迅速"的基本原则，确保押解任务的顺利完成，我方所有执勤人员必须保持清醒头脑，无论途中遇到什么情况都不得停留，更不得陷入"纠缠"之中。要始终保持 1.5~2m 的"安全距离"，不给犯罪嫌疑人任何可乘之机。要警惕途中遇到的任何人、任何事，随时准备应对突发事件，枪支、警棍处于随时击、打状态，并适时依法使用。绝对禁止犯罪嫌疑人说话或搞小动作，必须让犯罪嫌疑人服从警察命令。

（八）室内押解

室内押解大多数情况是犯罪嫌疑人已经被警察控制，警察往往认为在本部门内不会出什么事，这时会放松警惕，易造成犯罪嫌疑人自残、自伤的事故。如果警察通过安全有效的站位形式，同时对有可能被嫌疑人利用室内建筑结构进行自残、自伤的危险点有所了解，将有效避免此类事情的发生。

1. 通过门、窗的押解

押解犯罪嫌疑人通过门窗具体做法是给犯罪嫌疑人使用背铐，1名警察在犯罪嫌疑人前面行走，另1名警察位于其侧后约1～1.5m距离处跟随。在通过门、窗时，前面警察要提前站在门、窗前，有意识防备犯罪嫌疑人利用门、窗进行自残，在通过走廊、通道时要走在正中间，尽量避免靠墙行走，防止犯罪嫌疑人用头撞墙进行自残。押解警察与犯罪嫌疑人保持同步的速度。押解过程中严防犯罪嫌疑人乱说、乱动，分散警察的注意力，保持高度警惕，随时准备快速、有效地制止反抗。

2. 上下楼梯的押解

押解犯罪嫌疑人上下楼梯的具体做法是对犯罪嫌疑人使用手铐进行约束，二对一押解，1名警察在犯罪嫌疑人前面约2m左右距离行走，另1名警察位于其侧后约1m左右距离跟随。在上下楼梯时，押解人员要尽量远离楼梯悬空一侧，防止犯罪嫌疑人跳楼梯自杀。三对一押解，行进时警察的站位应在犯罪嫌疑人的两侧和后面，同时警察用手控制犯罪嫌疑人的械具。

3. 上下电梯的押解

押解犯罪嫌疑人上下电梯的具体做法是将犯罪嫌疑人约束，等候电梯时，警察负责按按钮呼叫电梯。二对一押解，将嫌疑人夹在警察正中等候电梯。电梯开门时，叫梯警察观察电梯内是否还有乘客，决定是否上电梯，尽量避免与其他乘客共用电梯。下电梯时，1名警察提前下电梯，观察周围情况，另1名警察负责看押犯罪嫌疑人，看到第1名警察手势，负责看押的警察将犯罪嫌疑人押下电梯。

（九）乘公共交通工具押解

交通工具押解，即使用各种交通工具为移动条件的押解方法。由2名以上警察协同，将被押解人以手铐、警绳约束后，押上交通工具，将其以坐、跪、蹲等姿势，控制在座位或地板上；也可借助手铐或警绳将其上肢或身体控制在固定物体上，并用其衣服将其头部蒙住。在押解过程中，必须有1名或数名警察对其进行监视，如押解距离长、时间过久，可轮流监视，其他警察应严密观察周围情况，及时处置所发生的意外情况，确保安全押解。

警察要对所押解的嫌疑人的基本情况有所了解。押解前对犯罪嫌疑人身体进行搜查，取走危险物品后将其约束。在未确信完全控制嫌疑人的情况下，绝不能轻易脱手或放弃对犯罪嫌疑人的控制。

1. 乘出租车押解

警务实战中，警察抓捕犯罪嫌疑人后由于各种原因，无法及时利用警用车辆进行押解，但是又需要及时返回单位，这时就会借助出租车进行押解。利用出租车押解仅限于近距离的押解，因为出租车属于社会营运车辆，车内空间狭窄，如果犯罪嫌疑人伺机反抗，警察将处于不利地位。押解时，1名警察看押犯罪嫌疑人，另1名警察负责打车。当出租车停下后，出租车一般只开右侧车门，1名警察提前进入车内，犯罪嫌疑人坐在2名警察中间，用安全带将犯罪嫌疑人固定在座位上，为其带上头套。如后排座位没有安全带，要迫使其低头，押解过程中不允许犯罪嫌疑人说话，同时立即向本部门通报自己的位置与出租车车牌号。

2. 乘长途汽车押解

使用长途汽车进行押解，必要时，可事先与交通运输单位的有关部门取得联系，征得其支持，在押解时，应选择交通工具的后排、末端等位置乘坐，尽量将被押解人与其他乘客隔离开，并保持押解行动的隐秘性，上、下交通工具时应提前或最后离开，防止与其他乘客混在一起而出意外。需保持高度戒备，严密监控被押解人，严防其反抗、跳车或发生其他危险行为。时刻观察周围情况，及时掌握异常现象，防止犯罪嫌疑人劫夺被押解人。保持与主管上级或友邻的联络通畅，随时将押解情况、所处位置等予以通报，以利于上级领导的指挥和友邻部门的配合。

3. 乘火车押解

押解前应提前与车站公安部门联系，安排好乘坐车次，提前进站。开车前要做到尽量提早上车，在列车进站后，及时与列车长或乘警取得联系，检查车内是否有可疑情况，根据现场帮助选择合适的押解位置。尽可能安排在列车前后两端硬座或硬卧车厢靠近厕所的座位，把被押解人员控制在不靠车窗的一侧，不与旅客混坐。如果嫌疑人要去厕所，应首先检查并关闭厕所的窗户。

乘坐火车长途押解 1 名犯罪嫌疑人，至少需要 2 名警察。押解警察最好身着便服，并且尽量做到避免引起同车旅客的注意。特殊情况可加派 1~2 名警察着装配合。如果乘坐硬座车厢，应选择靠近车头或车尾的地方，旅客特别多时不要选择离车门近的位置。如果乘坐卧铺车厢，应选择远离餐车的位置，旅客特别多时可联系列车长或乘警将被押解人员送往餐车或行李车厢控制。

押解人员分顺、逆火车行驶方向就座，同侧就座的警察要与被押解人员紧紧贴靠就座，将被押解人员的双手用手铐牢牢控制，对重刑犯还需要用警绳将其捆绑在火车立柱上或者加戴脚镣等辅助措施。对使用的械具可用衣服、毛巾等物遮盖，减少或避免同车旅客的注意。

火车在行进过程中，押解警察要合理安排作息换班时间，保持精神饱满，保持高度的警惕性。如果被押解人员闭眼睡觉，押解人员则要睁大眼睛，预防其假睡，当火车途中停靠车站慢行，以及停车后，押解人员要特别警醒，注意观察被押解人和周围上下车的旅客，善于发现异常可疑情况，把事故消灭在萌芽状态。当火车刚启动时，押解人员容易放松警惕，由于此时火车行进速度较慢，也是事故易发时段，押解人员需要特别注意。当被押解人员要求上厕所时，应有2名警察陪同前往。先由1名警察去厕所观察周围环境、关闭车窗，然后让被押解人员进入厕所，并将其一只手锁铐在扶手上，用棍棒之类物体将厕所门别住使之虚掩，利于押解人员随时看到被押解人的活动情况，以便及时采取紧急处置措施。另1名警察应扮作等待上厕所的旅客，并与同伴合作将厕所包围起来，不让他人靠近。在允许被押解人上厕所的时机选择上，要考虑到列车前方停靠车站的时间，被押解人员上厕所在特定时间段内必须完成，否则可能被押解人员或其同伙利用。

4. 乘飞机押解

根据中国民用航空局、公安部《押解犯罪嫌疑人乘坐民航班机程序规定》〔2012〕26号文件规定，为了确保民航运输安全有序，规范押解犯罪嫌疑人乘坐民航班机工作，执行押解犯罪嫌疑人任务实行"谁审批、谁负责；谁押解、谁负责"的原则。押解前，应当填写《押解犯罪嫌疑人乘坐民航班机审批表》经押解单位所属地市级以上公安机关（含地市级公安机关）或者省、自治区、直辖市公安厅（局）相关业务总队（局）批准后，到航班出发地机场公安机关办理押解手续，执行押解任务，押解对象不配合押解的不得乘坐民航班机。

登机前，提前与乘务人员沟通，提前安检登机，这时嫌疑人可以不戴头套。押解人员在航班出发的机场所在地的民航机场警方办理相关手续，民航警方提前向所乘机组申请，得到允许后换登机牌，持民航警方开具的安检通知书，为嫌犯和押解民警进行专门的安检，并在隔离区等候。押解人员必须第一批上飞机，坐在最后一排，押解警力（正式在职民警）至少应当3倍于犯罪嫌疑人，嫌犯须夹坐在警察中间，在押解过程中应当保持对犯罪嫌疑人的全程控制，不允许犯罪嫌疑人单独行动。同机押解的犯罪嫌疑人总数不得超过3名，押解女性犯罪嫌疑人应当至少有1名女性民警。嫌犯不允许中途离座上洗手间。

押解犯罪嫌疑人不得与重要旅客同机，不得乘坐头等舱。押解人员不得携带武器，可以使用手铐等必要的械具约束犯罪嫌疑人，但警械具不宜外露。执行押解任务应当内紧外松，早上机，晚下机，避免对同机旅客造成不便。航班到达机场后，最后下飞机。

（十）警用车辆押解

使用警用汽车、摩托车进行押解时，尽量选择有深色玻璃膜或有车玻璃帘的车辆进行押解。押解过程中运用遮挡物或被押解人的衣服，将其头部蒙住，限制其视野范围，削弱其反抗、挣脱的可能。

1. 短途押解

警察将犯罪嫌疑人押解上车前，至少要有1名警察跟进于犯罪嫌疑人右侧稍后位置，用左手抓住犯罪嫌疑人的右手臂向上抬举控制其肩部，防止其带铐逃跑。如果犯罪嫌疑人挣脱了警察的左手控制，警察也可以快速出枪进行控制。由 2 名警察跟进于疑犯或罪犯左右侧稍后的位置，分别控制疑犯或罪犯戴铐的左右手臂押解上警车，是最有效的方法。犯罪嫌疑人被押解至警车内后，应由 2 名以上的警察负责车上的押解任务。押解的战术方法也要随着警车的车型、押解对象及案件性质等具体情况，随机应变。但以下基本原则必须遵守，第一，犯罪嫌疑人的位置应远离司机；第二，犯罪嫌疑人必须始终置于至少 1 名警察的视线之内，而且押解警察不需要回头；第三，在押解过程中，关闭车窗，按下车门的插锁或加上保险，警车内应成为一个封闭的空间；第四，让被押解人的双手处于暴露状态，以便警察随时监视，最好使用车内环状或管状物，将其双手铐在上面固定，但塑料把手、安全带等非牢固部位不应在考虑之列；第五，最好使被押解人员背向行驶方向乘坐或用衣服蒙住头，使其无法判断行驶方向和行驶目的地。1 名警察最好不要单独执行警车押解任务，因为押解警察既要开车，又要监视被押解人，是十分危险的。应该使用通讯工具等方法，等待援助警察到来，再执行押解。如果遇到特殊情况不得不单独押解时，必须使用警绳捆绑法将已经被上铐的押解对象的双脚双手牢牢捆绑在副驾驶座位上，并且要时常停车检查控制情况。要与上级部门保持通信联络，实时报告自己所处的位置、行进路线。

（1）中型客车押解。首先用绳、铐将犯罪嫌疑人紧锁在护栏上。绳、铐的长度要尽量短，并固定在车厢中间位置的座位上，以压缩犯罪嫌疑人双手的活动空间，强制犯罪嫌疑人背向汽车前进方向，低头站立或坐（蹲）在车厢里，犯罪嫌疑人要夹在警察中间，不允许其靠门、窗就座，押解人员位于犯罪嫌疑人的侧后方担任警戒，拉上车上窗帘或令犯罪嫌疑人低头。

（2）小型轿车押解。将犯罪嫌疑人安置在后排中间座位上，警察坐在犯罪嫌疑人的两侧。不允许犯罪嫌疑人坐在副驾驶员座位上，如果有多名犯罪嫌疑人要押送，应使用数部车辆或分几次押送。切不可使车内警察人数等于或小于犯罪嫌疑人的数量。使用汽车押解应强调两点：一是保证驾驶员的安全。押解指挥员坐镇车头随时调整行车方向和路线，并保持与指挥机关的联络；二是押解大、要案犯罪嫌疑人或团伙犯罪嫌疑人时，最好要确保有足够的警力护卫。

（3）摩托车押解。摩托车押解的安全系数要比汽车押解小许多，速度比徒步押解要快，一般使用三轮摩托车押解犯罪嫌疑人，禁止使用两轮摩托车执行押解任务，三轮摩托车押解犯罪嫌疑人具体做法是：置犯罪嫌疑人于挎斗中，用绳、铐将犯罪嫌疑人紧锁在扶手上。若犯罪嫌疑人挣扎甚至反抗，可把犯罪嫌疑人的双脚、双腿也捆牢，然后将其放倒在挎斗里押送。除摩托车驾驶员外，至少还要有1~2名警察同车解送。后座上的警察担任警戒，同时还要对犯罪嫌疑人进行控制，不允许其"出头露面"。由于摩托车上警力有限，故在押解中，一定要注意两个问题：一是快速解送并力求直达，坚决避免途中纠缠、停顿，防止意外事故发生；二是最好有其他警力跟进或接应，若情况复杂、条件不允许，则要及时向指挥机关报告，请求支援。

2. 长途押解

使用汽车进行押解时，指定1名警察先上车在前左（右）角，然后命令犯罪嫌疑人有序地上车，不让犯罪嫌疑人坐在靠车门口或车窗口的座位，应将犯罪嫌疑人安置在便于监视和控制之处，押解人员位于犯罪嫌疑人的后方或对面、内侧，犯罪嫌疑人一律加戴械具，关好车窗，控制车门，防止跳车。押解多名犯罪嫌疑人时，要勤查看、勤点数，禁止犯罪嫌疑人东张西望、说话。要掌握上车、下车、停、开四个环节，严密控制车门、车窗两个地方。

多车押解时，要确定车辆编组，规定行车速度、距离和联络信号，并要留出机动车辆，以便替换途中发生故障的车辆，编组通常分为指挥组、警戒组、押解组和机动组，路途远时，还应有生活保障组。警戒组先头前进，负责线路引导，排除障碍。指挥组随后，负责指挥。押解组乘坐押解车，负责监视犯罪嫌疑人。机动组随后，负责应付突发情况的处理。车辆在行驶中，如道路宽直、视线良好，车距可保持在 30m～50m，通过城镇、拐弯、上下坡和复杂地形时，要缩短车距，减低车速。

（十一）特殊押解技术

特殊押解技术指人民警察以超常规的手段或方式，对犯罪分子或犯罪嫌疑人进行押解的技术方法，多用于特殊条件、不宜公开或大规模押解行动。

1. 以少押多

警察人数少于被押解人数时的押解方法。押解前，警察应在制服或使其畏服的基础上，采用二铐二、二铐三等方法，将被押解人进行有效的控制后，再进行押解。在押解过程中，如徒步押解，警察应处于被押解人身后侧 1m 左右的位置，监控前行；如乘坐机动交通工具押解，应使其背靠坐于地板上；必要时，警察可以持枪在手进行控制，以对可能出现的情况做出更及时的反应。

以少押多，由于被押解人数多，押解难度大，安全系数低，为防止其仗势反抗及集体脱逃，警察应特别注意：保持高度戒备，注意自身安全；时刻注视其双手及警械约束处，严禁其之间讲话或任何形式的交流；一旦出现反抗、脱逃或其他危险情况，应视情况立即采取强制措施予以制止，防止出现更为严重的危害后果；及时与上级及友邻联络，保证后援。

2. 秘密押解

指在不宜暴露押解意图，或者为配合以后取证工作而尊重被押解人的意愿、自尊心等情况下所采用的一种押解方法。根据任务需要或被押解人的性格特征，需采用秘密方法押解时，应先进行彻底搜身，确认无危险物品后，再行上铐或捆绑，并将铐、绳做自然性伪装；在押解过程中，无论是徒步还是乘坐公共交通工具，警察均应贴紧被押解人，外表自然，气氛和谐，做到既安全又隐秘。秘密押解，外松内紧、严密监控，不被假象所迷惑；随时观察其双手，必要时检查铐、绳的牢固程度，防止其暗中解脱；一旦发现被押解人反抗、脱逃等情况，应立即采取制服措施，及时改变押解方式，如遇无关人员围观，应机智灵活予以处置，并迅速离开。

3. 大规模押解

指对众多犯罪分子或犯罪嫌疑人进行集体押解的方法。大规模押解是一项复杂、艰巨且危险性极大的行动过程。在实施押解前，警察应首先成立押解指挥机构，指定押解行动方案和各种必须的应急处置预案；确定押解方式和路线；配备足够的警力和后续支援力量；将警力编成若干个战斗小组，明确其任务和职责；将被押解人分班编组，布置或发展耳目力量，实施内外监控；对所有被押解人使用手铐、警绳进行约束控制；宣布押解纪律和要求，实施保密措施。针对大规模的押解，必须采用武装押解形式。押解过程中，应对所有被押解人呈包围态势；各小组应按照分工，严密监视被押解人的一举一动，及时警告、制止违规及违法行为；指挥员应实施不间断指挥，随时掌握押解情况，对所发生的问题及时进行处理；应始终与上级保持通信联络，及时汇报情况，接受上级指导，确保押解任务安全、顺利地完成。

大规模押解，高度戒备，严防骚乱。严格遵守押解纪律和要求，执行押解计划，除遇意外情况，不得随意变动预定方案。押解途中尽量不停顿、不滞留，如确有必要停留时，时间尽可能短暂，同时要按计划加强警戒，严防出现意外情况。不经批准，严禁被押解人提问、相互交谈和任何形式的交流，更不许擅自停留、离队。如遇骚乱、暴乱或劫夺被押解人等危险情形时，指挥员应果断指挥所属警力，按预定方案坚决予以处置，必要时，可依法使用武器，确保警方安全和押解任务的完成。

（十二）押解过程中常见情况处置

押解中，由于种种原因，难免发生一些突发情况，了解处置常识，一旦发生情况，就能有条不紊、有理有节地正确处理。押解途中，不能允许嫌疑人会见任何人，也不能允许任何人会见嫌疑人。让嫌疑人自己去拾取有可能是他有意扔在地上的任何物品。被押解人提出大小便时，必须采取防止其逃跑或者乘机袭击押解人的必要安全措施。

1. 遇其亲属处置方法

押解途中遇到犯罪嫌疑人的家属、亲友要求接见和递送食品、衣物。应讲明政策，进行规劝，不准接见和不准递送食品、衣物。如发现强行要求接见和递送衣物、食品，阻挠前进时，应严词驳斥、提出警告，并强行将人犯带走。

2. 捡拾物品处置方法

押解途中犯罪嫌疑人将携带物品落在地上，不管有意还是无意，都应命令犯罪嫌疑人自己捡起，押解人员不得轻易去拾东西，尤其是单人或双人押解时，更应提高警惕，防止犯罪嫌疑人乘机行凶。

3. 上厕所处置方法

押解途中犯罪嫌疑人提出大小便，如乘汽车押解，不到预定地点，一般不允许犯罪嫌疑人大小便。如遇特殊情况需要上厕所时，押解人员应先检查厕所，不准犯罪嫌疑人关门大小便，不管犯罪嫌疑人是男还是女。犯罪嫌疑人进厕所后，押解人员应一脚在门里，用手和脚的抵力，形成半开门，以便监视和控制。

4. 患病处置方法

犯罪嫌疑人在途中患重病时，如条件允许应尽量与当地卫生部门联系，留人监守治疗。如病情不重，应到达目的地后再联系治疗。

5. 押解车辆抛锚处置方法

汽车在押解途中抛锚，一时又无法修复时，可令犯罪嫌疑人分乘其他车辆行进。如无车辆，可改为徒步押解或请当地公安机关协助，将犯罪嫌疑人暂时羁押在附近地监所。

6. 跳车逃跑处置方法

乘汽车押解时，如发生犯罪嫌疑人跳车逃跑，押解人员应立即通知停车，迅速下车追捕。

7. 企图劫持处置方法

押解途中，如发现嫌疑人同伙袭击时，应停止前进，令犯罪嫌疑人蹲卧在低凹处或快速向安全地带转移，并严加警戒。机动人员迅速强占有利地形，进行还击。如条件允许，应尽快与附近公安机关取得联系，请求支援。

8. 逃跑后处置方法

犯罪嫌疑人逃脱后，应追踪、搜索、堵截、捕获逃犯。在近距离追捕时，要迅速出击。一是跟踪追击。通常在看到犯罪嫌疑人行踪或确定逃犯逃跑方向或隐匿地点的情况下采用此法。应沿着犯罪嫌疑人的足迹或逃跑路线取捷径追击。二是包围搜索。当判断犯罪嫌疑人去向或隐匿地点后采用此法。追捕人员在当地公安机关的配合下，先加强外围控制以防再逃，然后对可能潜藏逃犯的洞穴、深沟、灌木丛、坟田、禾田以及周围的农舍等进行搜查。如发现犯罪嫌疑人进入庄稼地，应迅速采用包围搜索的方法，逐渐缩小包围圈，将其擒获。

如果犯罪嫌疑人潜入居民区，应首先控制其出入口处和主要街道口，依靠当地公安机关，逐片搜索。

如果时间是晚上，尽量封锁、包围犯罪嫌疑人可能逃窜的山隘、路口、桥梁等处，由于夜间搜索、联络、观察、追踪等都比较困难，通常围而不搜。派遣人员在路旁或小溪边秘密监听，发现目标立即追捕。

9. 击毙后处置方法

押解或追捕时，在迫不得已的情况下，将犯罪嫌疑人击毙，应保护好现场，报告当地政法机关，请求派人查勘现场，并如实说明开枪的原因、经过，以便记录在案备查。

二、从暴动越狱案谈看守所民警自身防护

（一）案情经过

2009年10月17日，内蒙古第二看守所杀害狱警后越狱的4名逃犯，有计划地选择周六休息日交接班时间，警力薄弱时用刀片杀狱警，换上狱警服装再公然逃出看守所。

当时4名犯人在正常劳动。据称，当时4个人将狱警兰某某叫到了隐蔽处，计划拿出事先准备好的刀具，首先割断兰某某的喉咙，然后切掉了他的右手指头。而另1名狱警则被捆绑好，衣服被脱掉。4名犯人，1人穿狱警的服装，另外3人穿便装。

他们用狱警的工作卡打开第一、第二道门，其后再用被割下来的手指，打开看守所第三道指纹红外线门。出最后一道门时，有一个叫田某某的看门人看到，身穿制服的人有点不自然，将贴有狱警照片的卡片递出来时，故意用手遮住了照片。田某某上前询问，被跟在后面的犯人砍了一刀，利用门还未关上的间隙，全部跑了出去。平时进出第二看守所时需要履行十分严格的手续，进出均需登记。门禁处都有监控系统，出入门禁均需刷卡或通过"鹰眼"系统（把眼睛对在机器上核实身份），出看守所的人数不对，应该很容易被发现。另外两个看门人跟出门来大喊，但4个犯人已经上了一辆正好停在大门口送人的出租车逃跑了。

（二）民警提高自身防护能力

内蒙古呼和浩特第二看守所罪犯袭警脱逃案件是近5年来情节最严重、性质最恶劣的一起狱内事件。这次事件作为一个标志性事件，值得思考、值得研究、值得总结的内容很多。

"四犯"杀害狱警脱逃得逞暴露出看守所警察人身防护的软肋。本案中，兰某某等3人在狱内突发暴力面前，尽管有所察觉，并作出了回应，但结果却是死的死，伤的伤，绑的绑，对罪犯的凶残行为束手无策，致使罪犯逃脱出狱门，引发恶劣的社会影响。发生这一现象，深刻地反映出当前看守所警察人身保护方面出现的新情况、新问题。

（1）从看守所设施来看，物防与技防设施并没有按要求配备，已有设施并不能有效防护警察的人身安全，中看不中用。

本案中，呼和浩特第二看守所的硬件设施应该说总体装备水平还是较高的。如狱内安装了监控探头、看守所有四道大门，甚至于第三道门有国内比较先进的虹膜识别系统，单警也装备了催泪瓦斯等。但在4名穷凶极恶的罪犯面前，这些装备和设施并没有发挥效用。当罪犯一发难，2名警察即分别被制住。所谓的催泪瓦斯并没有来得及打开。安装的监控摄像头被罪犯轻易绕开，不能监控到罪犯的行踪。在大门处，4名罪犯尾随警察走出三道大门，这说明门的设计和管理上有问题，不能保证一人一卡出入。就是在大门处被门卫发现，罪犯还是能打伤门卫夺路而逃，而门卫却无力还击，更不能说阻止罪犯脱逃。这说明看守所的物防和技防设施华而不实，实战效果比较差，难以保护警察和看守所的安全。

当然，监管设施没有完全按要求配备也是影响警察人身安全保护的主要客观因素。如本案中，看守所大门值班室内没有触发式报警装置，当罪犯打伤门卫冲出大门时，值班人员未能及时向近在咫尺的防暴队报警，错失抓捕时机。当4名罪犯持械强行冲向大门外道路时，门卫只能徒手追捕逃犯，缺乏枪械等制服性武器。这说明一些看守所的大门、围墙、电网、监舍和警察的装备还不符合监管安全的要求，无法有效保护警察人身安全。

（2）从罪犯方面看，在押犯构成趋于复杂，在押犯人数居高不下，改造难度增大，对看守所警察的人身安全威胁程度大幅提高。

目前，看守所关押收容总数持续上升，部分地区看守所在押犯爆满。在尊重人权的大背景下，一些罪大恶极、本可能判死刑立即执行的罪犯被判死缓、无期徒刑而入监服刑，这些人对看守所警察的人身安全造成了严重威胁。如本案中，4名罪犯都是暴力型罪犯，其中2名是死缓、2名无期徒刑。这些人长期以犯罪为业，恶习程度深，报复性强，善伪装，抗拒改造心理严重，改造难度大，总想伺机作案。当前自看守所布局调整工作开展以来，看守所物防、技防水平大幅提高，使得在押人员脱逃难度大大增加，但其对自由的渴望、对现实的不满加之脱逃无望时，一些凶残成性的在押人员极可能把犯罪对象从狱外转向狱内。监管水平的提高，脱逃率的下降，给人一种狱内平稳的表面现象，但实际上在押人员的深度问题并没有解决，惩罚与反惩罚、改造与反改造问题更加尖锐，大要案随时都可能发生。从这起内蒙古第二看守所的事件可以看出，狱内恶性犯罪活动的预谋性、暴力性、团伙性、欺骗性、突发性、疯狂性和多样性的特点突出，危害更加严重，在押人员暴力袭警、行凶，强行冲监脱逃等恶性案件发生的风险逐渐增大，民警人身安全受到严重威胁。

（3）从民警方面看，长时间在和平状态下，思想松懈、盲目乐观、麻痹轻敌，同时基层一线警力少，不能满足自身安全防范要求。

从本案看，少数看守所民警包括领导，存在着连续作战情况下产生的厌战情绪和麻痹思想，认为多年不出事，专政意识淡薄，盲目乐观。在思想上没有跟上形势的发展，基础工作不扎实，各项日常工作流于形式，许多行之有效的制度、措施没有得到完全落实。如内蒙古第二看守所虽然刚刚恢复设立狱侦科，但是人员少、设备差，侦查能力薄弱，工作开展不力，耳目不灵、敌情不明。从目前掌握的案情分析，这起案件经过了较长时间的预谋准备，在押人员对看守所内的建筑布局、监控探头设置、看守所大门进出程序等情况了解得十分清楚，从案发现场到达大门附近行走近20分钟能够轻易避开监控探头，而看守所民警对这些预谋活动事先一无所知。

民警直接管理也不到位。从这起案件可以集中看出，看守所民警没有完全做到直接管理，存在"管事犯"，库房钥匙由罪犯掌管，劳动任务由在押人员安排，导致在押人员能够避开集体劳动的人员，利用比较隐蔽的场所诱骗警察，实施袭击杀害民警，强行脱逃。

带班警力不足也是重要原因。"10·17"案件案发时间正值周六，又恰逢国庆安全保卫任务后警察轮休，造成100多名罪犯仅有2名民警带工，势单力薄，不能相互呼应，对罪犯的行动难以有效管控，致使4名在押人员有机会密谋纠合，诱骗、捆绑、杀害警察，实施脱逃行动。从近年的案件看，在押人员作案多是趁中午换班、单人值班、防范松懈之际实施作案。而民警由于编制的限制，18%的警力总体配备标准很难符合当前看守所高水平工作的要求，加上看守所企业生产管理、看守所机关后勤占用了大量编制，基层一线的警力更加紧张，造成敌我力量对比悬殊，对警察的人身安全保护极为不利。

（三）提高民警人身防护能力的具体措施

1. 思想观念上，用系统工程的观点来保护民警人身安全

看守所民警人身安全保护，是一项全局性、综合性的工作，是一项系统工程，绝不能就事论事，不能头痛医头，脚痛医脚。在思想上必须实现"三个结合"：即治"本"与治"标"相结合；单项治理与综合治理相结合；眼前措施与长远措施相结合；做到"三个转变"：实现从政策保护向立法保护转变，从单一保护向综合保护转变，从事后保护向事前保护转变。通过各种行之有效的综合措施，把保护民警人身安全与其他工作有机地结合和统一起来，如提高民警素质、落实经费保障、搞好看守所及关押点的布局调整、开展看守所信息化建设等基础工作结合起来，才能从根本上解决问题。

2. 制度建设上，提高综合运用各种手段的能力，建立和完善民警人身保护长效机制

加强看守所民警人身安全立法保护建设。为了保护看守所民

警执法的合法权益,近年来看守所系统采取了一系列的政策措施,如建立警察伤亡抚恤制度等。除了实行这些政策保护措施之外,还应该积极从立法方面寻求保护。首先,全国人大或人大常委会要出台破坏监管秩序罪的司法解释,对犯罪构成、量刑标准和程序予以细化明确,确保在执法中有法可依。其次,要研究罪犯袭警行为能否适用妨碍公务罪、故意伤害罪等,社会上对伤害民警、阻碍民警执法大多以妨碍公务罪、故意伤害罪等加以惩处,要考虑能否适用。

加强看守所侦查工作,把在押人员的恶性袭警案件消灭在萌芽状态。要深刻认识狱内工作的重要性,加强狱侦工作的组织建设,建立自上而下完备的狱政工作体系。加强研判机制建设,健全狱情、犯情、安全生产信息的收集、研判和安全风险分析评估机制,准确掌握在押人员思想动态和看守所周边敌情、社情动态,定期开展风险评估。要搞好狱情的搜集和处理工作,采取公开与隐蔽相结合的方式,建立畅通的狱内信息网络。根据各方面的信息,进行综合的分析,从蛛丝马迹中掌握敌情动向,推进狱内案件预防工作的深入开展,实现预防为主的工作目标。同时,要利用先进的科学技术装备,对一些先进的科学技术装备,如激光、红外报警、摄像监控、电脑指纹识别系统等,要加大投入,使之应用到看守所的狱侦部门,严密监视重点犯人的一切活动,及时发现和揭露犯罪,直接震慑和控制犯罪,切实保护警察执法安全。

实施在押人员分类,对不同在押人员实施不同管理方式。科学划定看守所等级,对不同警戒等级的看守所实施不同的管理模式、防范措施和建设标准,也是保护民警人身安全的重要手段。要加快调研,制定出台看守所戒备等级分类标准,按高度、中度、轻度戒备等级分类,真正实现对在押人员分别关押、分类管理和分级处遇。对每 1 名新在押人员进行危险程度测试和综合情况评定，然后依据测试结果，投送适宜的看守所服刑。对不同警戒等级看守所的在押人员实施不同的防范对策，尤其是对暴力犯要采取有针对性的防控措施，以提高看守所和民警的安全系数。

狠抓现有规章制度的落实工作，以制度促安全。看守所在多年的实践中，已经初步形成了一些具有中国特色并行之有效的制度体系。对这些好的制度，要始终如一地狠抓落实工作。要以"四个机制"建设为核心，把安全稳定制度执行情况作为对监所考核的重要内容，把贯彻落实规章制度的情况作为警务督察的一个重点，确保各项监管制度得到不折不扣的落实。当前，要以防逃和防袭警为重点，严格落实民警直接管理、罪犯互监包夹、狱内侦查、违禁品管理、特警内卫队巡查等制度，夯实各项监管安全工作基础，保障民警和看守所安全防范工作措施落实到位，从而切实消除深层次的隐患和漏洞。

深入开展"看守所专项排查整治活动"，以活动保民警和看守所安全。积极开展"看守所劳教场所专项排查整治活动"，对看守所管理工作中存在的问题和薄弱环节，进行"地毯式""拉网式"的全面排查，采取有效措施，认真落实整改，确保整治活动取得实效。要坚持排查与防控相结合，采取切实有效的排查方法，对看守所大门、围墙、禁闭室、会见室等重点部位进行检查督导，加强巡查力度，及时发现隐患。要根据看守所安全稳定工作特点和存在的隐患，认真研究制定整改方案，务必做到整改内容、整改标准、整改措施、整改资金、整改期限、整改责任人"六落实"，确保隐患得到整治。要全面落实安全稳定责任制，做好各地全面落实安全稳定工作责任制，抓住责任分解、责任考核、责任追究 3 个关键环节，切实做到责任明确、考核到位、追究有力。

3. 物质保障上，结合看守所布局调整和体制改革，改善看守所的物质设施，提高看守所民警人身安全的技术防范水平

加强单警装备建设。看守所按照标准，加大投入，努力提高警用装备配备比例，枪支、弹药等武器装备的配备率已基本达标，警用装备总体配备率有所提高，但还需要进一步加强和改进。在统一标准的基础上，应该重点加强应急指挥、看守所民警和罪犯行为轨迹定位和报警等技防系统建设，明确警用装备的配带、经费保障和日常管理等方面的要求，抓紧落实警用配备标准提出的各项要求，确实提高看守所安全的技术防范水平，以及科技对看守所民警的保护水平。要配齐警笛、对讲机、催泪瓦斯等单警装备，提高民警应对袭警、脱逃等突发事件的能力。

结合看守所布局调整，提高物防技防水平。要结合看守所布局调整，加大科技资金投入，提高物防技防水平、逐步提高看守所警戒设施的技术含量和装备水平，向科技要警力，向科技要安全。尤其是要在监控、报警和大门设施上提高科技含量，提高应急防暴制敌能力。监控方面，监所大门、围墙、会见室、禁闭室、警察值班室、劳动现场、学习现场、监舍（宿舍）走廊等部位应当安装视频监控装置，围墙应当安装红外线、雷达、泄露电缆等报警装置，构成智能监控报警系统。各区域视频监控应当与监所的监控指挥中心和驻监武警部队指挥中心联网。报警方面，监所内警察值班室、大门值班室、走廊、劳动现场等民警带班执勤部位应当安装触发式报警装置。大门设施方面，看守所大门应当分设行车通道和行人通道，设置A、B门。行人通道应当安装带有数字密码或人体特征识别功能的电子门禁系统、附带金属探测器的安检设备，行车通道应当安装防撞桩、破胎阻车器等防冲撞装置，配备车底视频监控探头和照明设备。大门内外应当划定警戒

线，留有警戒区域。

启动看守所建设标准的修订，规范看守所设计和建设，推动看守所按戒备等级分类。当前看守所布局调整工作总体上是好的，符合保护看守所警察人身安全的需要，但也存在一些值得注意的问题：在看守所建设的规划、设计上，没有充分体现看守所的性质、功能、特点，不利于保护警察人身安全；在看守所内部结构安排上，办公用房、备勤设施、附属场所投入过大，而监区投入不足；在看守所建设标准的掌握上，有的超出《看守所建设标准》的规定，追求监舍建筑材料、装饰材料材质的豪华，而对看守所物防技防设施投入不够。针对布局调整中出现的问题，要加快看守所设计标准的制定出台，总结出几种看守所设计模式，进一步规范全国看守所设计和布局调整工作，使看守所的布局、规模和建筑等趋于科学、合理，监控装备趋于现代化。重点是出台高度戒备等级看守所建设标准，推进看守所按戒备等级进行分类。

4. 队伍建设上，提高民警的整体素质，切实增强自身安全保护和遏制案件发生的能力和水平

进一步加强队伍的思想政治工作。对看守所民警严格要求、严格管理，确保严格公正文明廉洁执法，从源头上避免在押人员心怀不满。严格落实"双六条禁令"，绝不允许打骂、体罚在押人员，绝不允许索要、收受在押人员及其亲属的财物，绝不允许与服刑人员拉拉扯扯、称兄道弟。对违反法律、法规、纪律的，要依法依规严肃处理。

不断提高看守所民警的自身素质和执法艺术，避免矛盾激化。要进一步提高队伍的业务水平和专业技能，着力抓好公正文明执法教育，增强民警依法办事、秉公执法的意识和能力，从源头上保证执法公正，并注意引导在押人员正确对待计考结果，避免矛

盾激化，营造一个公平竞争、健康向上的改造环境，让罪犯在希望中改造。要加强能力建设，增强敏锐的搜集信息能力、快速的反应能力，增强掌握和运用新知识的学习能力，处理和解决突发事件和复杂情况的应变能力。同时，多层次、多途径抓好民警的培训工作，通过业务培训和系统性的案例剖析，加强启发指导，帮助警察掌握预防案件的规律，切实增强自身安全保护和遏制案件发生的能力。

进一步坚持和加强从优待警。当前，要加强警力配备管理，进一步精减机关科室，将警力充实到监区（大队）、分监区（中队）一线，新增加的警力要优先充实基层，确保监管改造一线警力达到干警总数75%以上。要进一步坚持和加强从优待警工作，对工作成绩突出的看守所民警大力进行奖励和表彰，奖励的方式既有物质奖励，也有精神奖励，形成良好的激励机制。要进一步完善和规范看守所体制改革背景下看守所民警工资、津贴和补贴等制度，在职务晋升、职称评定、住房分配、奖金发放等方面，满足他们的合理需要，解决他们的实际困难，尽力为他们排忧解难，使其感受到人生价值的实现。尤其是要进一步建立健全看守所民警伤亡抚恤制度，提高抚恤标准，不能让英雄流血再流泪。

三、国外监狱的警戒等级

为保障监狱安全，建立和维护良好的监管秩序，世界上大多数国家都根据罪犯的罪行轻重、刑期长短、有无逃跑和实施暴力行为的危险等因素，对监狱的警戒（戒备）程度进行分类，一般分为3个等级，即最高（高度）警戒监狱、中等（中度）警戒监狱和最低（低度）警戒监狱。

（一）最高警戒

1. 关押对象

最高警戒监狱的关押对象一般是重刑犯（尤其是暴力犯、恐怖分子等)、有逃跑等严重危险的罪犯。如美国的最高警戒监狱专门关押罪行最严重、危害性最大、刑期最长、拒不悔改及有逃跑可能的罪犯。美国约有20%的监狱属最高警戒监狱，关押的罪犯约占全国押犯总数的40%。在加拿大，罪犯被判刑后移至罪犯接收中心，罪犯接收中心负责对罪犯进行警戒等级分类。确定警戒等级不仅仅根据罪犯刑期的长短，而主要是考虑罪犯表现好坏、安全程度，包括罪犯犯罪行为的严重程度、逃跑和实施暴力行为的可能性等。最高警戒监狱关押危险性大的罪犯，这些罪犯可能会采取行动试图逃跑，如果逃跑成功则会对社会造成极大危害。加拿大约有35%的罪犯在最高警戒监狱服刑。澳大利亚的最高警戒监狱主要关押凶杀犯、强奸犯等具有重大危险的罪犯。以色列的最高警戒监狱关押重刑犯（10年以上监禁）和有严重危险倾向（如逃跑、暴力行为）的罪犯。新西兰的最高警戒监狱关押罪行严重、社会危害性大、犯罪历史长、人身危险性大的罪犯。如建于1965年的奥克兰最高警戒监狱主要关押以下几种罪犯：

① 对社会危害较大。② 被判无期徒刑的。③ 曾经从中等警戒监狱逃跑过或有逃跑可能的。④ 易于动用武力者、精神错乱者、贩毒者、同性恋者以及需要特别保护的罪犯。

据有关资料显示，在新西兰，被关押在最高警戒监狱的罪犯约占全国罪犯总数的1/4。阿根廷的最高警戒监狱主要关押重刑犯和暴力犯，而秘鲁的最高警戒监狱则主要关押恐怖分子。许多国家的法律都规定：关押在最高警戒监狱的罪犯如果表现较好，达到一定标准，可转入中等警戒监狱或最低警戒监狱服刑。

2. 安全管理措施及罪犯待遇

美国的最高警戒监狱就像是用钢筋水泥墙围起来的堡垒，整个监狱由高达6~10m的两道架有电网的墙围起。外围警戒围墙上设有岗楼,荷枪实弹的卫兵居高临下监视着监狱内外的情况,随时准备应付突发事件。狱内环绕整个围墙设无人区警戒带。整个监区都是封闭的。美国最高警戒监狱的安全管理措施主要有:

(1) 监视。狱警要不间断地监视罪犯,安装在全监区关键部位的闭路电视摄像机不停地扫视着,工作人员在控制中心观察着全监区的情况。

(2) 点数。狱警按规定的时间对罪犯进行点名记数检查。有些监狱要求每隔1小时点数一次。点数时如果发现有罪犯失踪了,其他所有罪犯都要被关进监舍里,直到确定谁失踪了为止。

(3) 违禁品(如麻醉品、武器)搜查。分为人身搜查和监舍搜查两类。人身搜查有两种形式:一种是脱衣搜查,使用场合较少,一般在入监时使用;另一种是着衣搜查,狱警可随时叫住罪犯,从上到下摸身搜查。监舍搜查是由狱警对监舍进行彻底搜查,搜查较为灵活,罪犯无法推测出要搜查哪一间监舍。

(4) 武器控制。看守所的武器库均应设在狱内的警戒区里,由武装的狱警守卫。武器库绝对禁止罪犯接近,否则警卫人员就可对其使用武器。在狱内,经常与罪犯接触的狱警不能携带枪支。

(5) 封闭。在狱内发生了较大的骚乱时使用,例如发生了严重的械斗或其他暴力事件,罪犯、狱警互有死伤,此时即封闭监狱。封闭意味着罪犯在1天24小时内都要被关在自己的牢房里,不能出去吃饭、娱乐、干活,直到恢复正常秩序为止。

(6) 设置两道大门。两道大门的作用在于防止罪犯在一个狱门打开之时,直接冲出监狱。任何人进出监狱必须经过两道大门,首先第一道大门打开进入第二道大门的过道;第一道门关闭后,第二道门才打开。两道大门是由控制中心利用电子系统操纵的,控制中心的狱警通过闭路电视系统监视着大门,与入监者通过内部通讯联络系统通话后才开启大门。由于美国最高警戒监狱的工作重点是保卫社会，防止罪犯的危险行为，因而对罪犯回归社会的工作做得较少，快要释放的罪犯还得转押到其他看守所去接受释放准备训练。新西兰的奥克兰最高警戒监狱设有闭路电视系统监视罪犯的活动。监狱内部分地区安装甲板、防弹玻璃，栅栏用锰钢做成，在环形防御线和运动场上安装特殊的报警装置。监狱四周安装电网，围墙四角各设一个监视岗楼，大门由电子装置控制。秘鲁的卡斯特罗监狱是最高警戒看守所，其周围布有雷区，高墙电网，监舍所有走廊都用钢筋封锁。监舍为挂式结构，单间牢房，每间房内有一架双层单铺、抽水马桶和一个洗脸盆，关押3名罪犯，轮流睡觉。1994年年底全监关押着1300名恐怖分子。该监文职管理人员仅40人，武装警察达350人，可谓戒备森严。

（二）中等警戒监狱

1. 关押对象

中等警戒监狱的关押对象主要是刑期较短、危险程度一般的罪犯。如美国的中等警戒监狱关押逃跑危害性较小的罪犯。这种"逃跑危害性较小"一是指罪犯逃跑的可能性较小；二是指如果罪犯越狱逃跑了，也极少伤害他人。多数女犯、未成年犯属于中等警戒监狱。美国约有40%的监狱属中等警戒监狱。加拿大的中等警戒监狱关押的罪犯的特征是：如果有机会，有可能逃跑，但逃跑后对社会可能不会造成严重的危害。大约有50%的罪犯在中等警戒的监狱服刑。新西兰的中等警戒监狱主要关押短刑犯，全国共50%左右罪犯被关在此类监狱中。

2. 安全管理措施及罪犯待遇

美国的中等警戒监狱是由设有岗楼的围墙和一道围栏圈起来的，也有的使用围栏代替石墙圈住警戒线。监狱入口也安装了两道大门，但监内各个区域用门隔开的设施极少。狱警对罪犯的管理较最高警戒看守所宽松，对罪犯的监视较少，允许他们在狱内自由走动。一般情况下，狱内很少发生逃跑、暴力等事件，故狱警的工作时间、精力用于安全方面的较少，大部分用于罪犯矫正方面，如文化课教育、职业训练、生活指导等。阿根廷的中等警戒监狱关押一般的刑事犯，没有高墙电网，罪犯在狱内的生活自由度比较大。罪犯集体居住，可以自己在监舍内做饭，白天到监外劳动，晚上回看守所居住。

(三) 最低警戒监狱

1. 关押对象

最低警戒监狱的关押对象一般是没有逃跑等危险、刑期短或将刑满的罪犯。如美国的最低警戒监狱关押没有逃跑危险的罪犯，包括刑期较短的财产型罪犯，靠得住的轻暴力犯，白领罪犯及刑期将满由较高警戒监狱转来的罪犯。美国最低警戒监狱约占全国监狱总数的40%。加拿大的最低警戒监狱关押危险性较小的罪犯，这些罪犯不会试图逃跑，即使逃跑，也不会对社会造成危害。约有7%的罪犯在此类看守所中服刑。澳大利亚的最低警戒监狱主要关押轻刑犯，如因酗酒、开快车造成伤害或其他事故的罪犯。新西兰的最低警戒监狱也称为"星级监狱"，主要收押罪过较轻且愿意改过自新的罪犯。据新西兰官方统计，被关押在最低警戒监狱的罪犯约占全国罪犯总数的1/4。阿根廷的最低警戒监狱主要关押即将刑满的罪犯。秘鲁的最低警戒监狱关押服刑总人数的1/3表现较好的罪犯。

2. 安全管理措施及罪犯待遇

美国的最低警戒监狱为了体现"最低警戒"，专门采取了不设防、校园式的建筑格局，没有武装卫兵，没有围墙、岗楼，有的甚至没有警戒围栏，监狱建筑物主要有宿舍楼、饭厅、教室、教堂、商店、图书馆、职业训练实验室等，整个监狱看起来就像是一所大学校园，有的看守所甚至像一所花园公寓（如伊利诺伊州的维也纳监狱）。狱警对罪犯的监管工作较少，普遍实行教育释放、工作释放等矫正计划，罪犯实行集体住宿，大部分罪犯有活动自由。近些年来，美国在实行"无围墙监狱"的最低警戒计划方面又有突破，建立了一些专门关押青少年犯的开放型监狱，如监狱农庄、监狱营地、监狱牧场、监狱职业训练中心、监狱林区村落等，这些监狱的监管更为宽松，罪犯享有很大的行动自由。新西兰最低警戒监狱内的罪犯每两个月可以放假3天回家。许多监狱还实行看守所外工作计划，即对那些刑期只剩几个月或几周的罪犯，允许他们白天到狱外工作，晚上回到监狱。有些青少年犯在有人担保的情况下可以每周回家1天。阿根廷的最低警戒监狱为罪犯创造接近社会生活的环境，允许罪犯与家属同居，过家庭生活；允许罪犯回家团聚、到社会上找工作挣钱。根据罪犯的表现，又分为3类：表现好的每天允许回家或在社会上工作12小时不受限制，表现一般的允许在社会上工作8小时，表现较差的允许在社会上工作4小时。监狱专门设有社会协助办公室，负责此类罪犯的管理和社区教育工作。许多国家的法律都规定：在最低警戒监狱中服刑的罪犯如果严重违反监规，如逃跑或有其他重大危险的，可转入中等或最高警戒监狱服刑。部门的运作系统，建立省级企业集团及下属公司，形成既独立于监狱，又能为罪犯提供劳动场所的母子公司管理体系，从而理顺监狱机关的职责权限，解决监狱管理中"缺位""越位"现象，使监狱生产适应劳动改造罪犯的本质要求。按照廉洁、勤政、务实、高效的要求和国际上通行的做法，监狱生产采取适当的措施后退出市场竞争，把精力集中在依法治监上，把目标定在减少和预防犯罪上，调整监狱各部门之间的责、权、利关系，避免职能交叉重叠和管理空白。

四、看守所警察个体预防袭警犯罪的对策

暴力袭警案件频发是近些年狱内犯罪活动的新情况，它以突发性、暴力性和危害性被看守所工作人员高度重视。暴力袭警造成的后果是极其严重的，不仅是对警察个体的人身权利的侵害，更重要的是对整个看守所执法环境的破坏，对国家行刑权力的公然挑衅。如2009年内蒙古第二看守所发生的"10·17"暴力袭警越狱案件，引起中央和自治区领导高度重视，相继作出批示，要求尽快侦破此案。案件经各大媒体的报道，一度成为全国人民关注的热点事件。对于狱内袭警犯罪的预防，尽管监狱采取狱情分析、危险犯控制、狱内侦查等手段，狱内袭警案件依然频发，这种现象不得不引起我们的反思。

（一）狱内袭警犯罪预防的迫切性

1. 发案频繁，形势严峻

近年来，看守所安全形势十分严峻，押犯成分构成日趋复杂，其中暴力犯罪、流窜犯罪、毒品犯罪、具有黑社会性质恶势力团伙犯罪、经济犯罪等呈明显上升趋势，看守所袭警案件发生率持续上升。有资料表明：1995~2000年，看守所民警在执法过程中牺牲的就有169人，因公伤残的达919人。看守所袭警事件频繁发生对看守所工作产生了严重影响。据不完全统计，2003~2005年全国看守所发生的13起袭警案件中，为了脱逃袭警的占78.6%，为报复而袭警的占18.7%。狱内袭警，不仅会挫伤看守所民警的士气和工作积极性，减损执法效果，而且弱化了看守所机关的执法权威，严重威胁了看守所的稳定和看守所警察的人身安全。尤其是看守所警察单独执勤，出现防范漏洞而牺牲，如内蒙古第二看守所的袭警案件，教训惨痛，因此，看守所领导和广大民警必须高度重视，并且采取切实可行的预防对策，确保看守所的稳定和看守所警察的人身安全。

2. 动机复杂，难以掌控

从作案动机来看，狱内袭警案件基本可以分为两种：预谋性袭警和激情性袭警。激情性袭警是指罪犯因一时的恼怒、气愤实施袭警行为。少数在押人员脾气暴躁，易于冲动，对民警的批评、处理不服，恼羞成怒，对民警实施袭击行为。如某看守所在押人员王某在厂区劳动时私自泡方便面，执勤民警指出后该犯不予理睬，民警让其离开，该犯还恶语顶撞："我就是不出去，你能拿我怎么样！"并动手打民警，被当场制止。这种袭警行为往往是在看守所民警管教过程中，缺乏必要的沟通和有效的交流造成的，有时是由于当事民警不能理性对待罪犯的对抗行为和过激言辞，采用强硬态度，反而刺激了罪犯的逆反心理，导致矛盾激化。激情性袭警犯罪，罪犯的注意力只在感情的发泄，突发性强，防范难度大。但这类袭警犯罪危害性一般较小，民警注重现场应急处置能力的培养，提高现场的紧急处置水平，就能使激情性袭警犯罪得到及时的控制。预谋性袭警行为的动机主要出自报复或脱逃等，预谋时间长，犯罪后果严重，对民警危害较大，往往造成民警的死亡，是狱内袭警犯罪防范的重点。

近年来，随着监管警戒设施的逐步完善，在押人员脱逃越来越不容易。于是，有的罪犯图谋袭击门卫民警，强行脱逃；有的罪犯图谋杀害民警，着警服，伪装脱逃；有的罪犯图谋劫持民警暴力越狱。内蒙古自治区第二监狱的袭警脱逃案件中，罪犯预谋长达一年多的时间。预谋性暴力袭警犯罪是罪犯在与民警发生人际纠葛后,怀恨在心,经过精心策划,有目标、有准备地实施暴力袭警犯罪的行为,或者是罪犯为了脱逃的目的,杀害民警获取警服或排除障碍,因此犯罪结果往往是罪犯事先设计好的,具有明显的预定性。罪犯预谋越久,准备越周全,袭警犯罪的隐蔽性就越强,危害就越大。狱内袭警的隐蔽性是由罪犯袭警的预谋性决定的。这种隐蔽性增加了袭警犯罪发现的难度,看守所民警很难透过表象发现罪犯袭警的动机,使得这类犯罪难以掌控。

3. 手段残忍,后果严重

从目前我国看守所发生的袭警案件来看,在押人员袭警手段残忍,特别是脱逃袭警的案件,其野蛮、疯狂、残忍的程度更加突出。既有用木棍袭击民警头部致死的,也有用电线将民警活活勒死的,对执勤民警的人身安全危害极大。福建省闽西看守所罪犯李某、张某在家属办理会见手续后,由干警林某带至分监区办公室会见。在会见过程中,李、张二犯乘林某不备,用电线将林某勒死,驾驶林某的私人小车,冲出看守所大门脱逃。在这起案件中,在押人员本性凶狠残暴,作案手段极其野蛮、残忍。作案时肆无忌惮,心狠手毒,对犯罪对象肆意摧残、杀戮,可见他们具有凶残野蛮的暴力特征。

(二)看守所民警个体预防袭警的前提:学会识别危险

在押人员在实施袭警犯罪前,在心理和行为上往往有所流露,如果能够细心观察,犯罪者的行迹是可以发现的。因此,需要看守所民警主动出击、多方搜集、全面观察在押人员主体的活动,以高度的警觉、敏锐的观察力,及时发现犯罪线索,达到预测的目的。在预测获得大量信息的基础上,经过整理分析,对可能导致狱内袭警的各种因素作出准确迅速的判断,有的放矢地制定有效防范对策。

1. 心理危险

据监所内袭警案件调查发现，袭警在押人员不仅多数属于抢劫、杀人的暴力型在押人员，而且文化水平低、技能差、家庭条件差，具有强烈的仇富、仇官心态。进入看守所后，受到严格的监管和控制约束，使在押人员失去人身自由和丰厚的物质生活享受，在押人员心理与看守所环境必然发生对立冲突。同时，在押人员关注的利益长期得不到解决，更能促使在押人员在私欲和利益的驱动下，实施脱逃、抢劫等暴力袭警行为。民警必须采取各种妥善的方法，随时掌握在押人员心理动态，明察在押人员实情，特别是对个别高危在押人员的心理动态更要时刻把握，定期给在押人员进行心理评定，对情绪波动较大的在押人员要讲究处理方法，进行针对性的心理咨询，排解他们的心理矛盾；对个别有攻击倾向或者心理、精神出现问题的罪犯要密切注意，对其言语、行动、人身能及时控制，防其突然袭警。狱内袭警案件中在押人员表现的心理危险，主要包括：其一，主观心理危险，此类在押人员思想极端反动和落后，仇恨社会，无视法纪，胆大妄为。其危险动机往往深藏不露，不易觉察，但在其策划袭警行动的过程中则不可能不留痕迹。只要我们善于捕捉信息，随时提高警惕，是可以预先掌握其动向的。其二，客观心理危险，也可以称作突发性危险。主要是由于客观因素而引发其袭警危险动机。如家人死亡、妻子提出离婚、民警管理不当或他犯的欺压等客观原因的刺激，使其思想上一时想不通而引发袭警暴力行为。对这类行为只要及时掌握情况，布置监控，做好工作，其危险是可以消除的。其三，心理疾病危险，神经系统患有疾病的犯人，在其精神病发作期间具有较大袭警危险，应严加看管。

2. 目标危险

目标危险指有些看守所民警本身具有一些吸引罪犯袭击的因素，有足以导致在押人员袭警犯罪动机的明显标志，使得其成为"合适"的犯罪目标。从被害人学来讲，这些人称为"易被害群体"，是指那些由于自身具有的某些人口统计学特征以及与之相关的行为特征而容易受到犯罪侵害的个人构成的特殊群体。例如，怀有脱逃袭警意图的在押人员，在物色其侵害对象时，往往选择符合犯罪条件的"合适人选"以及适合作案的犯罪实施场所。脱逃袭警旨在抢夺警服，虽然着警服的民警都会成为袭击的目标，但为了更有把握得逞，在押人员对作案目标都作了精心选择，以便找到易于得手的突破口。在押人员袭击的目标主要指向那些思想麻痹、缺乏警惕，或身材矮小、年老多病或刚刚从事看守所工作又缺乏对敌斗争经验的民警。如某看守所在押人员黄某为实施暴力越狱，将目标指向身材矮小、老弱多病的1名民警和1名工人，制造了袭警血案。在报复袭警犯罪中，看守所民警成为在押人员袭警的对象存在着目标诱发性。在看守所看押过程中，改造与反改造的冲突和矛盾必然存在。在这种冲突中，在押人员袭击的目标一般是与自己有怨仇的民警，少数在押人员在与民警发生冲突后，特别是在受到批评教育或是惩罚后，怀恨在心，使之产生报复袭警的念头。

3. 情景危险

情景是指看守所干警不幸陷于某种有利于在押人员袭击之情景，从而让加害者有可乘之机。在狱内袭警案件中，这种被害情景是指出现有利于在押人员袭警的空间、时间或警力状态组成的犯罪情景，或是民警被引诱到适合于在押人员袭警的不利情景。在狱内袭警案件中，单一警力、密闭空间、特殊时段等因素都属于易感情景。如鹿泉看守所袭警案件中,服刑人员周某向民警报告,有一部手机藏在监舍。由于手机属于看守所管理中的一类违禁品,民警立即带领周某到监舍搜查,从而出现单一警力、密闭空间等有利于罪犯袭警的情景,造成该民警被袭死亡。再如,郴州看守所警察朱某在该区三楼管教室找在押人员邓某进行个别谈话教育时,邓某趁民警不备,用一木凳突然袭击其后脑,致其当场倒地昏迷不醒,后终因伤势过重牺牲,朱某当时所处场所就是一个易被袭击的情景。

(三)看守所警察个体预防袭警的具体对策

1. 提高危机意识

看守所民警要提高自身的安全防护意识,特别是被害预防意识,是十分重要的。被害预防意识是指民警在看守所管理工作中,对可能遭受不法侵害及其严重后果所表现出来的一种警觉行为。"警惕应是警察的一种职业习惯,除了装备和训练之外,真正能救命的是个人安全意识。如果没有足够的警惕性,装备再好,训练再多也会被人轻易干掉。总之无论什么时候,眼睛要多看,耳朵要多听,培养自己的警察直觉。"被害预防意识包含思维和行为两个层面。首先,在思维层面,被害预防意识是民警对袭警犯罪现象尤其是对自身是否会遭受袭击侵害以及遇害后果的一种认识,这种认识是一切被害预防意识的前提,一个人防范意识的强弱,完全取决于他对犯罪行为及其后果的认识程度。其次,在行为层面,民警被害预防意识不只是停留在对袭警犯罪的认识上,而是在这种认识的基础上所产生的一种警觉性行为。具体而言,民警被害预防意识其实就是要求看守所民警形成警惕意识、防范意识、观察意识、应变意识,目的是看守所民警围绕自身安全,在遭遇特殊事件、处于危险场合、应对敏感罪犯时所具有的敏锐观察力、迅速应变力和高度的戒备心理。目前，关于这种意识的培养问题还很突出，这种意识的提高目前是教育多而训练少，政策法律多而具体操作动作技术少，读文件容易实际操作难。一没时间，二没经费，造成了能文不能武、勇敢有余智慧不足的状况。

2. 培养自我防护能力

由于看守所民警长期在看守所工作，有少数民警存在侥幸心理和麻痹思想，加之平时缺乏警体技能训练和防范措施，一旦发生袭警犯罪，有些民警防身制敌的能力不强，有时不但没有制服罪犯，反而付出了生命。血的教训唤醒每位民警要充分认识到看守所工作的危险性，一定要时刻警惕，增强防范意识，强化自我防护能力。看守所应坚持实战训练为主的指导思想，制订和建立民警必需的体能和技能培训规划，提高民警的自身防护能力。一是强化自我防护意识培训。看守所民警的自我防护意识差，必然会成为袭警中的牺牲者。二是进行自我防护判断能力的训练。自我防护意识的提高，还需要有准确的判断能力。如果 1 名民警对情况判断错误，就会导致自身伤亡。如果在押人员袭警情况发生时，应当使用什么样的警械武器来应对发生的情况，而且还要保证使用的应对手段在法律上、战术运用上是正确的，这种准确的判断能力，需要通过模拟情景的对抗训练来解决。三是进行防护装备熟练操作训练。每 1 名看守所民警上岗执勤时，必须按规定佩带防护装备。但先进的装备还需要有熟练的操作技能相配合。手铐、警棍等装备，必须放在随手就能拿到的地方，并且能够熟练地使用。要做到这一点，需要对每 1 名看守所警察进行实战操作技术动作的训练。这些熟练使用防护装备的训练，对保护警察自身安全极为重要，是自我防护训练中绝对不可忽视和缺少的内容。

3. 强化单警装备

针对当前狱内袭警案件多发的势头，要切实关心爱护看守所民警，加大经费装备投入，改善一线民警的防护条件，提高其防护能力，减少伤害。在经费保障的前提下，进一步完善警用装备，基层一线执法单位和民警，要配备一定数量各类驱逐性、制服性、约束性警械，防御性装备和警用武器。目前，一些单位对民警防护装备的投入明显不足，防护装备陈旧简陋，与民警及发达国家的警察相比警务装备十分落后，看守所民警除了携带老掉牙的对讲机以外，就只带着一张嘴，空着两只手参加到每天紧张而危险的执勤值班之中，难怪基层民警都戏称自己是玩"空手道"的。这种装备器材的现状与现在的严峻狱情形势不相适应，与刑罚执行和民警执法的本身特性和要求不相符合，也与看守所民警人身安全保护工作的现实需要差距较大。所以看守所必须尽快配齐、配强、配精专用警戒具和警用防护器材（可参照公安机关《公安单警装备配备标准》执行）。在民警预防袭警的器材装备中应提高科技含量。一般来讲，看守所民警应配备的防护装备有：一是报警装备，在民警人身受到威胁和攻击的时刻，民警能及时地把被害信息传递出去，除一般用的对讲机外，最好配备按压式的单警报警装置；二是制服和自卫器械，如警棍和手铐等。有一定数量各类驱逐性、制服性、约束性警械，防御性装备和警用武器。

4. 提高民警现场处置能力

首先，针对当前的狱内袭警形势，要建立预警防范机制，防患于未然。要不断适应罪犯袭警突发案件的新情况，提高看守所预测袭警狱情和处置罪犯袭警突发事件的能力，将狱内袭警的危害减少到最低程度，这是看守所民警的职责。科学、高效的预警系统，包括狱情预测、狱内侦查、危险甄别、教育转化、监管警戒设施和防控、应急措施等配套的预警系统。其次，要成立看守所暴力性突发事件应急指挥中心和应急防暴分队，制定多套符合实际、严密周详的《看守所处置突发袭警案件应急预案》，掌握对敌斗争的主动权。明确处置袭警犯罪应掌握的原则、方法及各部门的职责与任务，分工明确，责任到人，落实到每个具体环节。确保一旦发生突发事件，能立即启动预案，沉着冷静，从容应对。再次，要强化民警的现场处置。看守所发生暴力袭警案件需要一线民警立即行动，迅速出击，以强有力手段及时控制事态。一旦袭警案件发生，要启动应急预案和快速反应机制，采取措施，及时予以控制和制止。看守所民警在遭遇突发性暴力袭警时，应当沉着冷静、反应敏捷。看守所民警必须能够迅速掌握罪犯的真实意图，并迅速判断在押人员暴力所产生的后果，从而准确回应罪犯的袭警行为。这些要求看守所民警头脑要灵活，要善于随机应变，要反应敏捷，正确判断态势并作出回应。

五、看守所内劫持犯罪及应急处置

看守所作为国家的刑罚执行机关，维护监管安全是其首要责任。近年来，随着社会犯罪趋向高科技、智能化、团伙带黑社会性质和更加隐蔽的方向发展，看守所在押犯构成，狱情犯情都发生了较大变化。看守所内某些顽固抗改分子往往采取劫持人质的手段以期达到暴力越狱的目的，给社会造成了极为恶劣的影响。

（一）看守所内劫持犯罪的特点

看守所内劫持犯罪是指看守所内在押犯以暴力手段控制他人的人身自由，以残害、折磨被控制者即人质相要挟，强迫看守所或人质按其意愿行事，作为释放人质的条件的犯罪行为。看守所内犯罪是在押人员反改造心理的客观反映，劫持犯罪则是其极端表现，看守所内劫持犯罪相对于其他手段的看守所内犯罪来说有显著的特点。

1. 预谋性

看守所内劫持犯罪者要准备犯罪工具，他们一般是将凶器准备好后就地隐藏起来备用，有的则直接使用现场的生产生活工具，还要等待时机。主要是窥视有无可供越狱的监管漏洞或薄弱环节，分析在犯罪实施过程中可能会遇到的各种问题及采用何种犯罪手段解决问题。

2. 突发性

这种犯罪虽然有较长的准备阶段，但其行动诡秘、隐藏较深，事前多无征兆，加上时机的偶然性，突然出现对民警来说具有较强的突发性。

3. 暴力性

看守所内劫持者往往是一些罪孽深重的在押人员，一旦发生劫持情况劫持者的行为势必带有极强的疯狂性，他们会使用各种凶器对人质进行威胁以迫使看守所答应其脱逃的要求。因此看守所内劫持犯罪暴力性极强，另外劫持犯罪会激发其他在押人员的再犯罪意识严重威胁看守所的安全与稳定。

4. 目的性

看守所内劫持人质犯罪目的明确具体，劫持者总是把人质作为筹码要挟第三者其根本目的不在于伤害人质，而在于达到脱逃的目的，往往提出让看守所方面提供逃跑工具、经费等要求。

5. 传染性

看守所内劫持犯罪多发生在众多在押犯的注视之下，其发生发展及处置的结果对其他在押犯会造成直接的心理影响。如处置不当，尤其是当劫持者的部分犯罪目的达到时，会对其他在押人员造成极强的示范效应，从而增加再次发生此类犯罪的危险。

(二) 看守所内劫持犯罪案件的应急处置

1. 前期应急处置

劫持者在劫持人质开始阶段会有一个紧张、敏感的心理过程，这时其情绪容易激动自我控制能力比较弱，加上此时其与人质的处境处于迷茫之中。所以这时劫持者的心理会达到一种"草木皆兵"的程度。对单个劫持者而言，这个阶段可持续2小时左右，对多个劫持者来说，在押人员之间越信任这个时间就越短。在此阶段狱警的应急对策是，根据现场劫持者所持工具的情况进行形势评估。如不具备一招制敌的技能同时又不能避免使狱警受伤害的，那么最好的办法就是对在押犯进行收监。看守所内现场是一种特殊的现场，因为在劫持案件发生后，围观的不是普通群众，而是大量的在押人员。所以前期应急处置应立足于防止事态扩大，与此同时应以最快的速度将案情上报，等待专门应急处置力量的到来。对在押犯收监有利于对劫持案件的处置，减少武力处置时误伤的危险，减少劫持案件对其他在押犯的影响。在各种条件不成熟的时候，狱警不能贸然解救人质。首先，现场狱警无论是从警力还是从技战术水平及处置保障等方面考虑，都不能应对这类危险性极强的情况。若贸然行动可能会造成不必要的伤亡。其次，案发前期劫持者处于极度亢奋状态，思维混乱、判断能力较差、极易受外界环境影响，一旦遇到意想不到的刺激，就有可能伤害人质或狱警。

不支持由现场其他在押犯解救人质的做法。经过教育，多数在押人员能积极地改造，争取获得减刑。所以劫持案件发生后，现场有些在押犯会选择挺身而出，冲上前去制服劫持者。但是在押犯更不具备保证人质及其自身安全的技能，而且有的在押犯还会趁机捣乱，从而引起现场秩序的混乱。

2. 反劫持谈判

看守所内反劫持谈判的对象本身就是看守所内的罪犯，这与公安机关面对的劫持者有着重大区别。相对于公安机关处置劫持案件的谈判策略来说，看守所内的反劫持谈判有着更多的制约因素。

劫持者再次犯罪性质恶劣，看守所内劫持犯罪案件的劫持者是在押犯，这就决定了无论劫持案件如何处理，对劫持者而言，其最终受到的惩罚肯定比普通案件的劫持者要重。有的劫持者原本被判了死缓或无期徒刑，案发后他们直接面对的可能就是死刑。这个事实是双方在谈判时必须面对的，所以日常谈判中所说的"放下凶器是你的唯一出路"，"有什么问题我们可以商量解决"等都会失去意义。这些话会使在押人员产生被欺骗或空洞说教的感觉，此时政策的威力由于失去了必要回旋的空间而无法发挥其应有的作用。

"鼠器效应"明显，鼠器效应即由于劫持者以人质的安全相威胁而使参与谈判甚至处置的警察投鼠忌器。进而对谈判与处置策略的选择与行动的实施起到约束作用，在押人员暴力劫持人质的根本目的就是通过劫持的人质与看守所进行强制性条件交换，以实现自己的目的。不论是在劫持人质前，还是在劫持人质行动中，在押人员应该知道自己所采取的行动存在失败与成功这两种可能。但看守所内劫持者一旦开始行动，其面对的就是可预见的严重惩罚，所以在押人员会不顾一切。对人质的安全的威胁要远大于公安机关日常处置的劫持案件，我们知道，在谈判中，谈判人员受多种因素的影响，承受着巨大的心理压力。有学者认为，在直面突发性劫持人质事件，谈判者作为代表与劫持者进行谈判，以谋求和平解决人质危机时，其心理因受到来自社会责任感、人质生命、个人风险、时间限制等客观条件的影响而引起相关的反应，经一定的意识过程又形成了一种现实性的心理状态。相对于公安机关的谈判和应急处置来说，民警还要承受更多的心理负担，受特殊环境或历史原因的影响。

示范效应强，谈判效果差。看守所本身是社会刑罚执行的场所，改造与反改造的斗争每天都存在。脱离改造的约束，重新获得自由是在押犯的核心和最高目的。而劫持人质是实现这一目的的主要手段之一，受示范效应的影响，劫持案件的处置结果将直接影响其他在押犯实施此类犯罪行为的可能性。为避免劫持案件的再度发生，看守所警方不可能给劫持者太大的谈判空间，这对反劫持谈判产生了很大的约束力。

过于依赖武力，对谈判缺乏信心。由于看守所内没有专门的谈判人员，也缺乏相应的准备工作。因此谈判人员多系仓促上阵，对谈判的结果心里没底。同时全国看守所系统通过谈判成功处置劫持犯罪案件的较少，也使谈判人员对谈判的效果产生怀疑，从而对谈判更加没有信心，加重了对武力的依赖。

3. 武力处置

反劫持人质谈判和武力处置是应对劫持案件的两种重要武器。针对任何劫持案件，单纯使用反劫持人质谈判或武力处置都难以达到最佳的效果。反劫持人质谈判和武力处置就如鸟之两翼、车之两轮，只有把它们结合起来才能达到最佳的效果。通过谈判可以基本掌握，诸如劫持背景、动机和罪犯的态度等方面的信息，使得指挥人员能够预测罪犯的行动方向。与此同时，由于劫持案件的应急处置风险大，因此为避免可能造成的人质及狱警的伤亡，要做好武力处置的准备。如果劫持者拒不投降或有伤害人质的想法，就应当果断采取武力制服罪犯，解救人质。在具体的狱内反劫持过程中，根据现场条件的不同和劫持类型的不同，可采取包括远距离精度射击、秘密接近、实施突袭、正面近距离处置多种武力处置方式。

（三）看守所内劫持犯罪的防范对策

在押人员在实施劫持之前都会有一个长时间的思想斗争过程，由于对法律的恐惧和后果的不可预测性。在行动之前罪犯会出现情绪反常、精神紧张、行动异常等情况。我们可以通过加大对各种信息的收集、评估并根据罪犯的心理及行为的反常情况而采取各种措施进行防范。在平时工作中我们要立足防范、强化监管措施，堵塞工作漏洞，搞好综合治理，建立劫持人质预案。要从严从快打击劫持犯罪产生威慑效应，遏制劫持案件的发生。坚持分管分押，对危险系数高的罪犯要加强监视并做好重要地点、时段的控制。严禁携带凶器等危险物品，从每天入所的身体搜查，到监舍的定期或不定期的检查都要认真对待，对重点人要重点教育、严格监视、定期整顿必要时可变换监管场所。对生产生活必须的危险品如刀具、利器、易燃易爆品要严格控制。由专人看管并登记造册，上箱上锁定期或不定期地检查。看守所要加大先进侦查设施与技术的投入力度，提高看守所内的侦查能力，同时要充分发挥改造积极分子及耳目的作用及时掌控看守所内信息，从而建立科学有效的突发事件预警机制，把劫持人质案件消灭在萌芽状态。减少这类案件的危害，加强节假日、突然停电、恶劣天气等时间段的监管力度。要充分利用劫持者实施劫持犯罪前的矛盾心理，掌握其比较一致的外部行为，严密控制防患于未然。

劫持者比较一致的外部行为主要有伪装积极骗取狱警的信任。为劫持人质准备必要的工具，观察地形、警戒设施、了解社会风情和交通情况。看守所要建立一支快速反应防暴队伍，队伍要有组织、人员、时间及经费保证，由基层民警中身体素质好、受过警务技战术训练的警员组成。他们平时坚守在自己的工作岗位上，定时集中进行实战模拟训练并相应地提高其装备水平，一旦发生劫持犯罪案件，他们能够做到快速反应，统一指挥、协调作战。看守所要加大对处置劫持人质案件技战术及反劫持谈判的研究，加紧培养反劫持谈判人员和劫持案件应急处置人员，建立应急预案并经常进行有针对性的模拟演练是提高看守所内部防范能力的有效对策。

第七章 警务实战训练高级培训内容

培训对象为处级的领导干部,按照警种分为刑侦、治安、派出所、监管岗位。警务实战高级培训是作战具体部署和克敌制胜的谋略,是素质、技术、心理、智力的综合运用。在警察执法战斗中,对单警来讲,战术就是其个人在执法战斗中如何有效地运用各种警务实战技能的方法、手段;而对领导、指挥者来说,战术则是领导安全思想和指挥能力的体现,即领导的用兵术。

第一节 治安岗位培训内容

一、警务实战指挥工作程序

(一) 建立现场指挥部

现场指挥部全权负责对行动现场的指挥与处置工作。包括:制定处置原则和方案;决定启动现场处置预案和采取应急措施;调动部署警力;下达指示、命令;随时为现场工作警员提供各种支援、支持和服务;及时向上级指挥机构和上级领导报告情况。

1. 根据现场行动任务的性质、规模等决定现场指挥部指挥员构成,明确上级指挥机构和上级指挥员

如根据《处置突发恐怖袭击事件和重大刑事案件工作预案》的有关规定,发生较大突发恐怖袭击事件和重特大刑事案件,立

即启动处置突发恐怖事件和重大刑事案件专项指挥部,并组成由相关部门参加的现场指挥部。由局长任总指挥,主管副局长和相关市反恐怖工作协调小组成员、相关部门领导任执行总指挥,负责事件的具体指挥和处置工作。

现场指挥部由刑侦部门领导任指挥员,其他单位领导为成员。各分县局由主管刑侦工作的领导牵头,成立相应领导小组。一旦发生突发重大刑事犯罪案件,各级刑侦部门在市局统一指挥下,按照防暴处突方案,以刑侦为主,协调各警种、各部门协同作战,果断处置。

2. 根据现场行动任务的性质、现场态势决定现场指挥部构成

如市处置突发恐怖袭击事件和重大刑事案件指挥部下设专家咨询组、行动处置组、医疗救护组、情报信息组、新闻宣传组和工作协调组,根据各自职责分工研究提出工作意见。专家咨询组由生物、化学、核辐射、计算机、爆炸、谈判等领域的专家组成,负责对恐怖事件有关专业问题进行分析研究,提出对策建议;行动处置组由市公安、卫生、交通、武警、民政等部门组成,主要负责研究制定现场紧急处置、抢险救灾和打击恐怖活动的行动方案,并组织实施;医疗救护组由市卫生、交通等部门组成,负责组织现场救援和救治工作;情报信息组由市安全、公安等部门组成,负责收集有关恐怖活动和事件处置工作的相关情报信息,提出分析、预测和工作意见;新闻宣传组由市宣传、外事等部门组成,负责根据市应急委员会制定的宣传报道口径,组织涉及恐怖事件的有关宣传报道工作;工作协调组由市政府办公厅、外事、公安、安全等部门组成,负责协调涉及国际、外省市合作的有关事宜。

(二) 明确联动模式

1. 政府联动型

即由各级党委、政府牵头，公安机关负责人作为指挥架构成员，参与实战指挥工作。对于外地群众来京上访，协调国家信访局等部门参与处置工作。重大群体性上访事件（Ⅱ级）由市信访办牵头，成立现场处置指挥部，市信访办主要领导任现场指挥，组织相关单位部门力量赶赴现场，在发生地区县党委政府先期处置的基础上，开展处置工作，并上报情况。对于外地群众来京集体上访，协调国家信访局等部门参与处置工作。较大群体性上访事件由事件发生地党委、政府办牵头，成立现场处置指挥部，主管区长任现场指挥，组织相关部门在前期处置、维护秩序、控制事态的基础上，快速行动，及时开展处置工作。市信访办派领导到现场指导、协调处置工作的开展。对于外地群众来京集体上访，协调国家信访局等部门参与处置工作。一般群体性上访事件按照属地管理的原则，由各区县政府信访办组织相关部门、涉事单位及主管部门，成立现场处置指挥部，全权负责现场处置工作。对于外地群众进京群体上访及不属于本区县管辖的群体上访，上报市处理信访突出问题和群体性事件联席会议办公室，责成涉事单位、主管部门或协调有关部门到现场开展工作。

2. 警种联动型

即视实战的不同性质，按照既有的业务分工，分别由国保、刑侦、治安、防暴、交通、消防、警卫等职能部门牵头，协调其他警种，统一、快速处置各类群体突发性事件、重特大暴力刑事犯罪案件、恶性治安案件以及严重治安灾害事故等。要以省、市公安局或地（市）公安职能部门为主，形成专业攻坚拳头力量，以武警部队、分县局、派出所等基层民警为主，形成动态警力支援力量，合成作战。

3. 区域联动型

即在上级公安机关统一指挥下，跨区县、跨地域调度使用警力，在同一方向、同一目标形成警力优势，协作配合，共同完成大型处置任务。

4. 系统联动型

即按照业务系统职能范畴，分别由刑侦、治安、巡警、消防、警卫等上级职能部门统一指挥、组织、协调本系统警务资源，完成对专门案件、事件的实战任务。

（三）明确指挥中心权限

1. 先期指挥权

在紧急情况下，可先按工作预案或惯例通知有关单位和部门对发生的情况进行先期处置，同时按程序报告有关领导。

2. 直接指挥权

对一般的报警求助，指挥中心可以根据领导的授权，代表本级公安机关领导行使指挥权力，直接向下级机关或业务部门下达处警指令，受令单位和民警必须按要求赶赴现场实施处置。

3. 越级指挥权

遇有重大紧急报警求助和根据处警服务的需要，指挥中心有权打破指挥层次的界限，按就近调警的原则，实施越级调度指挥，然后向有关单位和主管部门通报情况。

4. 合成指挥权

基于当前某些大规模群体性事件、严重暴力犯罪和重大处警任务地域跨度大，涉及警种多，活动范围广等特点，指挥中心应根据事件、案件的规模、态势和危害，统一调度指挥相关的地区、部门和警种，协调整体作战。

5. 先期指定管辖权

根据警务实战的内容和现场情况，临时指令由某下级公安机关或公安机关某一业务部门、警种全权负责处置工作。

6. 信息收集、报送权

向本地区各级公安机关、相关单位了解和收集社会治安情况信息，并按信息报送规定如实上报。

7. 装备调用权

在紧急情况下，可直接调用本级各部门的交通工具、通信工具和其他装备。

8. 检查督促权

根据各类重大突发案（事）件工作预案或110警情等勤务工作需要，直接深入重大突发案（事）件、治安灾害事故、重大活动现场，检查各单位、各部门警力调动、出警速度及现场处置等情况，现场督导各项工作进展和工作预案的应用情况。

（四）开通现场指挥

1. 现场勘察

指挥员开通现场指挥部，首先应进行现地勘察，选择相当的指挥部位置。主要勘察现场指挥部配置地域的地形、周围的楼群建筑、交通通讯条件等。其位置选择要利于鸟瞰现场全貌，便于靠前指挥，便于上下联络以及隐蔽、安全。

2. 组织进入开设地

现场指挥部位置选定后，指挥员组织指挥部成员进入开设地。指挥部成员除指挥员外，还包括指挥情报收集人员和保障人员。

3. 开通现场指挥通信联络系统

指挥者到位后，应立即开通现场指挥联络系统，简洁明确迅速地下达指令，确保指令畅通。下达指令可采用手势、信号、喊话等非技术性手段和利用无线电台、有线通讯、计算机网络等技术性手段。

4. 及时上报情况

对现场情况要及时、准确上报，确保信息反馈渠道通畅，信息传递准确无误。特别是信息上报要保持连续性，至少分为初期、中期、后期接力上报。

二、处置群体性治安事件行动的指挥

（一）处置非法集会、游行、示威事件行动的指挥要点

非法集会、游行、示威事件，是指事件组织者和参与者事先未提出申请、或申请未获批准、或虽经批准而未按指定场所、路线举行的，因而扰乱了社会秩序和危害了公共安全的活动。其处置行动的指挥要点是：

1. 未雨绸缪，先期准备

非法集会、游行、示威事件通常有一个预谋、策划和准备的过程，为公安机关预先掌握有关情况，做好处置行动的先期准备提供了可能。因此，指挥员应强化情报信息工作，充分发挥本级专业力量和社会力量的作用，广泛收集和掌握有价值的预警性情报信息，有针对性地制定预防和控制措施。同时注意及时向党委政府和上级公安机关报告情况、提出建议。并积极配合党委政府和有关部门做好防范工作，力求将事件控制在酝酿之中或萌芽状态。

2. 快速布警，强化封控

在非法集会、游行、示威事件的始发阶段，应在党委政府和上级公安机关的统一指挥下，迅速启动工作程序，以最快的速度调集和部署警力，力争在事件群体行动之前对事件的始发地（集结地）形成封锁和控制，尽一切可能将事件群体控制在有限的范

围内，防止事件向始发地以外区域发展、蔓延，形成社会辐射面。同时，部署警力对事件始发地（集结地）和周围的重要保卫目标实施警戒，严防事件组织者和参与者冲击重要保卫目标。

  3. 梯次配置，分段拦阻

  当非法集会、游行、示威队伍开始运动时，应组织警力在正面进行拦阻劝解，并封闭队伍的两侧和后侧，全力将沿途围观群众与非法集会游行示威群体隔离开来，防止游行、示威队伍与围观群众混杂聚集一起。同时，要在非法集会、游行、示威队伍行进路线前方的主要路口、地段和目的地成纵深梯次配置警力，设置必要的路障，实施持续弹性的拦阻。必要时可依法对相关区域和道路实施管制。

  4. 依法施策，果断处置

  当非法集会、游行、示威事件升级恶化或出现打、砸、抢、烧等违法犯罪行为时，应依法果断采取强制手段和强制措施。采取强制手段和强制措施前，应按法定程序预先向事件参与者发出通告、警告。处置时，要调集和组织实战能力强的专业警队（防暴、特警），运用强力手段，对非法集会游行、示威群体实施强行驱散。同时，组织各种处置力量对事件的策划者、闹事骨干分子和违法犯罪嫌疑人实施抓捕。迅速控制和平息事态。

  5. 秘密监控，掌握证据

  处置行动全过程中，应组织专业力量开展现场侦查工作，对事件的策划者、闹事骨干分子和违法犯罪嫌疑人可实施秘密监控和取证，为实施抓捕和后续处理提供证据。

  特别提示：处置非法集会、游行、示威事件行动中，当发现有境外人员或外国人参与非法活动时，应指定公安外事部门依法妥善处理。

（二）处置群体性滋事、骚乱事件行动的指挥要点

群体性滋事、骚乱事件，是指在大型体育比赛、文娱、商贸、庆典等活动中的群体，由于某种诱因，情绪亢奋，交互感染而引发的严重扰乱和破坏社会秩序，危害公共安全的事件。其处置行动的指挥要点是：

1. 以快制快，先期控制

群体性滋事、骚乱事件突发的起因具有很强的不确定性和突发性，而且发生快、蔓延快、危害大。因此，行动指挥必须突出"快"字。指挥员接到警情后，应立即向党委政府和上级公安机关报告，根据上级的指示、命令，迅速启动工作程序，指挥属地公安机关快速出警，对事件现场进行先期控制。同时应力求在最短时间内，调动所属各部门、警种的备勤警力，快速集结于事发现场，封锁和控制主要路口、通道，封闭现场，有效控制和防止事态扩大、蔓延。同时应尽快查清和判明事件的起因、发展趋势，为定下后续处置决心提供客观依据。

2. 隔离疏散，重点警戒

群体性滋事、骚乱事件具有较强的暴力倾向和破坏性，事件群体的行为往往以攻击、侵害无辜群众和公私财物为主要目标。因此，应首先组织警力采取果断措施，对闹事区域实施隔离，并迅速劝导疏散事件现场内和周围的无关群众，保护人民群众的生命财产安全。同时，应专门组织警力对事件现场和周围的重要保卫目标实施警戒，特别要重点加强参与活动的领导、嘉宾、外宾和运动员、裁判员、主要演职人员的人身安全保卫。夜间行动时，要组织警力重点加强公共场所供电系统和照明设施的警戒保卫，严防事件组织者和参与者的冲击、破坏。

3. 示法为先，控其发展

群体性滋事、骚乱事件往往因某种突发的诱因而起，虽然具有较大的危害性，但事件群体多属临时聚集，组织性较差。在其尚未发展蔓延时，较易控制和瓦解。因此，在先期控制的前提下，应运用各种方式向事件参与者发出通告、警告，宣示国家的法律、法规，表明党委政府和公安机关处置行动的政策、决心，揭露少数不法分子的阴谋，正告参与事件的后果，以此震慑、动摇事件群体的行为决心，孤立少数不法分子。达到控制事件发展、蔓延之目的。

4. 合力处置，平息事态

当事件出现蔓延扩大趋势或打、砸、抢、烧等违法犯罪行为，处置行动需依法采取强制手段和强制措施时，应根据党委政府和上级公安机关的命令，主动协同武警等参与行动的处置力量，力争形成警力上的优势和行动上的合力。在此基础上，果断运用强力手段，对滋事、骚乱群体实施强行驱散，对秘密监控所掌握的事件策划者、闹事骨干分子和违法犯罪嫌疑人实施抓捕，迅速控制和平息事态。

5. 组织善后，恢复秩序

群体性滋事、骚乱事件往往会造成一定的人员伤害和公私财物损失。因此，成功处置后，应立即组织警力封控和清理现场，开展善后工作，尽快恢复现场秩序。同时，要采取必要的防控措施，遏制事件反弹。

（三）处置较大规模聚众械斗事件行动的指挥要点

较大规模聚众械斗事件，是指两个以上且参与者众多的群体，以暴力手段相互进行对抗、殴打和砍杀，严重破坏社会秩序、危害公共安全的事件。其处置行动的指挥要点是：

1. 防范为先，力保安全

群体性械斗事件参众者多，暴力性强，处置行动的危险性极大。因此，指挥员应高度重视民警的自我防护和安全。处置行动前，必须充分做好各种防护器材、装备的准备。处置行动中，在没有形成警力优势或现场情形十分紧急的情况下，尽量不与事件群体发生正面接触，以保证自身安全。同时，应尽力控制事态的发展和蔓延，减少人员伤亡和公私财物损失。

2. 先期控制，劝导警告

接到警情后，应立即向党委政府和上级公安机关报告。并根据上级的指示、命令，迅速启动工作程序，指挥属地公安机关对事件进行先期控制，疏散现场周围的无关群众，防止伤及无辜。要及时宣传相关法律法规和政策，尽力劝导警告械斗群体中止和放弃非法行为，尽可能不使事态恶化，为后续处置争取较长的准备时间。

3. 保持优势，形成威慑

群体性械斗事件目标指向性、暴力性极强。事件群体往往有恃无恐，气焰嚣张，一旦事态恶化，很可能在较短时间内造成大量人员伤亡和公私财物损失，并对当地的社会秩序、公共安全造成极大的破坏和危害。因此，指挥员应力求在最短时间内调集足够数量的警力和装备，快速集结、部署于事发现场，对事件群体保持力量对比上的优势，形成精神、气势和装备上的威慑。如事件现场和周围有重要保卫目标时，应立即部署警力实施警戒，严防事件群体冲击和破坏重要保卫目标。

4. 封闭现场，隔离接触

处置警力集结和部署到位后，指挥员应迅速指挥和组织处置警力占领现场有利位置，采取有效的封控措施，封闭现场，形成高压态势。同时，根据警方与事件群体方的力量对比和现场的具体情况，视情运用穿插分隔战术，将对峙的不同群体隔离开来，阻止对峙群体之间的正面接触和对抗，控制事态扩大和蔓延。

5. 分化瓦解，强力处置

当对现场有效实施封控，或将对峙的不同群体有效隔离后，应立即向械斗群体发出通告、警告，宣示国家的法律、法规，表明党委政府和公安机关处置行动的政策、决心，揭露少数不法分子的阴谋和参与事件的后果，分化瓦解械斗群体，争取以非对抗性的方式解决问题。当警告无效或事态有可能升级恶化时，应根据党委政府和上级公安机关的命令或现场的具体情况，依法果断采取强制手段和强制措施。应在运用强制手段对械斗群体实施强行驱散的同时，对事件的策划者、闹事骨干分子和违法犯罪嫌疑人实施抓捕，迅速控制和平息事态。

6. 清缴械具，处理善后

事件得到有效控制和平息后，应迅速组织对械斗或处置行动中受伤人员的抢救，收缴械斗使用的凶器、械具和武器。如械斗中发生人员死亡，或警方依法使用武器时，应迅速组织警力保护现场，并及时将情况向上级和有关部门报告，协同有关部门组织现场勘验。

（四）处置聚众堵塞公共交通事件行动的指挥要点

聚众堵塞公共交通事件，是指事件群体为达到某种目的，非法聚众在主要交通干线设置障碍，拦阻火车、汽车、船艇，堵塞铁路、公路、航道，控制车站、码头、机场等交通枢纽，严重危害国家交通动脉或城市道路畅通的事件。其处置行动的指挥要点是：

1. 快速反应，封控现场

聚众堵塞公共交通事件，不仅严重危害国家交通动脉或城市道路畅通，而且会直接造成巨大的经济损失和严重的社会影响。因此，处置行动必须快速反应，以快制快。当指挥员接到警情或上级的命令时，应迅速指挥调动警力集结于事发现场。警力集结到位后，要快速部署对事件群体聚集地的周边实施封控，劝散围观群众，及时、有效地控制现场，防止事态恶性发展、蔓延和扩大。实施封控时，要组织警力在现场外围的主要路口设置警戒线（点），阻入疏出，禁止无关人员、车辆进入现场。

2. 明理示法，劝导疏散

在组织警力有效封控现场的同时，要积极配合党委、政府做好法律、法规和相关政策的宣传教育工作，讲清道理，揭露危害，明示党委、政府和公安机关的处置决心，尽力劝导疏散占据路面的人员。劝导疏散过程中，要注意讲求政策和策略，积极争取大多数人的理解和配合，使其主动放弃违法行为，分化瓦解事件群体。以此孤立和打击少数事件策划、组织者和骨干分子。

3. 驱散抓捕，恢复秩序

当事件群体置若罔闻，无视劝导，继续占据路面阻塞交通，或出现事态恶化和打、砸、抢、烧等违法犯罪行为时，应根据上级的命令，依法采取强制驱散措施。行动中，应集中主要警力围控事件策划、组织者和骨干分子，以及事件群体的人员密集区，以列阵推进、挤压的方式，实施定向驱散，迫使事件群体沿预留通道离散。同时，组织专业力量对事件策划、组织者、骨干分子和犯罪嫌疑人实施抓捕。并组织警力快速清除事件群体设置的各种路障，疏导车辆，进行警戒，恢复和维护正常交通秩序。如遇闹事人数众多、阻挠时间过长或者暂时无法驱散等情况时，指挥员应当迅速指挥交警部门选择、开通其他路线，尽快疏散被堵车辆、船艇等，防止出现大面积的交通瘫痪。

4. 加强警戒，防止反弹。

事件有效处置和控制后，应组织警力保护、清理现场，做好善后工作。同时，要组织必要的警力，加强对铁路、公路、车站、机场、码头等重要目标及其周边的巡逻、警戒，防止事件群体重新聚集冲击、破坏和堵塞。视情可依法对局部区域、道路实施管制，遏制事件反弹。

（五）处置冲击重要目标事件行动的指挥要点

冲击重要目标事件，是指事件群体为获取某种利益或达到某种目的，聚众围堵、冲击党政机关、司法机关、军事机关、重要警卫目标、广播电台、电视台、通讯枢纽、外国驻华使馆、领馆以及其他要害部位或者单位，威胁重要目标安全的事件。其处置行动的指挥要点如下。

1. 快速布警，现场管制

冲击重要目标事件，危害性极大，社会影响极坏。如若处置不及时，将导致严重的甚至不可挽回的后果。因此，指挥员接警后，应迅速向受冲击的重要目标现场调动和集结警力，同时，视情依法对重要目标所在地及周边实施现场管制，封闭现场和相关地区。同时，设置警戒带，划定警戒区域，部署主要警力实施警戒拦阻，未经检查批准，任何人不得进入。应当根据有关规定严格控制媒体，未经上级批准，任何人不得在事件现场进行录音、录像、拍照、报道等采访活动。

2. 宣传疏导，控制事态

对企图冲击重要目标事件的群体，应积极配合党委、政府和主管部门做好宣传疏导工作，宣示法律，讲明政策，表明态度。力争以说服教育的方式，化解事件群体的对立情绪，控制事态的发展趋势。如发现事件群体出现冲击重要目标的迹象时，应及时发布通告、警告,讲清事件的性质和后果的严重性,揭露极少数策划者、组织者的阴谋和违法犯罪事实。同时,组织专业警力(防暴、特警、武警)列阵,展示重要目标不可侵犯的威严,动摇聚众者的对抗心理,力争劝散和瓦解事件群体。

3. 拦阻冲击,强行驱散

当事件群体无视警告,超越警戒线向重要目标实施冲击时,应根据上级的命令,迅速组织警力封闭通道,设置障碍,并依托障碍物,展开拦阻队形实施拦阻,抗击冲击。如事件群体利用车辆冲击重要目标时,应及时设置阻车器材,必要时可使用大型器材、车辆封堵大门和通道,阻止车辆冲击,同时伺机控制、带离驾车者。当事件群体冲击行为激烈,或出现打、砸、抢、烧等违法犯罪行为,不采取强制手段和强制措施难于制止时,应依法果断采取强行驱散措施,驱散事件群体,抓捕策划者、闹事骨干分子和违法犯罪嫌疑人,迅速控制和平息事态。

4. 保持戒备,防止反弹

冲击重要目标事件控制和平息后,应组织警力保护、清理现场,做好善后工作。适时解除管制,恢复社会秩序。同时,要组织必要的警力,加强对重要目标周边的巡逻、警戒,防止事件群体重新聚集冲击、破坏重要目标。视情可适当延长现场管制的时限,强化对进出重要目标人员及随身携带物品的查验,确保重要目标安全。

三、处置群体性治安事件行动的常用战术

灵活运用各种战术,是指挥员指挥艺术的体现,是处置群体性治安事件行动取得成效的重要条件。因此,指挥员必须熟练掌握和运用处置行动中常用的战术。

（一）示法攻心战术

示法攻心战术，是指针对事件参与者的心理活动规律和参与事件的不同动机，利用宣示国家的法律、法规和政策，明示事件的危害性和违法性，说服教育和劝导事件参与者，使其动摇退缩而中止和放弃违法行为，从而达到瓦解事件群体、遏制事态扩大目的的一种方法。运用该战术方法，应注意把握以下几点。

1. 了解起因教育劝导

充分了解和掌握事件的起因，把握事件参与者的行为目的和心理活动规律，有针对性地做好说服教育和劝导工作。

2. 利用资源形成压力

充分利用各种媒体、宣传工具和其他社会资源，大造政治声势，对事件群体形成广泛的社会压力，瓦解其社会基础。

3. 战术灵活组合使用

示法攻心战术应与其他战术方法和处置措施相结合，特别是与一定程度的威慑手段相结合。

该战术适用于各种类型群体性治安事件处置行动的前期和中期。

（二）封锁控制战术

封锁控制战术，是指群体性治安事件处置行动中，组织和部署警力对事发现场实施封锁控制，从而将事件群体控制在一定区域，阻止事件支持者、同情者和围观者进入事发现场，控制事态规模的行动方法。运用该战术方法，应注意把握以下几点。

1. 警力充足

需要有足够的警力实施，并应保留一定数量的机动力量。

2. 合围封锁

如果有足够的警力，且事发现场地域较小、地形有利、控制点较少时，可采取合围封锁控制的方法。部署封控警力时，通常可成 1~2 个梯队配置。

3. 重点控制

如果没有足够的警力，或事发现场地域范围较大，不便于实施合围封锁控制时，应突出重点，主要对中心现场及现场重要目标、附近的主要街道、路口和制高点实施封锁控制。该战术适用于各种类型群体性治安事件处置行动的中前期。

（三）拦阻堵截战术

拦阻堵截战术，是指群体性治安事件处置行动中，为阻止事件群体在某一地区集结、活动，或由某一地区向另一地区运动所采取的行动方法。运用该战术方法，应注意把握以下几点。

1. 收集情报设置卡点

要加强事先和现地的情报侦查，尽可能预先掌握事件群体集结、活动的地区和可能运动的方向、路线，主动在事件群体集结、运动的必经之路上部署警力、设置卡点，实施拦阻堵截行动。

2. 合理设置标识明显

合理选择设卡拦阻堵截的位置，尽量避开重要目标、居民区等易为事件群体所利用的地点。设立拦阻堵截卡点时，视情可设置拦阻器材等障碍物，并设置明显的标志。

3. 梯次部署拦截有效

实施拦阻堵截行动时，应采取纵深配置的方式部署警力，保持对事件群体拦阻堵截的弹性。

该战术适用于各种类型群体性治安事件处置行动的前期和中期。

（四）驱散抓捕战术

驱散抓捕战术，是指群体性治安事件处置行动中，依法采取强制措施驱赶遣散事件群体，抓捕和带离事件策划组织者为首的骨干分子和违法犯罪嫌疑人，有效恢复社会秩序的行动方法。运用该战术方法，应注意把握以下要点。

1. 准备充足保持优势。

实施驱散抓捕行动时，要做好足够的警力准备，形成力量对比上的优势，确保驱得散、捕得住。

2. 保持队形有效驱散。

通常采取列阵推压的方式，组织警力在事件群体聚集的现场一侧组成多列驱散队形，协同推进，迫使事件群体向预定的方向离散。也可采取穿插分割的方式，组织实战能力强的警力在事件群体中实施向心穿插，开辟通道，后续警力趁势迅速插入，对事件群体形成多快分割和包围。然后实施驱赶遣散与抓捕。

3. 控制现场有效抓捕。

实施抓捕前，应严密封锁控制现场，防止抓捕对象趁乱逃离。行动实施时，力求做到目标要明确，下手要突然，控制要牢靠，带离要迅速。

四、专项行动的组织与指挥

专项行动，是指公安机关为了重点治理某一特定时期中某一突出的社会治安问题，或重点打击某一严重或已形成气候的刑事犯罪而专门组织的警务实战活动。从某种意义上说，它是公安机关日常工作的集中体现和重头之戏。

（一）专项行动的特点

1. 针对性

社会治安状况是制定公安工作决策的前提和依据。大凡专项行动都应当是针对该时期本辖区某一突出的社会治安问题的。如开展的"打击整治黑车"斗争第一战役第一战，就是根据当时社会治安的非正常情况，集中时间、集中警力、集中目标，搜捕和打击已经浮在面上的严重社会现象，并一举中的，打出了声威，打出了实效。

2. 实战性

专项行动，顾名思义就是为专门解决专项社会治安而采取的行动，因此，有的放矢，采取实际步骤解决实际问题是专项行动最显著的特征，它是公安机关与违法犯罪活动最全面、最直接、最激烈的一种较量。主动进攻、先发制人、短兵相接、乘胜追击等则是专项行动最常运用的战术。

3. 目的性

专项行动是公安机关适应社会治安形势发展和变化而采取的实际步骤。因此，它就必须讲求实效。短促突击、重拳出击，不仅要及时果断解决一两个突出的社会治安问题，而且要稳定一个时期的社会治安形势，为公安机关夺取更大的胜利奠定基础。

4. 时效性

专项行动有别于公安机关的日常工作，它不仅有特定的内容、特定的空间，而且还有一定的时间。某一专项行动制定的战略任务完成了，那么这一专项行动也随之结束。从公安工作实践看，专项行动既不能过繁，也不能过长，1年至多只能进行两三次，其内容也不宜雷同，每次时间不宜过长。

（二）专项行动的常用战法

专项行动是公安机关警务实战的一项重要内容，它既要重视战略决策，也要重视战术实施。每一个专项行动一般都有相对应的运作模式，但有时由于专项行动规模大、涉及的内容多，也可能采取多种战法相结合的，并使之形成一个有机的整体。在专项行动中常用战法如下：

1. 攻坚战

专项行动一般说来都是为解决一个时期社会治安突出问题而进行的，所以，它必然也是一场攻坚战。确定明确的主攻目标，集中优势兵力打歼灭战，是其主要的特点。比如，公安机关在扫黄行动中，组织警力冲击赌场、卖淫窝点、吸毒贩毒场所等，就属于这一范畴。

2. 阵地战

公安机关在突出或带有地方特色的违法犯罪发现地，或团伙犯罪、系列犯罪比较猖獗的地区，重兵把守、重拳出击，牢牢掌握斗争的主动权，以达到守一方疆土，保一方平安之目标。

3. 闪电战

公安机关根据维护社会治安、消除治安隐患的需要，选择适当时机，对社会治安比较复杂的部位或违法犯罪分子比较集中的地带开展突出性治安大清查，以迅雷不及掩耳之势打击处理已被发现的违法犯罪分子，也给未被发现的违法犯罪分子形成大兵压境之威慑。同时，搜缴在现场发现的犯罪工具，排除治安隐患。

4. 运动战

公安机关根据违法犯罪活动的规律，对专项行动进行合理地布局。哪里有警情，就在哪里组织实施相关的专项行动。不按兵不动，也不守株待兔，在运动中寻找、发现并打击违法犯罪分子。如，设局聚赌的违法犯罪分子往往打一枪换一个地方，公安机关也要顺线追踪，紧追不放。

5. 斩首战

公安机关在专项行动中根据已经摸透的敌情，组织精干力量，单刀直入，擒获首要的违法犯罪分子。从而使团伙犯罪或最带有地方特色、行业特点的违法犯罪活动群龙无首，树倒猢狲散。

6. 宣传战

公安机关在专项行动中利用法律和政策的威力,向违法犯罪分子发动政治攻势,敦促其投案自首、坦白交待、改邪归正。同时,放手发动群众,打一场围剿违法犯罪分子的人民战争。

(三) 专项行动的组织

专项行动是公安机关在调查研究的基础上,为解决社会治安突出问题而采取的决定性行动。在做出战略决策之后,具体的组织与实施就要立即摆上议程,而且从讲求实效的角度来说,一步实际的行动比一打纲领更为重要。专项行动在组织与实施中,一般分为以下三个阶段。

1. 准备阶段

凡事预则立,不预则废。准备阶段是专项行动的先导与基础,指挥员务必做到及时、充分和到位。

(1) 全面、深入进行情报的收集与研判。公安机关要掌握社会治安工作的主动权,就一定要认真抓好情报工作,情报包括敌情、社情、民情、实情和警情等。在情报收集工作中,公安机关要敢于正视现实,要有忧患意识,要敢于报忧,善于见微而知著,有时宁可把问题看得严重一些。在情报研制上,指挥员要注意处理好情报量与质的关系,把定量分析与定性分析有机结合起来,抓住最有代表性的情报信息,明确专项行动的主攻方向及应采取的策略。

(2) 成立专项行动指挥机构。根据专项行动的性质与任务,确定指挥机构的规格。凡涉及全局性的专项行动或由当地党委、政府直接下达的专项任务,原则上应由当地公安机关一把手担任总指挥,凡属于公安机关某一警种应承当的任务,可由局分管领导或部门领导担任总指挥。在总指挥的管辖下,再按业务和区域分工，分设隶属于总指挥的指挥机构，保持公安机关内部政令、警令畅通。

根据"属地管理、分级处置"和相关警种各负其责、通力协作的原则，确定指挥机构人员。指挥员要做到有职、有权，要在其位谋其政，在上级的领导下，努力完成自身承担的行动任务，以形成专项行动的整体合力。

（3）制定专项行动的工作方案。工作方案是专项行动的指南，必须具有科学性、可行性和可操作性。工作方案要明确专项行动的指导思想和总体任务。要求简明、扼要、抓纲带目，纲举目张。要明确各警种、部门在专项行动中的具体分工，合理调配和利用警力资源，确定专项行动的主力军和方面军。要明确专项行动应采取的战略战术。"在战略上要藐视敌人，在战术上要重视敌人"。指挥员要做到知己知彼，用己之长攻他人之短。要坚持专门工作与群众路线相结合，组织和发动全社会积极参与，以形成人多势众、志在必得之势。

2. 认真做好专项行动的战前准备

（1）认真做好战前的请示与报告。专项行动事关全局，并将对社会产生重大影响。所以，指挥员在实施专项行动前，一定要加强请示报告，以取得当地党委、政府对专项行动的认可、支持与领导，把专项行动与党和政府的大政方针有机地结合起来。

（2）认真做好专项行动的战前动员工作。指挥员要向参战单位、人员及时下达行动命令，如有必要，还应召开动员或誓师大会，使每个参战人员了解和熟悉领导的决策和意图。

（3）认真做好战前的警力部署与安排。指挥员要根据专项行动的任务要求，上足警种，配强警力，在重点环节、重点部位要安排业务骨干，集中优势警力打攻坚战。全体参战人员都要做到召之即来,来之能战,战之能胜。

(4)认真做好后勤保障工作。"兵马未动,粮草先行"。后勤保障是专项行动取得成功的物质基础。后勤保障包括武器警械、通讯、交通工具、供电照明设备、生活起居必需品等诸方面。总的要求是:凡是专项行动所必需的,都要做到有备无患,保障有力。公安机关现有条件不足的,可以向上级领导或者相关部门求援。

(四)专项行动的实施阶段

1. 捕捉战机,适时发起行动

出其不意,攻击不备,是选择战机之要旨。从公安工作的实践看,专项行动一般都选择在违法犯罪的高发时、违反犯罪分子活跃时开展的,如公安机关在扫黄专项行动中,往往会组织足够警力,在夜间对某些藏污纳垢的公共娱乐场所进行冲击。

2. 参战单位和人员的定岗与定位

专项行动打响后,指挥员要从难、从严、从实战出发,迅速、果断、全面地进行警力部署,并按区域管辖、业务分工、技术专长等对参战人员进行定岗、定位,既防止警力部署重叠,又防止工作的疏漏和脱节。既要有投入专项行动的主要警力,也要有后援保障和机动的预备力量,以应对千变万化的实战之需要。

3. 及时掌握现场形势

知己知彼,才能百战百胜。在专项行动实施前,指挥员对面临的形势应有一个透彻的了解、深入的分析、正确的判断,既不能过于谨慎,也不能盲目乐观。对于打击对象所处的空间和状态,对于现场周围的各种环境与条件(如交通状况、制高点、核心部位等),对于现场周围人心向背等都要了如指掌。

4. 指挥实施专项行动

（1）由最高指挥员适时、果断、明确下达战斗命令，并逐步贯彻与执行。要保证政令、警令畅通，参战人员警齐划一、协调动作。

（2）要适时、正确实施行动。对于专项行动确定的重点打击对象，务必想方设法将其抓获归案；对于违法犯罪活动的主要部位，务必认真开展有针对性的清查工作，尤其是要认真做好违法犯罪的调查取证工作。该审计的要审计，该拍照录音的要拍照录音，对于脱逃的打击对象，一定要立即组织力量进行追捕，绝不能让其逍遥法外。

（3）指挥员要随时听取下属的工作汇报，了解工作进行，加强对参战单位、人员的协调与控制，并根据现场形势发生的变化，随时修正和完善专项行动的工作方案。凡遇到重大问题，要及时向当地党委、政府报告，并采取相应的应对措施。

（五）善后阶段

专项行动既要敢打敢必胜，也要善始善终。尤其是大规模的、突击性的、全局性的专项行动在实施之后，一定要认真做好善后工作，以取得社会各界的理解、认可与支持。

1. 现场处理

认真做好行动后的现场处理工作，对已设置的交通管制和警戒区要及时撤销，对被损坏的物品要进行必要的赔偿或补偿，对借用的设备要及时归还，尽快恢复现场的正常秩序。

2. 清点、登记、保管收缴物资

认真做好现场扣押、没收财物的清点、登记和保管工作，并及时办理相关的法律手续，防止丢失、侵吞、挪用、损坏等现象的发生。对于现场收缴的违禁品，要依法处理或依法销毁，不能让其重新流入社会。

3. 押送、收押犯罪嫌疑人

要认真做好归案的违法犯罪嫌疑人的押送、收押工作。专项行动往往收捕的违法犯罪人员较多,指挥员要部署执行任务的单位和人员采取严密措施,防止其乘机脱逃或出现其他意外。对在行动中新捕获的、需要立即予以收押的违法犯罪人员,要立即办理相关的法律手续。

4. 组织撤离现场

行动结束后,指挥员应当组织集合参战队伍,清点人员,检查武器与各种所携装备、器材,及时安全撤离现场。

5. 行动总结

指挥员应对专项行动进行全面、认真的回顾与总结,发扬成绩,克服缺点,以利再战。同时,根据专项行动中发现的诱发违法犯罪的因素和治安隐患,要建议、提示或者责成有关部门、单位制定整改和防范措施。

(六) 专项行动应注意的事项

专项行动是一项政策性、法律性、牵涉面广的工作,也往往是全警动员、全警参与的警务实战活动,因此应当注意以下事项。

1. 依法组织、依法指挥、依法实施

公安机关开展的专项行动是履行"三大历史使命"之必须,也是由公安机关的性质、地位和所承担的任务所决定的。专项行动必须在警方执法范畴内实施,不能涉及如计生、征地、征粮等非警务工作。参战人员必须是公安干警,其他任何辅助人员都不能成为执法主体。各级指挥人员都要调适自己所处的角色,在其位谋其政,不违法、不越权,也不错位。

2. 以人为本，取得社会的广泛理解和支持

开展专项行动，往往要进行必要的搜查和清查，但一定要注意把握好它的范围与力度，不能盲目搜查、盲目清查，搞形式主义，以致影响社会公民的正常生活和工作秩序。同时，要讲究搜查和清查的必要性、准确性与艺术性，对营业场所原则上要避开其营业的高峰期。凡能在日间开展的，就不要在夜间进行，凡能速战速决的，就不要拖泥带水，搞疲劳战。对于在专项行动中抓获的人员，一定要及时审查、及时甄别，要慎用人身强制措施，要坚持打击处理少数、教育和挽救大多数。

3. 有勇有谋，以智取胜

专项行动实施前，要合理布建特情耳目，或者相机派员卧底，以获取充分的、准确的违法犯罪信息，在专项行动实施中，运用各种谋略，引蛇出洞，创造最佳的行动战机。在应对智能犯罪、职业犯罪的专项行动中，公安机关更要注意运用高科技知识来克敌制胜。

4. 讲究领导艺术，提高指挥水平

各级指挥员一要注意培养和提高自己的政治和业务素质，做到强基固本，足智多谋，敢拼善断；二要注意调动下级指挥员和参战人员的主观能动性和创造性。在指挥中要坚持大权独揽、小权分散，要给下级指挥员一定的指挥职责与权限。在情况发生突然变化或遇到意想不到的问题时，要允许将在外军命有所不受；三要注意以身作则，当好下级指挥员和参战人员的表率。要敢于打硬仗，在必要的时候，也要敢于冲锋在前。身教重于言教，在行动中指挥员自身的表率作用，对参战人员来说，就是一个无声的命令。临危不惧、处世不惊、胜不骄、败不馁是各级指挥员应有的品质。

5. 注意做好安全防范，防止发生意外事故

在专项行动前，要充分估计可能发生的各种异常情况，包括打击对象铤而走险，孤注一掷可能引起的武装对抗和暴力行为；在行动中，要责成全体参战人员正确使用武器警械，防止发生丢失、被抢或或其他意外。实施高难度、高风险的抓捕或排爆行动，一定要三思而后行，不能超越参战人员的实际作战条件和能力，以防止不必要的伤亡。同时，还要注意行动对象的安全，在其可能脱逃的地点、位置和路线布控警力，防止其因亡命逃跑而产生的非正常死亡事故。

第二节　刑侦岗位培训内容

一、缉捕持枪犯罪嫌疑人行动的指挥

缉捕犯罪嫌疑人，是人民警察执法活动中最常见的警务实战行动，也是指挥员实战指挥能力的重要体现。本专题所指重大暴力犯罪嫌疑人，是指持有武器、爆炸物、劫持人质等犯罪行为并且对警方缉捕行动具有很大潜在危险的犯罪嫌疑人，也包括缉捕难度较大的团伙犯罪嫌疑人。

武器具有瞬间杀伤目标的特性。缉捕持有武器的犯罪嫌疑人存在着极大的危险性，如果处置不当随时可能发生伤亡。对此，指挥员在组织实施此类行动时应当重点把握以下要点。

（一）选择行动地点与时机

指挥员应当在充分了解犯罪嫌疑人所持枪支的种类、数量、弹药量、当前状态等情况的基础上，详细研判行动中存在和可能发生的各个危险点与应对措施，耐心细致地寻找、等待或者创造缉捕行动的地点与时机，以其意想不到的技战术手段隐蔽接近、

快速控制，绝不给对方留出反抗的时间，力保我方及群众安全。必要时，指挥员可亲自向抓捕组部署具体行动方法与要求，特别强调对犯罪嫌疑人双手的控制，实施重点指挥。常选择的地点与时机有：睡觉时；洗澡时；独处时；人、枪分离时；注意力集中在某一点时；醉酒时；双手被占用时等。但是，事物不是绝对的，选择行动地点与时机必须依据现场当时的具体情况而定，只要有利于安全并可达到出其不意的效果即可。

（二）处置力量精干

针对缉捕持枪犯罪嫌疑人行动，指挥员在组织、部署警力时应特别注意人员不在多而在精，利刃不在宽而在尖的道理。一是参与整个行动的警力数量一般不宜过多，只要能够满足行动的需要即可。假如不加评估而盲目调动大批警力身处现场，不但会造成难以指挥、协同不力和资源浪费，一旦发生枪战则极易发生误伤现象。二是应当选派那些心理素质稳定、战术灵活、警务技能过硬的民警组成抓捕组（突击组），以最精锐的力量对付持枪犯罪嫌疑人。同时，抓捕组成员应尽量抽自同一个单位或部门且彼此熟悉，最大限度地保证行动中的配合默契，这一点是十分重要的。

（三）保持火力优势

赤手空拳去面对犯罪嫌疑人的枪口是最危险也是最不明智的选择。针对持枪犯罪嫌疑人行动，指挥员必须要重视武器的装备、配置。一是全体参战民警均应装备武器，并根据案情、现场地形、各自承担的任务配置不同的武器种类。如缉捕地点是在室内，抓捕组成员一般应配备手枪等威力较小的武器，以防出现跳弹造成意外，而外围监控组成员一般应配备轻型冲锋枪等威力较大的武器，便于火力支援。狙击手则应配备狙击步枪、大威力武器，便于对目标实施远距离精确射击，以期在火力的数量与配置上压倒对方。二是一旦发生枪战，在条件允许的情况下应当及时发扬和保持我方火力的优势压制犯罪嫌疑人，以达到最终制服的目的。但是指挥员必须清楚：保持火力上的优势是战术的需要与部署，绝不是一定要使用武器即开枪射击，而应在战术运用、组织实施行动时尽量不开枪或者少开枪，力争不造成枪战的局面才是上策。

（四）赋予民警相应权力

在缉捕行动的现场，由于情况变化极有可能在瞬间发生，而身处现场的民警是最熟悉情况也是最危险的。对此，指挥员应当视情将使用武器的权力下放给现场民警，在强调侦破需求与遵守大原则的前提下，由现场民警根据情况变化自行决定是否开枪射击，这对保护民警安全、顺利完成缉捕任务是至关重要的。指挥员教条、盲目地将使用武器的决定权掌握在自己手里，会使现场民警缩手缩脚、顾虑重重，对随机处置非常不利，也极易造成行动失误甚至产生不必要的伤亡，这是违背实战指挥基本原则的。

二、缉捕持爆炸物犯罪嫌疑人行动的指挥

爆炸物在爆炸时具有反应的放热性、过程的高速性、产生大量气体物等特征，因此具有极大的破坏力和杀伤力。由于犯罪嫌疑人所持爆炸物的种类、数量、引爆方式、引爆时间的复杂性和不确定性，对实施缉捕行动造成了极大的困难，也对参战民警、周围群众及建筑物的安全构成了极大的威胁。指挥员应当以不使其引爆爆炸物为首要任务，并在组织实施缉捕行动时应重点把握以下指挥要点。

（一）情报准确

指挥员在接到警情后，应立即组织专门力量，迅速进行相关情报的调查、收集和研判工作。调查工作的重点为：

(1) 犯罪原因。如是蓄意破坏还是行凶报复，是敲诈勒索还是民事纠纷等。

(2) 爆炸物的情况。如爆炸物真假，包括犯罪嫌疑人有无接触爆炸物的可能与条件，有无制造和使用爆炸物的知识与技术等；炸药的种类与数量；引爆方式是明火类、机械类，还是电气类、化学类等。

(3) 犯罪目的。犯罪嫌疑人的企图与要求，警方能够当场承受或满足的条件与可能等。

(4) 心理状况。犯罪嫌疑人的性格特征、现场的心理状态与变化等。

(5) 社会关系。犯罪嫌疑人的亲属、朋友、领导、同事、关系人的基本情况，以及这些人员对其所能施加的影响等。

准确的情报是指挥员进行精确研判、定下行动决心和组织处置行动的依据，是关乎行动成败的基本条件。因此，指挥员在行动的初始阶段必须将指挥重心放在情报的收集，并贯穿于整个实施过程，以有利于形势研判、调整方案、定下决心和组织实施。

(二) 控制现场

在组织控制现场的过程中，指挥员应当着重把握以下几个环节。

1. 封锁危险区

是指以爆炸物为中心点，以爆炸所能杀伤的范围为半径划定的区域。对危险区必须实施严密封锁，禁止无关人员进入，并且尽量不安排或者少安排警力在危险区内活动。

2. 疏散人群

指挥员应当以最快的速度组织警力将危险区内的群众向安全地带疏散，并在危险区以外的适当距离设置警戒线，确保群众安全。指挥员应当根据现场和案情的具体需要，可选择先期疏散、秘密疏散或者边行动边疏散的方式进行人群疏散，尽量避免因惊动或者刺激对方而产生变故。

3. 确定警力部署位置

针对此类情况需要有若干警种、部门以及其他单位的人员（如医疗、水、电、气等）协同进行处置，现场势必会有许多人员。指挥员在组织警力时，必须依据其各自的任务与分工，明确各自集中的地点、运动的方式、待命的位置、利用的掩体和行动时的路线，禁止随意行动。除抓捕（突击）组、谈判组等必须的警力外，其他如保障、救护、消防、警戒、宣传等单位和部门的人员，应一律在危险区以外、警戒线以内待命，确保我方人员的安全。

（三）缓解气氛

控制和防止犯罪嫌疑人引爆爆炸物是指挥员组织缉捕行动的前提，是行动成败的关键之一。指挥员应严格管理参战人员的现场言行，做到内紧外松；在组织警力实施现场战术动作时，应尽量避开犯罪嫌疑人的视野，以免刺激对方而使其铤而走险；在使用谈判战术时，指挥员应强调谈判人员尽快与其达成互信并拖延时间，使用各种方法缓解、稳定对方的情绪，对于一般犯罪嫌疑人来讲，与对方交流的时间越长，和平解决问题的可能性就越大。指挥员应当想方设法缓和现场气氛，减弱双方的对立情绪，从而制止或者延缓其引爆爆炸物，争取安全解决或为采取其他战术行动争取时间和创造条件。

（四）谨慎处置

任何缉捕行动都会有风险，但更要讲究科学、合理的冒险，尤其是在对付持有爆炸物犯罪嫌疑人时，主动权毕竟不在我们手里，对此指挥员更要足智善谋，计划周密，谨慎处置。一是运用警力适当。应当注重选择特警、防暴等训练有素、经验丰富的警种作为一线处置力量，最大限度地提高行动的成功率，同时可大大降低行动的失误与风险。二是技战术运用突然。在战术设计上可在法律允许的范围内和自身具备的条件，充分发挥想象力，以犯罪嫌疑人意想不到的战术形式与技术手段发起攻击，使其措手不及，如：使用声东击西的诱骗战术；使用声、光（爆震）弹、高压水枪、隐蔽射击进行突击的技术手段等。三是善用时间。指挥员应当将"时间"作为好伙伴加以充分利用，如：需要谈判时，指挥员就须有足够的耐心去与犯罪嫌疑人耗时间，只要有利于达成行动目的就不要怕时间长。如果要采取突击行动，指挥员就应在较大胜算和确保安全的前提下紧紧把握一个"快"字，即把握战机快、下达命令快、组织协同快，同时更须要求抓捕组发起攻击快、动作衔接快、控制制服快。只要实施行动就不能给对方留有任何反抗的机会，最大限度地保证我方安全，制服、擒获犯罪嫌疑人。

三、缉捕重大暴力犯罪嫌疑人行动常用战术

缉捕重大暴力犯罪嫌疑人的战术是变化无穷的，全国广大的公安一线指挥员在长年的警务实战指挥实践中积累和创造出了大量的、极具操作性的战术方法，是我们学习、研究、发展缉捕战术的主要依据和宝贵财富，非常需要认真地进行总结和提炼。以下是在缉捕行动中常用的几种战术方法。

（一）包围突袭

包围，是指在警力部署时应将犯罪嫌疑人和其所处的场所进行围控，封锁住现场周围的道路、出入口等部位，切断其可能逃跑的所有路线。突袭，是指在隐蔽接近的前提下，以突然的方式、

第七章
警务实战训练高级培训内容

迅雷不及掩耳的动作制服、擒获犯罪嫌疑人的战术。在运用该战术时，一般先由监控组实施包围到位后，抓捕组再实施抓捕行动，外线与内线应配合默契，防止犯罪嫌疑人的逃窜。现场指挥员须靠前指挥，及时协调各组动作，一旦出现抓捕困难或者有脱逃现象，应立即组织监控组实施增援，加大警力投入，确保缉捕行动的顺利和我方的安全。该战术运用广泛，常用于对身处建筑物内、室外或混迹在人群中的单个和同伙犯罪嫌疑人的缉捕行动。包围突袭是公安机关在实施缉捕行动时最常用的战术之一。

（二）设计诱捕

设计诱捕，是指犯罪嫌疑人所处的位置、环境不利于或者无法实施缉捕行动时，指挥员充分运用谋略，设计将犯罪嫌疑人调离原来所处的位置，或者引入我方预设的缉捕地点进行抓捕的战术。运用此战术关键是设"计"，巧妙在"诱"。设"计"时要根据所获得的各种情报、现场地形环境、社情、时机等情况，制造一个看或听似真实、合理的虚假理由或现象，展现给犯罪嫌疑人。在实施"诱"时，大体分为直接引诱和间接引诱两种形式，直接引诱是指我方以各种身份直接对犯罪嫌疑人施"诱"。而间接引诱是利用犯罪嫌疑人的关系人或者其他社会力量协助我方施"诱"，无论使用哪种方法，均要求外表上要自然、真实、可信，使犯罪嫌疑人不知不觉进入圈套，待其醒悟已悔之晚矣。该战术多用于对犯罪嫌疑人处在装有坚固防盗门窗的室内、劫持人质、现场人员众多等情况和条件下使用。

（三）异地处置

异地处置，是指由于现场危险性过大、缉捕条件不成熟或者案件侦破需要，使犯罪嫌疑人脱离当时的现场环境，在此以外的地点实施缉捕的战术。运用该战术的前提就是先放其离开，而关键是要暗中实施监控，待其进入我预设地点或者时空条件成熟时再实施缉捕行动。在实施中，指挥员和参战民警均要有很强的耐心，既要做到不急不躁，外松内紧，又不能使其察觉我方企图，一旦机会出现即刻采取行动。该战术多用于对犯罪嫌疑人劫持人质、持枪、携带爆炸物或者为获取犯罪证据时采用。

（四）攻心

即以瓦解、打击、摧毁犯罪嫌疑人的心理防线为手段，达到缉捕目的的战术。攻心战术的方法有许多，常用的有以下几种。

1. 谈判

是指由专门的谈判人员，以与犯罪嫌疑人直接对话、交流的形式，使用晓之以理动之以情的劝说、宣讲政策法律、条件交换等为主要内容，达到突破其心理防线、放弃抵抗、自动归案为目的的战术方法。

2. 展示威力

是针对心理素质较差、并无真正斗志与警方对抗的犯罪嫌疑人，故意展示我方优势的警力、精良的装备、处置的决心和大兵压境的态势，必要时还可以限定时间继续施压，以期对犯罪嫌疑人的心理造成巨大压力，瓦解其斗志，达到不战而屈人之兵的目的。

3. 火力威慑

是指在双方不可避免发生严重对峙、枪战或其他紧急情形时，指挥员组织集中火力实施射击的战术方法。火力威慑的目的并不是要将犯罪嫌疑人击伤或者击毙，而是通过该种方法展示我强大火力与必胜决心，打击其负隅顽抗的信心，摧毁其心理防线，最终迫使其缴械投降。

攻心战术多用于反劫持人质，缉捕持枪、携带爆炸物犯罪嫌疑人的行动，以及犯罪嫌疑人处于易守难攻的环境时采用。

（五）围困

围困，是指在公开对峙的情形下，我方以密集的包围、用较长的时间将犯罪嫌疑人困踞在某个相对封闭的空间内，利用饥、渴、寂寞难耐等现象迫使其冷静思考、权衡利弊，最终放弃抵抗而被迫归案的一种战术。运用围困战术的前提，一是犯罪嫌疑人处在相对封闭的环境与空间，易守难攻，行动风险大，在短时间内运用其他战术难以奏效；二是我方警力充足，后勤保障有力，具备消耗战的各种条件；三是犯罪嫌疑人手中没有人质或者其他赖以铤而走险的条件。在实施中，指挥员应冷静耐心，不要急躁，要掌握犯罪嫌疑人急于脱逃或者负隅顽抗、期盼对抗的心理愿望，在不出意外的前提下大胆地与犯罪嫌疑人耗时，要有将意志、耐心拼到底的决心。

指挥员应当部署多个观察点，适时监控犯罪嫌疑人的各种表现，掌握其心理变化，研判其可能出现的动向，为采用其他战术方法提供依据。指挥员应当科学合理地安排警力，尽量不搞大兵团作战，以逸待劳，耗其疲惫。同时，指挥员可根据犯罪嫌疑人在各个阶段的不同表现，组织实施攻心等战术，瓦解其斗志。当犯罪嫌疑人被迫归案时，指挥员应立即启动接收方案，组织警力实施接收、取证等一系列善后行动，圆满完成缉捕任务。

（六）守候

守候，是指在犯罪嫌疑人可能出现的区域、地点事先隐蔽部署警力，待犯罪嫌疑人到达时实施缉捕行动的战术。在实施行动时，指挥员应将民警身份的伪装与设伏地点的选择作为重点，根据预设伏区域、地点的地形、环境、社情等情况，将警力以便衣形式，自然、秘密地部署在预定位置，不能引起无关人员的注意。当犯罪嫌疑人出现时，指挥员应指挥各组民警悄悄收拢包围圈，以等待或者主动的方式自然接近对方，待时机成熟时采取突然行动，一举将其控制、擒获。守候战术运用广泛，根据案情和缉捕行动的条件与需要，可在街区、室内设伏，也可在野外部署，成功率颇高，是各地公安机关最常用的战术，是克敌制胜的法宝。

以上各战术方法既可单独使用，也可根据现场情况综合或者交替使用。选择运用具体战术方法时，应以实现缉捕行动的企图为最终目的。广大指挥员更可充分发挥自己的聪明才智，在实战中创造和发展更加科学、实用的新的战术形式，为全方位提升缉捕行动的质量，降低实战行动的成本，减少甚至杜绝伤亡事件的发生而尽职尽责。

四、反恐怖袭击行动指挥

(一) 反恐怖袭击行动的指挥要点

1. 收集情报

对情报的收集与掌握是反恐怖袭击行动的根本前提。指挥员应当牢固树立情报为先的观念，时刻关注国际国内恐怖组织的动向，认真对待各种恐怖活动的信息，对疑似恐怖情况或者难以判断真伪的情报，则应采取宁可信其有，不可信其无的态度，防止因麻痹大意而铸成大错。指挥员只有及时获取敌情信息，充分进行正确的研判，才能掌握处置行动的主动权，情报不准甚至一无所知，只能是被动挨打陷于混乱。情报收集的主要内容有：国际敌对势力的动向；国际国内恐怖组织活动迹象；国家外交关系的变化；各种社会矛盾的转化；来自其他国家的警报等。

2. 控制疏散

是指对恐怖袭击事件的现场情形、危害程度实施有效控制，对相关人群进行快速疏散。恐怖袭击的目标多为重要人物、重要目标及大量无辜的人群，以爆炸、枪击、劫持等为主要手段，伤害面积大，后果难以预测。对此，指挥员在恐怖袭击发生时，应当迅速启动反恐怖行动预案，立即封锁中心现场，设置严格的警戒线，迅速将人群疏散至安全地带，以便开展施救、援助和处置行动，尽量减少人员伤亡和财产损失。同时，应迅速控制车站、码头、机场、交通枢纽、边境等相关区域，为侦查、搜捕恐怖分子创造条件。

3. 防控连环袭击

从观察和分析国际上发生恐怖袭击的方式中可以发现，连环袭击、同步袭击、同步劫持等现象越来越多，这样的做法可以更大程度地实现杀伤、破坏作用，加大人们的心理恐惧，也使反恐处置行动变得更为复杂。对此，指挥员应有充分的认识，在制定行动方案、部署警力时就应当有准备；在行动中，应当组织专门力量对可能发生连环袭击的区域、地点进行控制与搜索，尤其是在选择人群疏散路线与地点、开设现场指挥部、警（部）队聚集地点时，应事先进行安全评估和检查，及时发现和控制可疑人员与物品，防止出现更严重的危害后果。

4. 多方协同

反恐怖袭击行动是在党委和政府领导下由各个职能部门共同处置的一项特别的实战行动，需要军队、警察等武装力量和交通、医务、监测、水、电、气等社会力量多方面的鼎力配合才能完成的艰巨任务。在恐怖袭击事件发生时，按照行动预案的部署与要求，公安机关在依法履行本身职责的同时，应特别注意与友邻部门的密切协同。要了解友邻部门的职责、作用、位置、路线、标志等情况，熟悉相互间的协同方式，主动沟通，积极配合，充分发挥整体作战的力量和优势，达到有效处置的目的。

（二）反恐怖袭击行动常用战术

1. 主动出击

主动出击，是指在已经掌握了恐怖组织的行动企图、活动地点与规律等情报前提下，抢先制敌，主动发起攻击的一种战术。该战法可用于多种反恐行动中。在运用该战术时，情报准确是必备前提。应当详细搜集和掌握恐怖组织的活动规律、行动目的、袭击计划、袭击的手段、指挥的关键人物、恐怖分子聚集或者隐居的地点、拥有的武器装备等关键性情报，为主动出击提供翔实的行动依据。在此基础上，利用恐怖组织还没有实施行动前的空挡，寻找、抓住战机，使用精锐的突击警队，对恐怖组织的指挥机关、聚集或者隐居地点等目标，实施突然攻击，或摧毁其指挥机关，或捕获、歼灭其成员，从而将恐怖行动挫败在准备阶段，使其胎死腹中。其目的就是打击恐怖组织的指挥系统，破坏其行动计划，阻止恐怖事件的发生。因此在攻击中，应当重点打击恐怖组织的指挥机关、重点人物、重点设施等关键环节和部位，使恐怖组织遭受重创甚至灭顶之灾。

2. 隐真示假

隐真示假，是指在反恐行动中将自己的真实目的加以隐藏，而呈现出刻意制造的假象，诱使恐怖分子不知所措或者作出错误判断，从而达到自己行动目的的一种战术。该战术多在要人保卫、重要目标保卫、偷袭、强攻等行动中使用。在散布虚假信息时，其内容应当与我方的真实目的有关联以增加可信度，但在具体内容如内容、方式、路线、地点等环节上必须是虚假的。发布虚假信息的渠道应当带有一定的隐秘性（当然是刻意制造的），使虚假信息愈加具有可信性。只有虚假信息的逼真，才能误导恐怖分子的判断，进而诱使其定下错误的决心。还可在我方真实行动计划以外的地点、时间、路线、方式等具体部位与环节上，作出欲实施行动的部署、态势等逼真的假象，使恐怖分子在"眼见为实"或"亲身感受"的基础上，制订出错误的计划，采取错误的行动，为我方实现真实企图创造有利的机会。

3. 连环施计

连环施计，是指在一个行动过程中，同时或者连续使用多个计谋，每计均有独立性，计与计之间又有相互的联系，最终迫（诱）使恐怖分子在不知不觉中落入我方设计的陷阱之中的一种战术。主要适用于反劫机、反劫持人质等复杂行动。多种方案并举是运用该战术的突出特点。在制订行动方案时，既要有总体方案，又要制定各种相对独立的具体行动方案。应针对恐怖分子的企图、要求和现场具体情况的变化，推断出每一种可能出现的结果，分别制定各阶段和各重点环节的行动计划。特别提示：每个具体行动方案都应具有相对的独立性、完整性，即如果现场危情在这一环节得以解决，那么这套具体方案则可满足完成整个行动的需要；同时，每个具体行动方案又都是另一个（下一个）行动方案的铺垫和开始，使整个行动成为一个链状的有机整体。

衔接紧密是有效实施连环施计的关键。在实施行动时，指挥人员应当根据事态现状，及时决定采用相对应的行动方案，可在某一阶段独用一计，也可视情多计并施；担负不同处置任务的各警队和人员，如谈判组、支援组、突击组、排障组、侦查组、排爆组、监控组、狙击组、救护组、消防组等，必须依照指挥机构的统一指挥，加强协同与配合，特别是当事态从一个方面向另一个方面转化时，各行动组之间的任务转换要迅速，衔接要紧密，在外观表象上又要隐秘、自然，严防因暴露我方战术意图而惊动恐怖分子使情况发生意外变化，造成我方被动。在一计不成时，不要勉强实施，应立即启动下一个方案进行处置，依次类推，直到实现预期目的。

4. 快速遏制

快速遏制，是指恐怖分子开始着手实施恐怖行动的前期，如放置炸弹、毒剂或者已经潜入目标地等，但还没有造成危害后果时，予以提早发现、迅速反应、及时处置、遏制结果发生的一种战术。该战术多用于对付恐怖分子针对要人、公共场所的袭击（如枪击、汽车炸弹、人体炸弹、毒气）等反恐行动。高度警惕是运用快速遏制战术的首要前提。如今，恐怖活动的手段愈加多样化、复杂化，甚至无所不用其极，但是，在其实施恐怖行动的前期阶段，总会有一些蛛丝马迹显现出来。我方各职能部门如军、警、信息情报及担任社会行政管理任务的各级各类人员，应当具备和养成高度的危险意识和敌情观念，积极主动的观察、寻找不正常的可疑现象，一旦发现、接报有可疑迹象、人员、物品、车辆等情形时，应高度重视，立即上报，并采取相应措施。对待上述情况，应当宁可信其真，绝不可信其假，切不能主观臆断，漠视危情，以致铸成大错。

恐怖危情一经发现，应立即启动应急机制予以应对。指挥员应当立即启动预案程序，迅速组织处置力量以最快的速度赶赴现场开展工作，及时判断、确定和控制可疑人员、物品及事态；同时，协同相关部门如：交通、水、电、气以及陆、海、空、边防、消防等行政和军事部门，按照预案部署和指挥部的指令，迅速地各就各位，各司其职，视情迅速疏散人群、严密封锁现场，以防止严重危害后果的发生。同时，应迅速控制、制服可疑分子，弄清其身份、企图、同伙、行动手段、实施方式等情况，以便全面排除险情；应迅速检查、判断、验证可疑迹象、物品、车辆的具体情况，力争在其发生危害结果前（如施放、引爆、射击等）将其阻止、排除、转移或者毁损，从而将恐怖行动挫败在产生结果之前。

第三节　派出所岗位培训内容

一、"最小作战单元"勤务模式在派出所工作中的运用

新时期，社会状况复杂化、动态化的趋势越来越明显，如何在原有警力不变、投入不变的情况下最大限度地提升公安队伍的战斗力是摆在公安机关面前的重大问题。2007年以来，北京市公安局在全市推广了派出所最小作战单元勤务模式，不仅解决了警力短缺和工作效能低的问题，而且调动了民警工作积极性，适应了治安管理面临的新形势、新任务，实现了派出所工作的新进步、新发展。

（一）最小作战单元勤务模式的特点

最小作战单元的理念最初运用于军事活动之中，是运用基本战斗实体实现资源优化配置的工作平台。"最小作战单元是一线公安机关开展警务活动的基本战斗实体，是实现社会面警力优化配置的工作平台，包括社区防控单元、警区探组、便衣队、治安组、巡逻车组等战斗实体。要以提高单元内部的协同作战能力和一线民警的单兵作战能力为目标，强化组织指挥、优化警力配置、加强装备保障、提高民警素质，最大限度地增强最小作战单元的战斗力。"运用到警务工作中的所谓最小作战单元勤务模式，就是把派出所辖区参照行政管辖、地域状况、治安复杂情况、人口状况等因素，再结合警力情况划分为几个单元，每个单元由一定人数民警组成，划分以"责任田"的形式将单元责任落实到各战斗小

组,将原来相对独立的治安民警、巡逻民警、社区民警捆绑在一个最小作战单元内实行整体作战,每个最小作战单元由分管所长、警长、社区民警和治安巡逻民警组成,共同负责打、防、控等工作。在最小作战单元日常勤务中,治安、巡逻民警职责任务不单独划分,而是共同承担案件查处和巡逻出警工作,解决了出警的不管取证、取证的又不管出警的脱节问题。在警情异动时,最小作战单元内部全体民警捆绑作战,社区民警和治安、巡逻民警围绕发案共同开展工作,解决了过去社区民警只管防,治安民警只管打,巡逻民警只管出警的问题,既充分发挥了一警多能的工作潜力和作用,又均衡了各警种间的劳动强度。遵照最小作战单元勤务模式建设原则,各派出所以科学配置警力为切入点,通过细化任务分工,落实单元责任,实现规范管理。

(二) 最小作战单元勤务模式运行机制

1. 优化组合,合理配置单元警力,规范单元设置

派出所最小作战单元通常按照以下因素来划分:第一,参照辖区人口分布状况,包括常住人口、暂住人口、境外人员等情况;第二,参照辖区地域特点,包括面积大小、所处地理位置等;第三,参照治安复杂地区、场所因素,包括歌舞厅等文化娱乐场所、商业市场、重点单位、要害部位、中小学数量的多少;第四,参照有关数据常量,包括110刑事类警情、接报刑事案件、治安警情和破案抓人常量等数据常量;第五,参照派出所的警种、警力数量及警力个体素质等情况。

北京丰台分局玉泉营派出所辖区内的新发地农产品批发市场占地1 500多亩,是目前全国最大的农产品集散地。由于人、财、物流通频繁,各类治安问题十分突出,市场及周边地区警情和发案数量占到整个派出所的近60%,成为拉动全所警情走势的重点

地区。在认真分析研究新发地市场连续3年的警情数量、种类、发案时段和部位，归纳各类案件发生的原因，查找防控漏洞的基础上，对市场各类警情数量与民警单兵处理常量进行核算，以此为根据，玉泉营派出所组建了新发地市场综合作战单元。在原市场警区10名民警的基础上，充实治安、巡逻、综合岗位并立足市场内打防控工作需要，分设3个常规防控组、一个专职巡逻组和一个便衣打击组。

北京原宣武公安分局广外派出所第三最小作战单元针对门店多、餐馆多、流动人口多等特点，第三单元针对4个社区的地理环境、人员状况及治安秩序复杂程度等进行了认真的分析研究。为进一步科学调配使用警力，通过管好、控好社区，提升辖区整体打击、防范、控制水平，并根据民警工作状态和业务能力，本着"互帮互补"的原则，对原有警力重新进行了合理搭配，将单元内配置的14名民警，组成由社区、治安、巡逻三警合一捆绑搭配的4个联合作战小组，由副所长具体负责。责任区所有门店、餐馆、出租房屋、旅店等全部纳入社区管理，每个联合作战小组实行社区民警主责，带领作战小组成员固化社区开展工作的运行模式。即由社区民警负责，实行治安、社区、巡逻民警ABC角互换责任的运行模式。社区民警负责社区的全面工作；治安民警主要负责社区的单位、门店、出租房屋等检查整治工作；巡逻民警主要负责社区内辅警力量的整合控制工作。在社区民警不在岗的情况下，由社区民警责成小组成员1人负责，抓好社区管理工作。同时，作战小组成员均要熟知各警种工作规范，在缺少警力时，做好相互间的配合，共同承担每日社区情况汇总、报送工作。社区警情、立破案和拘留情况的考核常量由作战小组共同承担，本着"以块为主，共同控制"的原则，由作战小组自主安排勤务，深入社区完成既定工作常量。

北京东城公安分局交道口派出所的第二最小作战单元通过对现有警力的年龄、身体条件、工作经验、专业特点等方面逐一进行分析，在人员配置上实行"双搭配"原则，即年长民警和年轻民警搭配、业务骨干和新警搭配，将单元内部民警划分成3组，每组2~3名民警且相对固定，保证了每个组实力均匀、业务能力全面。

2. 穷尽单元责任，突出动态管理，建立规范化的勤务管理运行机制

为确保责任落实、措施到位，最小作战单元根据北京市公安局的相关工作要求，紧密结合本单元实际，大多按照以下原则展开勤务运行。第一，坚持"警力跟着警情走，领导跟着警力走"的原则。每个最小作战单元每天都要按照警情的变化调整警力，保证做到哪儿警情突出，警力就及时调整到哪儿去，而警力到哪儿，分管所长就要到哪儿，随警作战，在一线组织、指挥、检查最小作战单元的勤务工作。第二，坚持"常量"指导勤务工作的原则。最小作战单元以最小作战小组为基础，按照穷尽案件、穷尽责任、穷尽地域的原则，对辖区历年来警情发案情况进行详细统计，以及对发案趋势进行科学分析预测，科学测定每个最小作战小组及民警的打防常量，量化打防责任，强化绩效考核。如北京原崇文分局天坛派出所依据每个最小作战单元的业务常量，制定了派出所最小作战单元防控、打击、整治的等级防控方案。勤务指挥单元对其他最小作战单元辖区的警情实时监测，警情达到或超过常量标准，立即启动相应的等级方案，部署单元调整警力安排，强化巡逻防控；连续3天辖区未发生够立案标准的刑事警情或少量侵财警情后，可恢复日常防控方案。第三，坚持勤务工

作"弹性化"的原则。各最小作战单元要根据每一天不同时段警情的特点和规律,在警力的投量、投向和时间安排上,坚持做到"两个有利于",即有利于警力与警情的"三高"变化同步浮动,有利于根据其他工作的实际需要安排警力,调整勤务时间。第四,坚持"整体作战"的原则。各最小作战单元中,民警之间虽然各有分工、各有侧重,但在新的勤务模式下,必须要改变过去那种以"条"为主、多为单兵作战的工作方式,要坚持以"块"为主,形成一个整体,进行"捆绑"作战,发挥最小作战单元的整体优势。第五,坚持明确责任、综合考评的原则。每个"最小作战单元"都有明确责任,有的承担辖区内的基础防控、执法办案、治安整治、人口管理等工作;有的负责疑难案件攻坚克难;有的负责街头巡逻、110快速出警和打击现行;有的布置在重点地区形成威慑力量,压住发案率,处理求助类警情。派出所将最小作战单元完成每月打防工作常量指标作为整体考评的标准,将民警个人绩效考核纳入单元的综合考评,实行单元内部每名民警荣誉共享、责任共担。科学合理的考核机制,使民警工作变以往的"等活干"为"提前想""找活干",变被动为主动。

(三)最小作战单元勤务模式的效能

派出所在最小作战单元建设中,坚持把"整体防控、精确指导、精确打击"作为工作思路,最大限度地优化了警力资源,提高了整体战斗力,为基层勤务规范化建设向纵深发展起到了推动作用。

1. 最小作战单元勤务模式的运行有效地促使指挥决策者发生了转变

第一,促使指挥决策者由感性思维向理性思维转变。最小作战单元所的领导是这个单元的灵魂,是勤务指挥的决策者。在最小作战单元勤务模式下,单元指挥决策者改变了过去单一的感性思考辖区打防工作，而是用理性的思维去统领辖区的"整体防控"乃至一段时间的治安形势，从而来驾驭辖区的社会治安平稳。

第二，由执行者向决策者的转变。执行是决策的保障，而决策则是执行的导向。每个最小作战单元认真执行每日辖区警情通报制度，警长根据每日勤务和辖区警情"三高"特点来决策、安排、调整指令，科学调动警力，突出了实战勤务功能，实现了由执行者向决策者的转变，提升了其参与领导的能力。

第三，由传令兵向参谋助手的转变。最小作战单元工作模式的运用，增强了勤务模式，分析应对辖区治安形势的数字更加量化了，因此指挥综合单元的民警的职能也由过去接"圣旨"的传令兵向领导参谋助手转变，作用于这个工作单元，实战指挥本单元的"整体防控"，从而成为最小作战单元的纽带。

2. 最小作战单元勤务模式的深化，进一步增强了派出所的基础工作

第一，加强了警情综合分析研判工作。派出所每天安排综合指挥单元民警专盯指挥室工作，负责全天的110电话和报警布警工作，并负责每日的勤务上报与备份和当日的刑事治安案件的输入，次日则将全天的治安情况进行汇报编排，早点名时进行全所警情通报、会商。使当天值班的最小作战单元明明白白地了解昨日的警情和三高特点，有的放矢地投放警力。

第二，增强了社区民警提供线索参与打击的工作意识。原来社区民警基本上不参与打击破案工作，虽然目标管理和绩效也有，但是提供线索，特别是打击破案上作用发挥不是很好，没有做到一警多能。实行最小作战单元工作模式以后，新区民警在值班当天会协助治安民警取材料，而且通过打击破案常量完成情况的考核，其主动收集线索的意识也增强了。

第七章
警务实战训练高级培训内容

第三，巡逻民警增强了主动盘查的意识。派出所巡逻民警存在着年龄偏大的现象，以往都存在受照顾的思想，现在随着单元常量工作的要求，也必须紧紧围绕压发案和巡逻抓获现行进行工作，也就有了主动工作、主动盘查的意识，因为在单元干活压力比原来大，为单元做贡献的意识也就强了。

第四，增强了治安民警打击破案的能力。治安民警原来存在出不去的现象，即值班当天忙于接案，第二天忙于立案、输入、做鉴定、完善手续等，主动上街打击的意识不强。通过实施最小作战单元，输入工作由指挥民警承担，给治安民警腾出了时间，容其主动出击，协助社区民警压发案及打击破案工作。

第五，通过运行新型的勤务模式，警种间的衔接配合更加密切，协同作战能力也得以提高。最小作战单元模式，强调一警多能，突出协同作战，起到了整合警力的作用。以前派出所各警种是按照上级职能部门的部署自行开展工作，基本上处于各自为战的松散管理状态，最小作战单元勤务模式实行后，建立了点、线、面相结合的复合巡控机制，突出强调单元责任区的整体性和一致性，巡逻、社区、治安各警种捆绑在一起，共同作用于一个工作单元，各警种不再是任务单一的孤立实体，巡逻、打击、防控工作成为了每个警种都要共同承担的职能，在工作上互相衔接、相互补充，初步形成了巡逻、社区、治安三位一体的执勤执法勤务模式。

第六，通过实行最小作战单元模式，使民警的工作态度发生明显转化，提高了其综合素质特别是工作责任心。过去派出所民警大多局限于完成分内的工作，剩余的时间自己"等事干"。实施最小作战单元后，各单元的打防控工作不再是单一警种的任务，促使每名民警都要变成"全面手"，"找活儿干"的主动意识明显提高。例如春节和"两会"期间，各单元主动出击，排查辖区防控死角和安全隐患，共同组织最小作战单元联合行动，进行重点场所的安全检查，根据社区民警提供的线索，及时整合警力进行检查，通过警力整合，统筹安排，充分体现了协同作战优势。

3. 最小作战单元警务模式的有效运行实现了辖区发案率下降的工作目标

西城公安分局厂桥派出所组成的第二最小作战单元内有恭王府花园、酒吧一条街等旅游景点，治安形势复杂。新型勤务模式推行以后，第二单元结合工作实际，充分发挥多警种协同作战优势，辖区发案率大幅下降。2007年刑事类警情、刑事手段类警情比2006年分别下降了21%和13%，刑事拘留、治安拘留同比分别上升63%和27%，有效地维护了辖区良好的治安秩序。朝阳公安分局来广营派出所辖区面积20km^2，北与昌平接壤，西与奥运主会场相邻，属于典型的城乡接合部，治安状况复杂。实施最小作战单元勤务模式以来，勤务指挥单元充分发挥指挥牵动作用，运用信息化和数字化管理手段，实行了精确指挥和精确管理，管理效能显著提升，治安局势掌控能力显著增强。2007年抓获各类违法犯罪嫌疑人比2006年同期提高21%，刑事发案增幅比2006年同期下降14%，街头110警情比2006年同期下降11%。北京市公安局自推行最小作战单元模式以来，派出所以最小的警力投入获取最大的警务效能，防控和打击都有明显的进步。通过单元内部成员的相互协作，初步实现了警力资源的合理配置和科学使用，通过科学的组织、精确的警力部署、合理的岗位责任制，把警力从打消耗战、疲劳战的传统工作模式中解放了出来，减少无效劳动和工作强度，追求警务效能的最大化。最小作战单元工作模式为解决精确用警、优化警力配置提供了必要保障，为派出所推进"整体防控、精确指导、精确打击"的社会治安防控体系建设发挥了极其重要的作用。当前，警力不足已成为全国各地公安机关面临的共同难题。如何配置警力，全国没有一个统一标准，公安机关也只有根据所在地区的财政状况、人口规模、治安复杂程度等情况自行配置。但在相当长的一段时间内，我们不能仅通过增加警力来控制犯罪，"无增长改善"才是中国公安机关的改革方向，也是新警务革命的精神所在。向科学要警力，向制度要警力，北京市公安局在派出所实行的"最小作战单元"勤务模式就是一种有益的尝试。

二、"站巡制"勤务模式研究

随着北京市人口规模的不断扩大，社会治安形势越来越严峻。以往案发现场——派出所"两点一线"的勤务模式，已经不能适应当前北京市治安形势的要求。北京市公安局结合北京市治安形势的具体情况和巡逻体制中存在的问题，推行了"站巡制"勤务模式。

（一）"站巡制"勤务模式改革的背景和目的

北京市公安局根据社会治安发展的态势和巡逻工作中的现状，全力创新街头防控机制，推行了"站巡制"勤务模式，旨在解决基层警力不足，实现街头警力最大化，提高群众安全感。

1. 实现警察与群众"零距离"，方便服务群众

为了从源头上减少社会矛盾，维护良好的社会治安环境，做好群众服务工作，使群众的诉求能够在第一时间得到帮助和满足，及时解决群众的报案、查询问路、日常需求等问题，同时方便深入走访群众、排除治安隐患、进行情报收集等工作，北京市公安局以"群众满意不满意、提高群众安全感"作为主要评价标准，

全力创新街头防控机制,实现街面警力最大化,24小时固守街头,服务群众,维护社会治安秩序,实现"高见警率",增强群众安全感的目标。

2. 实现机关警力下沉,解决基层警力不足

长期以来,北京市公安局机关人员冗余、基层警力不足的问题一直制约着派出所的基础工作,专职巡逻警力不足、巡逻不能全时空覆盖问题突出。以丰台公安分局为例,派出所在有限的警力基础上既负责日常的接处警、巡逻等任务,又负责一些非警务活动;派出所巡警既负责日常接处警任务,又要维护辖区治安,从事巡逻任务。在此情况下,很难保证巡逻的时间和效果。因此,机关警力冗余、基层警力不足,成为北京市"站巡制"勤务模式改革的一大动因。

3. 实现警力固化街头,建立主动巡逻勤务模式

北京市自1994年设立巡警后开始有街面巡逻,之后巡逻职能开始向基层派出所转移。一方面,这种巡逻方式是一种被动巡逻方式,在实际工作中民警不仅对全所辖区开展巡逻,还担负辖区内接处警任务,这种使民警反复奔波于案件现场和派出所驻地"两点一线"的巡逻模式,很难把巡逻警力固定在街面上,从而失去了单位时间内对街头的控制力。另一方面,以往的以治安岗亭为依托的巡逻模式比较孤立,巡逻力量单一,不能有效地调动各种社会力量参与社会防控。治安岗亭都是由当地政府部门设立的,交给派出所临时使用,负责对一条街或某市场进行值班和徒步巡逻使用,内部设施简单,一般只能满足值班和休息的需求,不具有巡逻勤务运行必要的通信联络设施,不能有效地起到防控作用。

4. 实现警种间的协调配合,建立巡逻勤务联动机制

当前,北京市社会治安防控体系的防控力量主要包括派出所、

分局的巡警、交警、武警、特警等各警力资源，但各警种之间各自为战，各司其职，没有统一的协调配合机制，不仅造成巡逻警力资源的浪费，还产生了巡逻区域的重复和死角。为了有效整合各警种，实现各警种之间的统一协调配合，科学合理布控巡逻力量，建立各警种之间的巡逻勤务联动机制，北京市公安局积极探索新型治安防控体系模式，以实现各警种之间的有机协调和相互配合。

（二）"站巡制"勤务模式的概念、运行机制及效果

"站巡制"勤务模式是北京市公安局新近推出的一项旨在加强社会管理、服务群众的警务改革，对"站巡制"勤务模式的概念、运行机制及取得的效果进行研究，有助于进一步完善改革的相关措施，推进"站巡制"勤务模式向纵深发展。

1. "站巡制"勤务模式的概念

巡逻警务站勤务模式简称"站巡制"，是对巡逻工作探索创新的一种勤务模式，具体指在大型交通枢纽、重要路网结点、繁华商业区、群众出行必经之地等街头复杂核心地区，总体规划设计、系统规范化建立统一标识的"巡逻警务站"，并以警务站为中心和工作的始末点，以巡逻专业化和社会面警力最大化为保障，使勤务交接、派勤、集结等巡逻勤务全部在警务站完成。科学组织机动车巡、自行车巡、步巡等多种巡逻方式，整合各类街头警力，24小时全天候开展定向巡逻、快速处置、定点守望、重点控制、服务群众等工作，以"点"牵"线"带"面"，加强街头治安管理控制的主动性，增强群众的安全感。巡逻警务站以科技化、信息化为主导，引入了光纤、接入了公安网和互联网，相继建立了完善的数字化图像传输系统、盘查核录系统、信息查询系统等工作平台，建立了一个可以进行综合查询的数字信息化巡逻警务

站，可以满足核查录入、公安信息查询、防范打击犯罪、社会信息搜索问询，服务群众等功能。巡逻警务站还接入3G系统，与分局视频监控系统连接，使分局和警务站实时掌控街头情况，从而有针对性指挥、调动各种警力资源，实现科学布警。

2."站巡制"勤务模式的运行机制

"站巡制"勤务模式，坚持信息主导警务策略，通过信息化建设加强各警种之间以及与其他社会防控力量的有机协调与配合，实现对社会面的24小时全天候防控。"分局指挥中心——巡逻警务站——其他警种及社会防控力量"共同构成了三层级的"站巡制"勤务运行机制（如图7-1）。

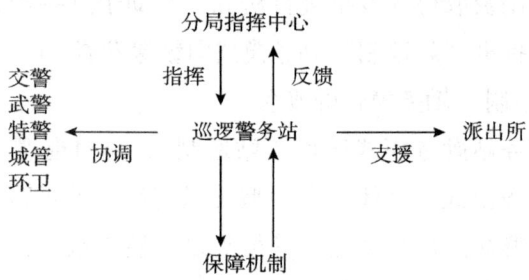

图7-1 "站巡制"勤务模式的运行机制示意图

分局指挥中心通过3G系统和GPS指挥调度系统与巡逻警务站相连接，分局指挥中心接到110报警指挥平台信息后，可以直接向巡逻警务站下达指挥命令，减少以往通过派出所或巡警指挥室向街头巡逻民警布警的步骤，使指挥层级更加扁平化，提高了出警的效率。同时巡逻警务站和巡逻警务车上安装有360度无死角摄像头以及数字硬盘录像机，可以将警务站和巡逻警务车周边情况实时传输给分局视频监控系统，使分局和警务巡逻站工作人员实时、动态掌控街面情况，准确指挥、布控各种警力资源。巡逻警务站日常工作主要如下：一是组织分配勤务工作。巡逻警务站是巡逻勤务的始末点，勤务交接、派勤、集结、情报会商等巡逻勤务全部在巡逻警务站完成。二是组织实施巡逻。巡逻警务站一般由1名民警和2名辅警负责坐班值守，另外由1名民警带领其他若干辅警在巡逻警务站周边执行巡逻任务，先期对巡逻区域内的刑事、治安类警情进行处置，后期处置交由属地派出所。三是接受群众求助。巡逻警务站在接受群众报警的同时，还配备了饮水机、急救包等方便群众服务的设施。另外，巡逻警务站还接入了互联网和公安网，具有信息查询功能，可满足群众查询问路功能。四是协调、调度辖区范围内其他警种及社会防控力量。巡逻警务站通过3G系统和视频传输系统，可以将巡逻警务站的街面情况及时传输给分局指挥中心，并可以通过此系统直接联系分局指挥中心，调度辖区周围其他警种及派出所进行支援。巡逻民警在巡逻过程中，发现警情可以直接与巡逻警务站取得联系，并有先期处置权。同时在巡逻过程中，巡逻警务站也可以直接指挥、调度巡逻民警执行紧急警情任务。

"站巡制"勤务模式的保障机制使"站巡制"更加科学化、合理化，促进其形成长效运行机制。主要措施如下：一是领导干部带班巡逻机制。为了使各级领导更加清晰、准确地把握"站巡制"工作进展及出现的问题，"站巡制"勤务模式建立了"领导干部巡逻日"制度，实现领导干部与巡逻一线联系的常态化、制度化。各级领导干部利用每月两个半天到巡逻警务站参与日常巡逻，便于各级领导在一线警务巡逻中发现问题、解决问题，更好地推动"站巡制"警务模式的开展。二是督导检查机制。为了推进"站巡制"勤务模式的有序开展，北京市公安局各个分局建立了督导检查机制，以促进"站巡制"建设的全面落实。分局主要领导不定期、多次夜间开展明察暗访，听取巡逻警务站民警和群众的意见，发现问题，现场解决，并对相关责任人进行处理。丰台分局通过采取多种形式的检查措施对各个巡逻警务站进行督导检查，在"站巡制"运行1个月内，累计检查35个站点1 100余人次，发现解决各类问题30余件。三是监督机制。为了提升"束警力"，实现服务群众的目标，"站巡制"不断强化社会监督力量的参与。北京市公安局广泛邀请社会媒体、各界群众随时随地到各个巡逻警务站进行观摩，最大限度地将驻站民警的形象展示在媒体和群众面前，做到警务工作更加透明、警民距离更加接近，提升了"束警力"和服务群众水平，同时也促使广大一线民警规范执法、主动提升自我能力。四是科学评估机制。丰台分局制定出台了《巡逻警务站勤务模式服务管理效能综合评估办法》，对"站巡制"勤务模式取得的成果进行科学评估。同时各分局相继与专业学术机构进行密切合作，进行调研工作，组织相关领域的专家、学者到巡逻警务站进行实地走访调研，对"站巡制"建设的进展情况、取得的成绩、存在的问题进行实地调研和评估，进而提出参考性建议，推动"站巡制"勤务模式不断完善。

3."站巡制"警务改革取得的效果

2011年2月28日，北京市"站巡制"勤务模式在丰台区试点运行"站巡制"巡逻警务改革取得了良好的治安效果和社会效果，"站巡制"勤务模式试运行1年，社会治安形势明显好转，常发型犯罪下降趋势明显。根据丰台公安分局的统计，丰台区巡逻警务站周边的交通结点、治安重点区域及繁华场所等可控区域内突出的各类盗窃、诈骗、纠纷等警情同比下降67.1%，扒窃、抢劫、盗窃非机动车警情同比分别下降32.2%、25%、38.6%，抢夺、拎包等违法犯罪行为实现"零发案"，抓获各类违法犯罪嫌疑人168

人，破案 109 起。巡逻警务站周边的街头犯罪得到有效控制，特别是秩序类违法行为明显减少，群众的安全感大幅提升（如图 7-2）。

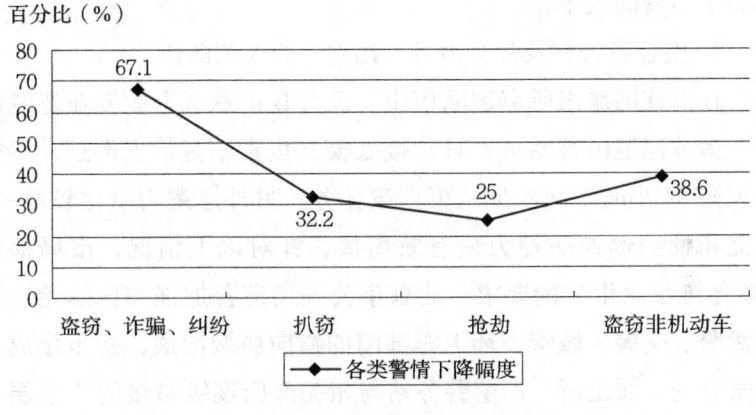

图 7-2　各类警情分布图

（三）"站巡制"勤务模式价值和意义

"站巡制"勤务模式减少了指挥层级，提高了指挥效率。同时，整合了各警种的警力资源，扩大了社会防控面，提高了群众安全感，具有重大的现实价值和意义。

1. 建立街头指挥平台，减少指挥层级

"站巡制"勤务模式减少了指挥层级，建立了街头指挥平台。根据区域治安复杂情况在大型交通枢纽、重要路网结点、繁华商业区、群众出行必经之地等街头地区建立巡逻警务站，巡逻警务站具有街面指挥平台的作用，具有核查录入、公安信息查询、防范打击犯罪、社会信息搜索问询，服务群众等功能。各种勤务交接活动、命令的指挥与传达、接处警、指挥调度等警务行为均在巡逻警务站完成。巡逻警务站还接入 3G 系统，与分局视频监控系统连接，使分局和警务站实时掌控街头情况，分局一级指挥中心可以直接向巡逻警务站下达指挥命令，减少了以往通过派出所或巡警指挥室向街头巡逻民警布警的步骤，使指挥层级更加扁平化，提高了出警的效率。

2. 整合各警种及社会力量，建立专业巡逻队伍

在以往的派出所巡逻队伍中，没有真正意义上的专业巡逻队伍，多数巡逻民警既负责日常接处警又负责辖区治安巡逻，不能全天候24小时不间断地从事巡逻任务。另外巡逻力量比较单一，不能和社会巡逻防控力量有效衔接。针对以上情况，市局提出"整合与专业化"的要求，北京市公安局巡警加强与区综治、驻区武警、交警、城管、环卫等部门的横向协调沟通，初步建成了公安分局、派出所、巡逻警务站与相关部门逐级对接的"三层三级"协作框架，并建立了统一信道的指挥平台，巡逻民警、交警、武警、辅警、特警及城管力量均接受警务站调配。另外，巡逻警力实行专职化、实名化，建立专业巡逻力量。每个派出所按照比例组建"实名制"专职巡逻队伍，24小时巡逻值守、区域巡逻控制和先期接处警。遇有超出巡逻民警职责范围的警情，派出所将派其他民警将当事人带回派出所，以保证24小时不间断街面巡逻。

3. 科学规划巡逻部位，建立快速反应机制

巡逻警务站民警根据警务站周边区域警情、发案的分析研判，周边群众出行特点和安全需要，科学规划出重点巡逻的主要道路、繁华路段、街头易发案部位，作为每日巡逻力量必须覆盖的部位，环站开展辐向巡逻，对重点部位实现100%覆盖巡逻，实现科学布警。巡逻警务站、巡逻警务车与分局视频监控系统相衔接，实现了全方位城市监控，可以即时对街面情况予以监视，同时巡逻警务站实行三级以下布警模式，市局110指挥中心接到报警后，将线索直接下达分局，分局指挥中心可以直接向巡逻警务站布警，减

少了以往通过派出所布警的层级，另外，巡逻警务站接到辖区警情后有先期处置的权力，并视情况调动相关警种力量支援，最大限度地实现了精确布警、快速反应，提高了打击防控违法犯罪的能力。

4. 畅通群众求助渠道，及时解决群众诉求

"站巡制"勤务模式最大的功能就是服务，大到百姓报警求助，小到问路查询。以往群众报警求助，需要到派出所进行报案或者拨打110电话，"站巡制"勤务模式实施后，巡逻民警就在身边，遇到紧急情况，群众可以第一时间找到附近民警进行报警求助。同时巡逻民警在24小时不间断巡逻过程中发现警情，也可以第一时间作出反应，及时解决群众的诉求。巡逻警务站还配有饮水机、医药箱、针线包、改锥等工具，方便服务群众。在方便服务群众的同时，巡逻民警还可以直接接触辖区群众，密切掌控治安动向、完善情报收集等工作，及时发现问题，解决问题。

三、派出所在反恐维稳工作中的作用

当前反恐维稳形势比20世纪90年代以来工作更为严峻。通过严厉打击，形成了对敌斗争的强大攻势，消灭了敌人大量有生力量。但是，新疆"三股势力"在严厉打击下，开始改变策略，一方面他们进行力量整合，推出了以民族分裂分子热比娅·卡德尔为首的"世维会"，并在西方反华势力支持下，大打"民主""人权"牌，努力争取西方世界的支持；另一方面则效仿国际恐怖主义的破坏手段，大肆制造各种暴力恐怖活动。2008年，在我国举办奥运会之际，"东突"恐怖势力先后制造了"3·7""8·4""8·10"等一系列暴力恐怖案件；2009年又制造了震惊中外的"7·5"打、砸、抢、烧严重暴力犯罪案件，新疆的暴力恐怖活动开始进入又一个高峰期。

(一)社区警务在反恐维稳中的地位

国内外长期的警务实践早已证明:犯罪产生于社会,根源在社会,要解决犯罪问题只能靠全社会力量来实现,警方不应当、也不可能"包打天下",独揽打防犯罪的重任。只有社会和公众的参与,才能真正抑制犯罪。警察孤身作战,尽管在打击犯罪方面会取得一定成效,却失掉和脱离了群众,是治标之举,不能从根本上解决问题。在犯罪面前,再有效的打击、再严厉的惩罚,都是滞后和被动的,警察也不会因此成为有效抑制罪犯的主要力量。"三股势力"的产生虽然有历史原因和各种社会因素,但其犯罪活动一样离不开社会,同样要依托社会。派出所可以利用自身优势,充分调动社区公众参与反恐维稳工作,警民合作,共同化解社会矛盾,清除犯罪因素,从源头上减少和抑制犯罪,从而达到有效预防犯罪,削弱"三股势力"活动的社会基础,进而实现社会长治久安的目的。

(二)派出所在反恐维稳中的重要作用

警察应当以减少犯罪作为工作的最终目标,多破案不如少发案,事后的打击不如提前预防。因此,要实现社会治安的总体目标,既不能完全指望增加警员数量,也不能完全依赖现代化装备,关键是警务方式的转变。"三股势力"的各种活动,不管是策划还是实施都离不开社区。在派出所实践中,警察的一切警务活动,都要以人为本,立足于社区,加强社区安全防范措施,加强对内部保卫机构、治保组织、治安联防队伍的检查指导,组织群众和各种治安联防力量,建立多层次的群防群治网络和治安防控体系,增强全社会的预防和控制能力,压缩"三股势力"在社区活动的空间,增大其犯罪实施的难度,可以最大限度地遏制和减少恐怖、犯罪的发生。因此,派出所在反恐维稳中具有指导社区群众治安、组织各项工作发挥效能的作用。

社区还是大量信息流转传播的聚集地。"三股势力"要进行各种破坏活动，必须有居住地、隐藏地、同伙、作案工具的准备等，其破坏规模越大，行动越复杂，留下的痕迹也必然越多。我们常说，群众的眼睛是雪亮的，不管恐怖分子多么狡猾，行动多么诡秘，也必然会留下各种蛛丝马迹，也必然会有各种各样的表现。社区民警利用开展群众工作的优势，可以使群众成为我们的耳朵和眼睛，及时收集、上报涉及社会政治稳定和治安稳定的各类信息，让恐怖分子无所遁形。

（三）派出所在反恐维稳中存在的主要问题

1. 社区民警缺乏反恐情报搜集意识

情报搜集意识是指情报这一客观现实在人脑中自觉的能动的反映，是人们头脑对情报在社会发展的性质、地位、价值、功能的认识，以及有目的、有计划、有预见性地知道情报活动的思维过程。情报意识的强弱决定人们在获取、判断和利用情报及指导情报活动的自觉程度。绝大多数的社区民警认为，反恐情报信息的搜集职能在国内安全保卫专业部门，社区民警既没有搜集反恐情报的主动性，也缺乏应有的敏感性，对一些群众反映的异常、反常现象，不是重视不够，就是不了了之，缺乏反恐情报搜集意识是社区民警的一大软肋。

2. 社区结合部控制力弱，缺少必要的秘密力量

秘密力量任何时候都是反恐维稳的一把尖刀。从历年来发生的暴力恐怖事件和暴乱事件来看，事件策划地、发生地大都是城乡接合部和社区接合部。在派出所民警中的调研显示，各派出所因为等级达标的需要，都按规定建有特情、信息员的档案，数量虽然不少，但是质量不高，能在反恐维稳斗争中发挥作用的更是

少之又少。社区结合部控制力薄弱，能发挥作用的秘密力量稀缺是派出所工作中的另一软肋。

3. 缺少系统科学的反恐情报搜集体系和研判机制

社区民警在社区工作中会遇到大量的各类信息，鱼龙混杂、良莠不齐。由于缺少系统科学的反恐情报搜集体系和研判机制，社区民警搜集的一些重要情报信息不能及时上报，或者上报了因为没有综合分析研判的机制，不能发挥应有的作用。缺少反恐情报搜集体系和研判机制是社区警务工作中的又一软肋。

（四）完善社区警务机制，有效打击和压缩恐怖组织活动空间

1. 加强"社会人"的管理

"社会人"在这里是指没有固定工作、固定收入和固定住所的流动人员、无业人员。这类人有相当一部分没有单位、没有固定收入，户口不在当地，户口所在地不知其去向，居住地公安机关不知道其情况，基本属于失控状态。综合治理工作中提出的"管好自己的人，看好自己的门，办好自己的事"对这些人也没有约束力。由于处于社会最底层，"社会人"心理更易扭曲，更易仇视社会，一旦出现骚乱、暴乱等突发事件，"社会人"很容易成为打、砸、抢、烧的急先锋。

由于"社会人"流动频繁，管理上较为困难。对于"社会人"，社区民警要做到底数清，情况明，除了扎实的基础工作之外，还应依靠居委会、村委会等基层组织，辅以治安积极分子、秘密力量，对"社会人"进行全方位的摸排，对"社会人"聚集地、活动地、流散地做到心中有数。在条件许可的地方，可以利用公安信息网对"社会人"信息进行核对、排查，最终达到及时发现问题、隐患，消除不稳定苗头的目标。

2. 加强出租房屋的管理

租赁房屋是指旅馆业以外，以营利为目的的私人所有或单位所有从事出租的房屋，是社区警务中的一项重要工作。按照规定，租赁房屋，必须经过治安消防检查，符合出租条件的，签订治安责任书后方可出租。但是目前存在的主要问题有两个方面：一是房主，特别是城乡结合部的房主单纯以营利为目的，不办理任何手续，私自租赁房屋，造成出租屋管理上的失控；二是一些管理部门在办理完出租房屋的相关手续后，对后续情况不闻不问，也造成出租房屋管理事实上的失控，使部分出租屋成为藏匿违法犯罪分子和进行违法犯罪活动的场所。出租房屋的管理和流动人员的管理一样，是一项系统社会工程，各部门、各单位必须共同参与，方能形成有效的社会安全防控网。在此过程中，发挥治安积极分子的作用尤为关键。通过他们的作用，一方面能够给其他的出租户起到榜样的作用；另一方面能够及时掌握流动人口中的各种信息，起到反恐维稳的作用。

3. 加强社区结合部和社会死角的管理

对于社区接合部和基层组织管理薄弱的地方，一方面我们要修补"破窗户"，通过党委、政府健全这类地区的基层组织，增强对该类地区的控制力；二是要在社区结合部和社会死角建立情报信息网，培养建立秘密力量和信息员，使社区民警耳聪目明。

4. 建设和完善派出所反恐信息的搜集、分析和研判机制

在派出所工作中会搜集到大量的各类信息，其中相当数量是有关社会政治稳定和治安状况等内容的重要信息。这些信息因为来自各个社区，上报时往往因不能反映事态的全貌而受到忽视。要使社区民警工作中搜集到的情报信息有通畅的上报渠道，必须建立情报信息的上报机制和分析研判机制。首先要建立情报信息

的三级上报机制。规定社区民警每日将搜集的情报信息经初步核查后逐级或一报直报,确保社会政治的长治久安。

四、城市街巷抓捕行动战术指挥

城市街巷抓捕主要是指在街区、街道、胡同及由建筑物和道路构成的相对狭长空间内对犯罪嫌疑人实施的抓捕行动。

城市街巷抓捕工作主要特点:一是环境特定。街巷,一方面具有开放性,与道路、胡同、通道、过街桥等衔接,人员和车辆处于不确定状态,随意流动性非常强;另一方面又具有一定的封闭性,其两侧的建筑物和设施将犯罪嫌疑人及侦查员限定在现场的某个区域内,不便于展开行动,且容易暴露。二是门面房多。街巷周围常设有机关、院校、医院、商店、娱乐场所、摊位,以及住户等,这些场所及房屋都可能被犯罪嫌疑人利用来藏身和逃逸。三是人员复杂。在街巷活动的人员具有很大的不确定性,并且其身份极为复杂。犯罪嫌疑人混于其中,会给抓捕工作带来各种各样的困难。

抓捕工作要点及特别提示。

(一)掌握相关情况

1. 街巷及周围环境情况

街巷状况主要包括街巷及道路方位、走向、距离、宽窄、路口和路面等相关情况;周围环境主要包括街巷两侧机关、院校、医院、商店、娱乐场所、摊位、住户等,这些场所内人员活动情况,以及房屋的内部建筑结构和设施等情况;过街设施主要包括街巷间的过街桥、地下通道及其结构,以及人员正常活动的情况等;交通状况主要包括车辆行驶规律、交通流量高峰时段和区域,以及相关的道路交通设施等情况,如周边停车场和临时停车区。

2. 犯罪嫌疑人情况

重点掌握犯罪嫌疑人在街巷区域的活动规律及特点。

(二) 行动任务分工

(1) 抓捕警力。要根据街巷及环境和犯罪嫌疑人的情况，按工作方案要求部属抓捕警力。

(2) 监控警力。要根据犯罪嫌疑人活动和可能逃跑沿线情况，在街巷两侧的相应隐蔽处、制高点设置观察控制警力。

(3) 围堵警力。要根据街巷及环境特点，在街巷两端、路口、过街桥、地下通道、重点单位、商店门道和犯罪嫌疑人可能利用来逃逸的部位部署围堵警力。

(4) 接应警力。要根据现场环境和工作方案要求，在抓捕现场外围重点部位设置足够的接应警力。

(三) 现场监视控制

1. 宜于监控

侦查员应选择街巷两旁的高点位置进行观察，如高层建筑、胡同两侧的屋顶、过街桥和事先准备的工作车内，也可选择在犯罪嫌疑人活动区域附近的机关、商店等处宜于观察控制的位置。

2. 不易暴露

观察监控点既要便于观察，同时还要注意隐蔽，要充分利用街巷的地形地物和相关设施，如利用街边饭馆、报亭、电话亭、叫卖摊等场所，但设伏观察的侦查员穿着、行为、语言要与观察点环境相适应。

3. 多点设置

由于街巷空间具有狭长的特点，为了严密监控和准确分析判断犯罪嫌疑人的活动情况，侦查员要在不同区域、部位或同一地点部署多个观察点，对犯罪嫌疑人实施全天候、全方位的观察监控。

4. 便于联络

犯罪嫌疑人在街巷的可活动范围较大,各观察点的设置,要满足便于相互之间的联络、配合和支援,各行动组与指挥部之间的密切联系,保证及时有效地沟通信息和传达行动指令的工作要求。

(四) 隐蔽潜入设伏

1. 化装潜入设伏

进入街巷时,侦查员装扮要符合现场环境和人员的活动规律,采取秘密接近的方式,以免提前暴露身份打草惊蛇。如可伪装成居民、顾客、办事人员等身份进入现场。

2. 掩护潜入设伏

在准确掌握犯罪嫌疑人的情况后,现场指挥员应根据抓捕工作方案,安排警力进入现场中心区。如可利用公众通行的方式乘坐公交车、出租车、骑自行车或步行进入抓捕现场。必要时,应采取特定的掩护方式进入现场。

3. 分别潜入设伏

根据案情和犯罪嫌疑人的具体情况,在需要大批警力时,侦查员可利用交通工具或步行,分批、分时、分向到达预先安排的抓捕现场及其周围。

(五) 有效实施抓捕

1. 确保安全

要选择犯罪嫌疑人周边群众人数较少时实施抓捕,避免犯罪嫌疑人因行凶伤害群众,或将过路人员劫持为人质,或因造成现场混乱导致人员相互踩踏;要预防犯罪嫌疑人抢夺交通运输工具驾车逃逸,特别是防止其在逃跑时驾车冲撞无关群众。一般情况,在街巷不采取公开驾车追击抓捕的方式,如必要时,侦查员在对犯罪嫌疑人实施追击中要特别注意交通安全；当犯罪嫌疑人周边有危险物和砖块、棍棒等击打物时，尽量不选择此处作为实施抓捕的地点。如现场附近设有饮食排档，当铺内多有刀具或厨具等，以免犯罪嫌疑人就地取材进行反抗和拒捕，会导致伤及无辜群众和侦查员；当犯罪嫌疑人逃跑时，侦查员要慎重使用武器，防止误伤无辜群众。

2. 防止逃逸

要防止犯罪嫌疑人利用街巷的交叉路口、过街桥和地下通道等处实施逃逸；防止犯罪嫌疑人利用街巷有前后门或多个出入口的院落、房屋等实施逃逸；防止犯罪嫌疑人翻越街巷围墙、居民住房、道路中心护栏、攀趴灯杆等实施逃逸；防止犯罪嫌疑人利用现场混乱、群众拥挤的机会趁乱实施逃逸；防止犯罪嫌疑人利用临时搭乘过路车辆实施逃逸。

3. 快速带离

在抓捕犯罪嫌疑人后，侦查员要快速细致清理现场，收集和固定犯罪证据。同时要在接应警力及押解车辆的配合下，将犯罪嫌疑人快速带离街巷，避免出现聚集大量无关人员的围观。

4. 减少影响

街巷抓捕行动应选择最佳的时机、方式和地点。抓捕时，侦查员要秘密接近，有效监控，出其不意，一招制敌，抓捕动作尽量小且有效，避免因抓捕行动失手而影响现场公共秩序、交通秩序、居民生活、群众购物、商铺经营等，同时也要防止招致媒体现场采访和无关群众的聚集围观，最大限度地减少社会影响。

第四节 监管岗位培训专题

一、加强新形势下看守所安全管理工作

内蒙古自治区呼和浩特市第二看守所"10·17"案件的发生，造成了严重的社会影响，使监狱安全受到了前所未有的关注，也使监狱工作面临着前所未有的压力。作为监狱管理者，如何从中吸取教训，对于做好新形势下的看守所安全工作，更好地服务社会主义和谐社会的构建十分必要也尤为迫切。

（一）充分发挥"人防"的核心作用

长期实践证明，在物防、技防、人防三道防线中，人防是核心，是关键，是第一位的。但是近年来随着物防、技防条件的改善，少数监所仍然发生监管安全事故，总结血的教训，关键还是与少数民警责任心不强、到岗不到位、在岗不尽职有直接的关系。另一方面，安全防范工作中，新技术、新装备的应用对民警的素质也提出了更高的要求，更需要民警发挥积极的作用，这充分说明"人防"始终是监管安全的第一道屏障，也是最核心、最根本、最有效的屏障。

1."人防"核心作用的发挥，关键在强化民警的责任心

很多民警认为100%地完成任务、尽到责任，太辛苦、太累，也不太现实，能做到90%就很不错了。殊不知，每一个流程、每一个环节的每一个人都这样想，也都这样做，仅5个环节之后，"很不错"就变成了"不及格"。试想，某个民警虽然一直按规定执行个别谈话制度，就是某一天，在押人员发生家庭变故时没有及时跟进谈话，对在押人员的思想波动没有掌握，对可能导致的事故苗头缺乏预见，就会埋下隐患；如果值班的民警在带班过程

中都按时点名,认为临下班就没必要再点名了,某名在押人员就有可能已经脱管失控,找到了实施脱逃等狱内重新犯罪的可乘之机。因此,有了责任心,看守所安全才有保证。没有责任心,再好的制度也得不到有效落实。责任始终是做好各项工作的重中之重,也是安全稳定工作的根基所在。

2."人防"核心作用的发挥,重点在全面推进管理精细化

从近年来的实践看,推行精细化管理取得了实实在在的效果。如在民警直接管理上,细化民警带值班岗位职责,做到业务有分工,区域有分管,人头有包干;在在押人员"三大现场"管理上,划小责任单元,实行民警走动式巡查和区域防控;在劳动工具管理上,能固定的全部用链条固定,尖锐的劳动工具一律钝化处理;在押人员所内生活用品实行全塑化等,提升了看守所的安全防范能力。推进看守所管理的精细化,核心就是在看守所管理中体现精确、细致、深入、规范的精神,促进管理工作从粗放式向精细化转变。现在,不缺制度、不缺措施,缺的是深入、规范、细致的做事精神。推进精细化,关键是要抓好三个方面:首先,要树立"细节决定安全"的理念。需要我们植入精细化的管理理念,让精细化管理的内容被各级领导和全员接受、认同,培养民警人人讲精细、事事做精细的行为习惯。其次,要细化工作制度。当前尤其要结合"5+1+1"管理教育模式的推行,细化各项管理制度,确保教育教学活动有序、安全开展;细化狱情排摸制度,建立狱情动态日排摸、日分析、日报告制度,确保狱情掌握的超前性;细化带值班方式,重点解决好夜间值班、"三大现场"带值班警力配置和直接管理等问题。最后,要提高执行力。要强调不到岗尽职就是失职、不执行制度就是渎职的观念,通过严格检查、严格考核、严明奖罚、严肃纪律,调动大多数民警履职的自

觉性和积极性，促进民警精细化习惯的养成。

3."人防"核心作用的发挥，根本在于提升民警履职能力

当前，要着力提高执法管理能力，增强民警法律素养，熟悉监管业务，规范执法管理行为；要着力提高教育改造能力，按照贴近社会形势发展、贴近监管改造实际、贴近在押人员构成变化的要求，使民警熟练掌握教育改造在押人员的新手段、新方法；要着力提高应急处置能力，坚持"学为用、练为战"的练兵导向，加强处置在押人员脱逃、暴狱、骚乱、凶杀、劫持人质、突发公共卫生事件以及火灾等实战演练，提高民警的快速反应能力、现场控制能力、事件处置能力。要着力提高民警信息技术装备的应用能力，强化电脑操作技能、网络监控操作、信息系统查询等基本能力，提高工作效率和效能。

（二）提升物防、技防的本质安全水平

当前，物防、技防建设的整体水平还有待进一步提高，尤其是物防功能的完善性和技防建设的实用性、实战性亟待加强。在建设中或多或少地存在着不容忽视的问题，主要表现在，物防建设重外在美观气派，存在忽视功能的倾向；技防建设上，由于没有统一、规范的标准，也出现了各种软件五花八门、鱼龙混杂的状况，一些软件系统在开发和设计时实用性不强，中看不中用，此外，重建轻管、轻用的现象还普遍存在。因此，加强和完善物防、技防建设，提高物防、技防的本质安全水平是一项紧迫的任务。

为此，我们可以从安全生产的发展历程中得到很多启发。20世纪50年代，人们从宇航领域的装备性、技术性保护概括提出了"本质安全"的概念，逐步应用于安全生产管理工作中，使得安全生产经历了一个由对事故的被动接受到主动超前预防的过程，

以实现从源头杜绝事故和有效地加强人类自身安全保护。本质安全具体是指设备本身所具备的安全基础指数，包括设备构造的安全性和运行的适应性，其功能包括失误安全功能、故障安全功能，这些功能所涉及的各种要素在设计阶段就充分考虑进去。比如，触电保护器，如果出现瞬间电流超过一定的标准，电路就自动切断，实现避免人员伤亡和火灾等事故的目标。同样的，监管安全也涉及设备、软件、环境等要素。因此，应当把本质安全的理念贯穿在看守所的物防设施建设过程中，贯穿在技术装备的设计、安装、维护、运行等环节，以全面提升看守所安全管理水平。通俗地讲，提高物防、技防的本质安全水平就是在看守所物防、技防建设中，充分考虑影响安全的可能性因素，进行规划设计，通过主动积极预防、技术保障，减少和杜绝因民警管理不当或失误疏忽以及在押人员的违法违规行为而带来的安全事故。首先，要提高"物防"的本质安全水平。"物防"里的"物"主要包括监房、围墙、大门、功能房等建筑物，也包括门、窗、锁等设施以及与之相关的环境。物防的基础一旦形成短期内很难改变，这就要求我们在物防建设中，要通盘考虑，把"物"的基础打牢，尽可能避免留下漏洞和隐患。因此，在物防建设上，在符合建筑要求的同时，要从建筑的设计、功能的布局、设施的安装等方面，充分考虑安全的需要，不留隐患。比如卫生间的下水弯管不能裸露在外，晾衣服的挂杆的承重量有极限设计等，否则容易成为在押人员自杀的"工具"。监区布局和建筑设计、布局除了考虑达到建设标准以及外在的美观，空间的合理利用外，一定要使看守所围墙、大门、监房、车间、在押人员活动场所等监管设施、改造设施和生活设施，功能布局合理。如围墙周界的通畅、周边建筑物与围墙的安全距离；监舍的牢固、通风、透光等；生产厂房、活动区域的通透等；民警值班室和门卫设施对执勤人员的保护、民警观察的视角、24小时的照明等，都要有科学合理的设计，有利于民警安全管理和自我保护。其次，要提高"技防"的本质安全水平。技防即技术防范，它是由探测、识别、报警、信息传输、控制、显示等技术设施组成，其主要功能是对在押人员实行全天候监控，发现异常迅速将信息传送到指定地点，弥补人防的不足，也是在警力有限的情况下，提高安全防范严密性的重要措施。提高技防的本质安全水平，当前重要的是实现三个功能，一是监控功能，做到对罪犯的监控不留死角。二是报警功能，形成具有灵敏性的报警功能。三是保护功能，具有自我保护、自我修复功能。任何技术设备和系统，都不可能真正做到万无一失，加上技术的发展永无止境、系统的运行会受到多方面因素的影响和制约，特别是人的因素的影响。从这个意义上说，技防设施在设计之初就要对民警可能的误操作和在押人员的破坏行为造成的损害进行自我保护和修复。如门禁系统的设计上，应当考虑如果门在打开后超过若干时间，或密码错误几次就发出提醒或自动关闭。在电网的运行时，民警误把切除电源当做供电，电网应当能够自动报警。再如，一些技防设施在遭到人为破坏时，能在控制平台上形成紧急求救信号等确保发现问题及时处置，提高快速反应能力。

（三）建设攻心治本的"心防"屏障

1. 通过科学认识在押人员，把握其思想改造的规律

了解在押人员的个性特点以及在押人员的思想动态、心理动态，是我们做好工作的基础。因此需要充分运用在押人员改造质量评估等手段，通过对个体的外在行为表现、言语、情绪等的分析，了解罪犯心理、思想变化情况。在押人员入所初期，要对在

押人员进行系统的入监评估。通过 EPQ、MMPI 等经典人格量表和 SCL-90、XRX 等心理量表的测试，了解罪犯的人格特质、心理健康状况；通过结构性面谈深入了解罪犯的人格结构、特征和完整性；通过人身危险性评估准确评估在押人员的危险性。在此基础上，综合多方面的资料对在押人员的人格特质和心理发展状况有全面掌握，实现对在押人员的科学认识。在在押人员改造过程中，可以排查出与犯罪行为相关的因素，通过制定个别化的矫正方案，把握罪犯的改造规律，明确矫正目标、细化矫正内容，运用各种矫正技术系统科学地推进对在押人员的矫正。通过定期评估在押人员的阶段性改造质量，及时修订在押人员个别化矫正方案，将在押人员身上仍然存在的问题作为下一阶段的矫正目标，落实有针对性的矫正措施，逐步完善在押人员人格。

2. 开展在押人员心理矫治，培养其积极健康的心态

在押人员群体是心理问题高发群体，会经常性地出现心理问题或情绪波动。为防止负面情绪导致的过激行为，需要通过积极有效的在押人员心理教育和矫治调节罪犯情绪，从源头上防范可能出现的危机。经过几年的努力，罪犯心理矫治工作已经形成了良好的局面，取得了丰硕的成果，特别是有了一支专业化的看守所民警心理咨询师队伍。当前，关键是建立能让心理咨询师充分发挥作用的机制，用好用足心理咨询师资源。对在押人员的心理健康教育，不同于一般群体，要根据在押人员群体的特点，科学设计心理健康教育内容和形式，可以通过问卷调查和数理统计等方式，了解在押人员在不同改造时期、改造阶段、不同季节和时段的心理变化和需求，合理安排相应的内容。要根据在押人员的年龄特点，开展活动，提高教育实效。要鼓励民警探索矫治技术，在重点人员的教育矫治中提升专业水平。针对罪犯群体中存在的

疑难问题和个案，要开展课题研究，不断提高个案矫治水平。要加强对在押人员的心理疏导，针对在押人员的心理特点开展丰富多彩的监区文化活动，让在押人员在活动中释放心情，调节情绪。要大力加强在押人员心理咨询工作，通过多种形式的电话咨询、网络咨询、门诊咨询，及时疏导和化解在押人员心理问题。要大力加强在押人员心理危机干预工作，构建心理危机干预网络，发挥心理健康小组——监区心理健康辅导站——看守所心理健康指导中心三级网络作用，主动介入、有效干预罪犯心理危机。

3. 构建多层次激励机制，激发在押人员追求新生的希望

要重视法律激励，贯彻宽严相济的刑事司法政策精神，对具有悔改表现或立功表现，符合减刑、假释条件的在押人员，要依法减刑假释。特别是要利用社区矫正在促进稳定在押人员家庭等方面的优势，对假释后不致再危害社会的罪犯，要扩大假释的适用，激励在押人员积极改造，早日回归社会。落实人道主义精神，对身患疾病或生活不能自理，要依法应保尽保。要探索经济激励，在劳动报酬、刑满后创业基金等方面探索路子。要做好物质激励，对于在押人员在看押期间出现的家庭困难、亲属去世、财产经济纠纷等，看守所可以通过建立特困帮扶基金，健全罪犯困难援助和权利救济的"绿色通道"，切实解决在押人员遇到的婚姻、财产、子女就学等实际困难，帮助其稳定情绪；要用好情感激励，利用在押人员亲属、帮教志愿者等社会力量开展帮教，让在押人员感受到民警的关心、亲情和社会的宽容，消除消极失望心理，重塑生活信心。要做好无缝对接工作，进一步健全安置帮教工作体系，加强对其就业的指导，定期为其提供用工信息，让其看到希望，走好新生的第一步。

（四）营造良好的看守所安全环境

看守所安全是一项整体性工作，需要看守所机关的努力，需要健全的法律、法规、制度上的保障，也需要各部门的密切支持配合，营造良好的安全工作环境。当前就看守所安全工作环境而言，应加大以下三个方面的建设力度。

1. 浓厚看守所安全的文化环境

看守所安全文化是看守所安全工作实践过程中形成的安全理念、管理制度、群体意识和行为规范的综合反映。浓厚的看守所安全文化环境直接规范和影响民警的思想和行为，能够最大限度地提高民警做好监管安全工作的积极性和责任感。营造安全文化氛围，强化民警的安全意识，对实现看守所的持续安全稳定具有重要的现实意义。要努力建设安全文化软环境，通过电视讲座、报告会、培训班、学习班、板报、墙报以及演讲、宣誓、知识竞赛等各种形式，对民警进行安全教育，充分阐释安全文化，大力传播安全文化，系统灌输安全文化，认真实践安全文化，唱响"安全为天、改造为本"的主旋律，使"安全为天、改造为本"的价值理念深入人心。要建设安全文化硬件环境，通过标语、雕塑、牌板、漫画等，使民警时时刻刻处于安全文化的渗透之中，在潜移默化中增强信念渗透效果，做到安全理念入脑、入耳、入心。要建立安全文化激励机制，特别要把过去安全管理方面的一些好做法和经验上升到文化理论高度来认识，针对安全事故"血的教训"教育民警提高警惕，使保安全深入人心。要树立安全文化典型，尤其是充分运用各种宣传工具，大张旗鼓地宣传推广监管安全工作的先进典型和工作经验，增强民警做好监管安全工作的职业自豪感。同时，各级领导要率先垂范、以身作则，带头深入监管安全工作第一线，带头遵守监管安全工作制度和纪律，引导广大民警人人想安全、处处保安全。

2. 完善看守所安全的法制环境

各项法律、法规以及制度规定对做好监管安全工作带有根本性、全局性、稳定性和长期性的作用，这也是我们最大的优势所在。但目前在看守所工作法制建设上，还需要进一步加强，相关法律法规需要进一步完善，如相关赔偿、补偿规定的问题。随着看守所法制化进程不断加快，罪犯的合法权益得到了有效保障，但也出现了一些在押人员过度维权的现象，特别是在涉及行政赔偿、工伤补偿等方面，由于相关法律法规不完善，致使看守所在处理这类事件时，较为被动。再如，看守所在在押人员疾病治疗和罪犯死亡处理方面，由于没有明确的法律制度规范和标准，导致一部分在押人员在监内小病大养，甚至经常无理纠缠，影响看守所民警正常执法。特别是一些在押人员因病在监内正常死亡后，家属往往到看守所纠缠闹事，有的堵塞看守所大门，有的干扰看守所办公，甚至直接威胁到民警人身安全。同时，在看守所执法层面，对在押人员管理中诸多问题规定不明确、不统一，有的制度缺乏配套和细化措施，不便于执行和操作。如在押人员违禁品处置问题，跨省在押人员零星调动，看守所、监区在押人员规模、民警带值班模式等方面都存在制度缺失，需要规范统一，特别是针对一些容易出现安全问题的环节，应尽快建立健全科学合理、统一规范、切实可行的政策制度。

3. 优化看守所安全的外部环境

看守所安全工作仅仅依靠看守所自身的力量远远不够，需要整合法律、政策以及内部监管、外围武装警戒、社会力量支持等多方面的优势，发挥最大效能。为此，要努力争取各级党委政府及有关部门对看守所工作的大力支持，积极主动汇报工作，努力在执法经费保障、看守所物防、技防建设等方面给予更多政策、资金等方面的扶持。要积极争取政法各部门支持帮助，使看守所与武警部队、检察机关、公安机关、国家安全机关、法院等部门形成良好的工作协调机制，形成安全工作的合力。要积极依托驻监武警部队在看押、执勤及处置狱内突发事件中的武装警戒和威慑作用；依托检察机关和人民法院妥善处置狱内非正常死亡，及时有效打击各类狱内又犯罪行为；依托公安机关提供技术技能支持，有效开展联防联控以及协查、追逃、深挖余漏罪人员等工作，提高监所超前防范水平。同时，加强与媒体的沟通和联系，充分利用现代媒体网络为我所用，要在主流媒体上建立宣传阵地，经常性宣传报道看守所改造罪犯的新举措与好方法；以主题活动、狱务公开等为载体，面向全社会开展多形式、多层次的宣传活动。通过宣传，让社会了解看守所，支持看守所工作，牢牢掌握舆论引导的话语权、主动权，营造看守所事业发展的良好舆论氛围。

二、看守所安全风险评估

（一）看守所安全风险评估的一般原理

1. 看守所突发事件的发生机制

突发事件是人们对出乎意料事件的总称，"是指突然发生，造成或者可能造成严重社会危害，需要采取应急处置措施予以应对的自然灾害、事故灾难、公共卫生事件和社会安全事件。"新疆看守所发展史上也发生过影响看守所安全稳定的突发事件。最为典型的是1996年原塔里木看守所"7·15"案。除自然界不可抗力的因素外，一般而言，看守所的突发事件多是由罪犯引发的。因此，这里重点分析由在押人员引发的突发事件。那么导致在押人员引发突发事件的机制如何呢？

分析看守所突发事件的发生过程，都是有规律可循的。其一，看守所发生突发事件的内因始终存在着。罪犯是消极因素最集中的人群，改造与反改造始终是看守所最突出的矛盾，早日获得自由、满足自私的欲望始终是在押人员心理的主要方面。在押人员再犯罪的内因是突发事件的主导因素，只要在押人员存在，就有发生突发事件的可能。其二，在押人员利用了我们的薄弱环节。这些环节多数是设施中、管理衔接中，抑或是个别不负责任的警察。在押人员产生再犯罪动机时，他会长时间观察分析我内部隐患和缺陷，也会选择在某个警察当班时。其三，类型相对集中。统计分析近年来的案例，某省某些看守所是突发事件的高发区域，而且相对集中在某几类在押人员中和某些责任心不强的警察当班时，也相对集中在某几类案件上，这些案件都有相似之处。其四，都有端倪可循。从突发事件的事后分析我们可以发现，在事发前都有端倪或征兆，只是没被我们识破或未引起警觉，或者虽有警觉但未采取预防控制措施。其五，它是一个由量变到质变的过程。从动机、预谋、准备到实施，是一个连续不断、量变质变的过程。如果罪犯认为条件成熟时就会实施再犯罪，就会引发突发事件。如果抽象掉一切具体的形式，导致突发事件发生的无非有三个因素：内部诱因、内部隐患、系统缺陷。

内部诱因：主要是某类型罪犯群体。比如涉毒涉黑类、杀人抢劫类、罪重刑长类、严重心理障碍心理疾病类。影响新疆看守所安全最危险的内部诱因是"三股势力"分子。

内部隐患：是看守所内部出现的弱点或缺陷，可能在某些时候、某些方面被内部诱因所利用。影响看守所安全最大的内部隐患是管理上的空隙、设施残缺和能力低、责任心差、思想麻痹、方法简单的警察。

系统缺陷：是看守所长期存在着的消极态度、消极行为模式，体现着较低的管理水平，更多地反映在看守所文化层面。比如管理长期混乱、基础工作长期薄弱、形式主义长期存在、执行力总体软弱等。影响新疆监狱安全最大的系统缺陷是警察的政治敏锐性不高，忧患意识、责任意识不强和执行力不高。

那么三个因素是如何相互作用的呢？如"7·15案"，本来就是"三股势力"分子在狱内想方设法利用一切机会搞分裂破坏活动，是由他们的犯罪动机决定的。这是"7·15案"的内部诱因。看守所内部的确存在着警察的警觉性及管理、防范的隐患。这是导致"7·15案"的内部隐患。管理混乱、基础工作薄弱，警察缺乏政治敏锐性，忧患意识、责任意识不强，不能识破"三股势力"分子犯罪企图，对潜在的隐患视而不见，即使发现了也没有及时消除，致使内部诱因利用了我们的隐患，是系统缺陷的集中表现，由此导致"7·15案"的发生。

从量变到质变的规律分析，三因素的此消彼长、影响突发事件是否发生一般有三种情形：一是尽管影响看守所安全的内部诱因经常存在着，但是由于系统比较完善，内部不存在管理、设施隐患，警察的警觉性和责任心都很强，管理水平也比较高，内部诱因不可能利用我们工作中的隐患，这时，就不可能发生突发事件。二是内部诱因依然存在，内部管理漏洞、设施隐患、不负责任警察也时常存在着，如果看守所内部的控制系统或者内控措施失灵，管理水平较低，发现不了并且消除不了这些隐患漏洞，则突发事件必然发生。三是介于前两者之间，其情形是内部诱因依然存在，内部管理漏洞、设施中的弱点和隐患也始终存在着，是否发生突发事件，则要取决于我们内部控制系统或者内控措施能否发挥功能，取决于系统缺陷消除的程度，取决于我们的管理水平。这就意味着存在发生突发事件的可能性，如果一段时期思想认识上比较重视，管理水平相对要高，则不可能发生；反之，则会发生。前两种是比较极端的情形，多数是第三种情形。

由此，可以得出结论：对于看守所而言，诱因与隐患始终是客观存在着的，当看守所整体管理水平较高、内部控制系统或者内控措施发生作用的时候，就能自觉地消除诱因利用隐患的几率，就能避免直至消除突发事件发生的可能；如果我们不能控制三因素任何一项的时候，就有可能发生突发事件；而如果看守所管理一阵紧一阵松、水平忽高忽低、内部控制系统或者内控措施非常脆弱，则必然有着非常大的发生突发事件的潜在影响。三因素存在的程度则是我们要研究的看守所安全风险。由此，可以得出看守所安全风险的一般模型。

看守所安全风险 = 内部诱因 × 内部隐患 × 系统缺陷

这个模型揭示，三者有不同的组合，其结果也是大不相同。不可预测的诱因与隐患的巧合发生的突发事件，是一种偶然事件；但是诱因、隐患与内部缺陷同时存在时发生的突发事件则是必然事件。如果将三个要素分成高（3分）、中（2分）、低（1分）和零（0分），则可以发现，当三者巧合时，风险最大，为9分，这时必然发生突发事件；而当其中任何一项因素降为零时，则风险降为零，则不可能发生突发事件。成功防止发生突发事件的关键在于，努力消除看守所日常工作中的隐患，努力控制系统缺陷；但是，最根本的还在于提高在押人员改造质量，从根本消除在押人员重新犯罪的内因性因素。

2. 看守所安全风险评估的范畴

进行看守所安全风险评估，首先要搞清楚与评估有关的一些基本问题。主要是看守所安全风险评估的概念。看守所安全风险评估是指影响看守所安全的风险事件发生后，对看守所安全、声誉、损失等各个方面造成的影响进行评估的工作。

（1）看守所安全风险评估的分类。看守所安全风险是个非常大的范畴，这就需要科学归类，增强安全风险评估的目的性。通过研究看守所安全稳定长效机制课题，得出的结论是：看守所安全在外延上包括监管安全、生产安全、队伍安全。从多年维护看守所安全稳定的实践看，在新疆这个特殊行政区域，控制看守所安全风险即是控制发生"三个安全"方面突发事件的风险。因此，看守所安全风险评估可分为监管安全风险评估、生产安全风险评估、队伍安全风险评估三类。

（2）影响看守所安全的风险因素。将导致发生突发事件的人或事或物（即常说的主客观原因）称之为风险事件，风险事件的集合构成风险因素，即内部诱因、内部隐患、系统缺陷。如果反方向阐述，我们可以从内部诱因、内部隐患、系统缺陷这三个方面来归类影响监管安全、生产安全、队伍安全的各个方面的风险事件，判断其现实状况，进而提出控制或消除风险事件的措施。实际工作中，我们可以将可能引发自然灾害、事故灾难、公共卫生事件和看守所安全事件的内部诱因、内部隐患、系统缺陷的所有因素纳入风险事件范围。

（3）看守所安全风险评估的维度。安全风险评估的维度即从纵向观察安全风险。有两个维度，其一是突发事件发生的可能性，其二是影响程度。看守所安全风险评估首先要分析评价风险事件发生后引起突发事件发生的可能性。如果引发突发事件的可能性较小、对看守所安全稳定的影响不大，则无需花费太多的时间和力量进行控制。如果发生的可能性大，则需要慎重应对。在这两个极端之间，往往需要我们理性、谨慎地分析判断风险事件引发突发事件的可能性。其次要分析评价突发事件发生后对看守所整体工作的影响程度。经预测如果影响较大，则要提出消减和控制风险的控制措施；如果影响不大，则可作为可接受风险，将其置于关注状态。

3. 看守所安全风险评估的任务、目标

看守所安全风险评估的目的在于判断内部诱因、内部隐患、系统缺陷此消彼长的规律性，找出引发突发事件的关键风险事件，从而分析突发事件发生的可能性以及突发事件给看守所可能带来的影响；以控制重大安全风险、重大事件为重点，总结控制看守所安全风险的经验，提出控制或消除风险事件的措施，进而控制直至消除突发事件。这是建立健全看守所安全工作长效机制的一项基础性工作。

看守所安全风险评估的任务在于识别看守所面临的安全风险事件，评估这些风险事件一旦发生可能带来的负面影响，确定消减或控制风险事件发生的对策。概括起来，这些任务是：识别看守所面临的三种风险因素的各个方面，评估风险概率和可能带来的负面影响，确定看守所承受风险的能力，确定风险消减控制的优先等级和预防的重点，提出消除风险事件的对策和应急事故处置预案，以及事故发生后所应采取的补救措施，力争把影响控制到最小限度。看守所安全风险评估的目标应当是确保将看守所安全风险控制在与看守所安全稳定目标相适应的范围内（如"四无"是底线目标），确保看守所贯彻落实各项规章制度和管理的有效性，确保消除看守所安全稳定的不确定因素（风险事件），确保看守所建立针对重大安全风险发生后的危机处理机制。

4. 看守所安全风险评估的方法

评估看守所安全风险的方法无非是两种：其一是定量的方法。是把已知的风险事件信息应用到所设定的模型中，从而计算出风险概率。由于我们还不能准确计量安全风险因素，或者用于定量分析的数据不可靠，或者无法采集数据。因此，这种方法很难应用。其二是定性分析的方法。这是一种以综合描述风险因素为依据的个人主观判断。日常工作中，看守所领导者所关心的往往是哪里会发生事故，事故会有多大、多严重。在回答这些问题时，这种方法就比较简单，也较为适合。可以采用研讨会、问卷等形式采集相关风险因素信息，直接获取分析人对风险事件发生的可能性与影响程度的估计，识别安全风险因素所在和当前可能采取的安全措施，与特定的要求（如"四无"标准）进行比较，找出不符合的地方，并按照标准选择最佳安全措施，最终达到消减和控制风险的目的。

5. 看守所安全风险评估的体制与机制

实际工作中，可以按整个看守所开展风险评估，也可按某一部门或某个监区。评估机制应当包括下列内容：收集安全风险因素初始信息，进行风险评估，制定控制风险事件发生措施，落实监督与改进，还可以就评估时间、频次、展开幅度和深度作出规定，使之成为一项制度。

（二）看守所安全风险评估的实践操作

1. 看守所安全风险评估的逻辑架构

任何事物都是内容与形式的统一体。看守所安全风险评估也是如此。开展看守所安全风险评估：其一，必须理清安全风险评估的内容，即要明确安全风险评估要解决哪些问题；其二，解决这些问题的方法步骤。根据多年维护看守所安全稳定的经验，可以概括出看守所安全风险评估要解决以下问题。

第一，要维护哪个方面的安全？它的意义如何？第二，"三个安全"面临哪些潜在诱因？导致诱因的问题所在？诱因发生的可能性有多大？第三，"三个安全"方面自身存在哪些隐患？哪些隐患可能会被诱因所利用？利用的难易程度如何？第四，一旦发生某种突发事件，看守所会遭受怎样的损失或者面临怎样的负面影响？第五，看守所应该采取怎样的安全措施才能将风险带来的损失降低到最低程度？解决上述问题的过程，就是看守所安全风险评估的过程。

2. 看守所安全风险信息的收集与加工

看守所安全风险评估的基础是安全风险信息的收集和整理。实际工作中，可以广泛、持续地收集已经发生的与看守所安全有关的各类突发事件、安全事故、狱内案件的案例，以及影响安全风险的历史数据和未来预测。这些信息至少包括本看守所、其他看守所发生过的案例，特别是因执法、管理、处置失误等风险事件导致突发事件或事故的案例；所在地安全稳定的形势，本看守所管理方面的现状和能力，当前"三个安全"方面的差距和发展趋势；看守所易发生失误的工作环节和人群（包括易引发事件在押人员的类型），本看守所警察执法能力、管理能力、处理危机能力的状况，特别是长期的警察管理教育工作的差距，以及职业道德操守的遵从性；法律法规、上级针对"三个安全"的工作标准或要求。我们应当尽可能多地占有这些信息，并把收集初始信息的职责分工落实到与"三个安全"密切相关的部门和单位，之后要对这些信息进行必要的筛选、提炼、对比、分类、组合，形成规律性的认识，为下一步工作打好基础。

3. 安全风险辨识

风险辨识就是查找看守所各业务单元、各项重要管理活动及其重要业务流程中有无风险，有哪些风险。科学辨识看守所安全面临的风险是确保看守所安全稳定首要解决的问题。预见并有效控制所面临风险，是确保看守所安全稳定的充分条件。实际操作时，可以在三个相互补充又互相关联的层面上进行风险辨识。在决策层面，需要识别因决策不科学或失误可能带来的风险，应当辨识决策民主化的程度、决策依据的确定性、决策结果的趋向。在管理层面，需要识别因法规制度不完备、工作环节衔接不好、监管设施警戒设施隐患可能带来的风险，还应当辨识"四个重点"中的风险。这就需要深入管理流程和业务流程，识别关键控制点是否存在风险。在执行层面，需要识别因警察不按章办事可能带来的风险以及哪些警察可能被罪犯所利用。看守所进行风险辨识需要全体警察的参与。由于看守所不同的部门所负责的管理流程和业务流程不同，而且管理的层面不同、管理的重点和目标也会不同，因此对可能遇到的风险事件的认识和警觉性也是不同的。只有所有警察参与，才能全面辨识看守所所面临的所有风险。

风险辨识的目标是建立看守所的风险事件信息库。通过全员参与，汇总不同层面、不同部门的风险事件信息而建立风险事件信息库，就可以明确所面临的风险因素。同时，在风险事件信息库中不仅包括曾经发生的风险事件本身的描述，还包括发生的时间、地点以及曾经采取的应对措施等内容，为后续风险分析提供参考。

4. 安全风险分析

风险分析主要采用定性分析的方法，并辅之以前文所示模型进行定量分析，对辨识出的风险因素及其特征进行明确的定义描述，分析和描述风险事件发生可能性的高低、风险事件发生的条件、风险事件产生的影响。风险分析包括对风险事件产生原因和结果分析两个方面。对风险产生原因的深入分析，主要从决策层面、管理层面、执行层面分析到底是什么原因导致了该风险事件的发生,哪些属于内部诱因,哪些属于内部隐患,哪些属于系统缺陷,从而找到该风险事件的关键风险指标,为风险判断和预防奠定基础。

对风险事件产生结果分析应包括对安全影响的大小、发生可能性的高低、管理应对难度的大小、改进迫切性的强弱的描述。在进行风险分析的时候,首先需要统一分析的判定标准,如风险对"三个安全"的影响程度,就需要将所辨识的所有风险按照统一的标准进行衡量,用"极高""高""中等""低""极低"等定性的语言描述。这样才能保证属于不同层次、不同部门的风险可以在看守所的整体层面做出对比。对于分析风险产生结果,还要分析可能对看守所产生的影响。主要从应对难度的大小、改进迫切性的强弱分析。影响程度可分为重大的、严重的、一般的、轻微的、可忽略的。在对风险进行深入分析的基础上,可以对辨识出的风险及其特征进行明确的定义,从而统一看守所内部对风险的认识,在同一个认知水平上开展风险评估。

5. 安全风险评估

看守所安全风险评估是将风险分析结果汇总,进而判断影响看守所安全的程度。风险评估的结果显示了看守所为实现防控突发事件、确保看守所安全稳定目标,在日常管理中需要优先安排并且进行重点管理的关键风险事件。通过确定各个风险事件对看守所安全目标的重要性,从而排序确定所辨识的风险事件中哪些是重大风险事件,哪些是已经得到控制的风险事件,哪些风险事件可以忽略不计。对于影响程度小而且发生的可能性比较低的风险事件,可以采取风险承担的方案,不再增加控制措施;而对于影响程度大且发生可能性目前也比较高的风险事件,则需要采取防控方案,优先安排实施各项防范措施。风险评估的结果确定了对各项风险事件管理的优先顺序和策略，这就为看守所分配用于防控风险事件发生的人力、物力资源指明了方向。在进行风险评估时，要综合各层次、部门人员的意见，对评估的初步结果进行调整，成为多数人的共识；还要对风险分析结果进行描述，写出评估报告。这个报告一般包括风险评估过程简述、突发事件（事故）发生的可能性、对看守所可能产生的影响、解决的对策、预防改进工作的对策等内容。

6. 安全风险管理

从多年防控突发事件、维护看守所安全稳定的实践看，虽然定期的敌情犯情狱情分析、定期的民警思想状况分析、信访风险评估、安全生产隐患排查治理等形式，都属于安全风险管理的范畴，但是我们尚未形成系统的安全风险管理模式。从安全风险评估的重要性和必要性来看，看守所应当建立贯穿于整个安全风险评估管理的基本流程，连接上下级、各部门和基层单位的信息沟通渠道，为安全风险管理监督与改进奠定基础。为此，围绕风险管理目标，针对看守所"三个安全"，分解影响看守所安全风险的三个因素、涵盖看守所工作各项业务管理及其重要环节的流程，通过执行风险管理基本流程，建立制定并执行的规章制度、程序和措施的内部控制系统是非常必要的。看守所的内部控制系统或者内控措施，应至少包括以下内容。

第一，建立内控岗位授权和批准制度。对一项工作所涉及的各岗位明确规定授权的对象、条件、范围和权限等，不得超越授权作出风险性决定。重要事项需要批准的，应明确规定批准的程序、范围和事项、必备文件以及有权批准的部门和人员及其相应责任。

第二，建立内控报告制度。明确规定报告人与接受报告人，报告的时间、内容、频率、途径、负责处理报告的部门和人员等。

第三，建立重大风险预警制度。对重大风险进行持续不断的监测，及时发布预警信息，制定应急预案，并根据情况变化调整控制措施。

第四，建立风险管理评价制度。定期总结和分析已制定的风险管理策略的有效性和合理性，结合实际不断修订和完善。为了保证风险管理的机制得到有效运行，看守所有必要建立健全风险管理组织体系，主要包括看守所集体领导决策层，看守所机关职能部门的风险管理层，监区的内控措施的执行层，明确规定组织领导机构及其职责。看守所风险管理工作应与其他管理工作紧密结合，把风险管理的各项要求融入看守所管理和业务流程之中。看守所风险管理职能部门要定期对各部门和监区风险管理工作实施情况和有效性进行检验，对跨部门和基层单位的风险管理方案进行评价，提出调整或改进建议。监区的执行层应严格执行风险控制基本流程，提出本单位重大决策、重大风险、重大事件和重要业务流程的判断标准或判断机制，做好本单位风险管理工作和培育风险管理文化。

三、看守所警戒机制的构建

符合现代警务要求的理想模式下的场所警戒机制，在理顺指挥关系、发挥集约效应方面，通过整合现有警务资源，吸纳辅助警力资源，购买社会资源，将这些资源加以优化配置、整合和合理运用，有效提高警戒水平和警务效能。它包括以指挥中心为龙头的场所警戒"中枢"建设，整合人力、物力资源，平战结合的机动备勤制度，建立三级、封闭、循环的网格化，全覆盖、全天候专职警戒模式。

(一) 场所警戒机制之中枢——以指挥中心为龙头

1. 功能定位

看守所指挥中心，不仅是看守所处置突发事件的应急部门，更是一个常态化的管理部门。我们从实际工作要求出发，认为看守所警务指挥中心不仅是看守所处置突发事件的应急部门，更是一个常态化的管理部门。它被赋予先期指挥、狱情监控、协调警务、警戒信息管理、应急处置、检查监督等职能，使之成为看守所警戒的管理中枢。它以"信息为本、集中统一、快速反应、遇急先断"为原则，对在押人员实行全天候、全方位动态管理和控制，对民警实行全覆盖、全过程监督和管理。它将有利于提高看守所安全稳定的系数，改变狱政管理模式，促使看守所人防、技防、物防、联防四防一体化，提升民警执法规范化，提高看守所管理水平。其功能要从值班型向指挥型转变，从机关型向实战型转变，从摆设型向实用型转变，从应急型向平战结合转变。同时，看守所指挥中心的建立，更是对看守所信息化建设的进一步发展和完善，是全国看守所系统信息化建设的一项创举，符合《关于加强看守所安全管理工作的若干规定》第3条"看守所均应建立监控指挥中心"的规定要求。

2. 组织架构

指挥中心由专职指挥员、监控人员和日班信息处理人员组成。一是设立专职指挥员。设指挥长1名，下设专职指挥员1名。指挥人员必须经过严格挑选和培训，必须具有丰富的基层处警经验，一般要有担任基层监区负责人的经历，必须具有过硬的政治素质、广博的知识、丰富的实战经验、权衡利弊的决断能力、良好的组织纪律性、高昂的工作积极性，具有较高的决策指挥能力、处置突发事件的能力、整体作战能力、发现和解决问题的能力。值得注意的是，工作日时间，指挥中心由指挥长、专职指挥员负责指挥；非工作日时间和夜间值班时间，指挥中心则由看守所总值班人员兼任。二是监控人员。要求熟悉看守所工作，能熟练操作监控图像，工作负责、认真的民警。三是日班信息处理人员。日班信息处理人员可选用反应灵敏、熟悉看守所一般工作流程，计算机操作熟练且具有一定文字编辑能力的民警。

3. 工作职能

一是警戒信息管理职能。负责安全警戒信息的收集、汇总和评估，及时掌握动态，并定期向看守所领导报告场所警戒工作状况。警戒信息主要包括民警信息、罪犯信息、通讯信息、地理信息等静态信息，以及警力分布、罪犯活动、门禁、视频监控、报警、警戒设施运行状况、巡更等动态信息。对动态信息监测屏上显示出的看守所每天的出警、值班情况、车辆进出情况、在押人员进出大门情况（包括就诊、外出劳役、参加学习等）、重控对象情况等信息进行动态管理。

二是协调警务职能。协助领导完成指挥调度和统一协调，根据监管安全需要。统筹安排各类警务，对日常警务活动进行主动指挥协调，对重大警务活动进行安全评估和指挥协调。

三是监控职能。对全监范围实施 24 小时有效监控，对监区分控点的监控工作进行业务领导。根据工作需要，对监控视频、音频、数字等信息资料，设定一定的保存期限。特别重要的信息资料，应长期保存。对重大警务活动现场、看守所公共部位和重点部位进行全方位重点监控。

各部门、监区在上班后或下班前必须梳理信息并输入电脑传送至指挥中心。

四是应急处置职能。根据事件性质，在第一时间下达处置指令，或启动相应应急预案。根据授权和预案，调动人力、物力，部署、指挥设卡、堵截、协查等紧急活动。与驻监武警、驻监检察室、当地110等联动部门联系协调，请求支援。在紧急情况下，可以控制所有大门（监区底楼大门、行政门、接见室），禁止人员、车辆流动。

五是检查监督职能。定期对各部门的工作进行安全检查和评估，并提出必要的整改意见。利用监控系统随时检查监督场所警戒工作的实时状况，查漏补缺，发现问题后及时通知业务部门进行处置。狱情监测。监控重要罪犯、重点对象、严管禁闭在押人员情况以及其他影响监管安全情况的监控。

六是下达指示、命令。对警卫大队报告是否可以进出行政门、AB门以及监区底楼大门的请示进行处理，并按照程序和规定下达指示和命令。此外，值班期间，指挥中心将被赋予行使原本看守所领导或相关职能部门履行的部分权力，如各类审批单的确认或签字。值得一提的是，指挥中心不替代或包揽相关职能部门和监区的业务工作。

4. 监控模式

看守所指挥中心实行三级监控模式，指挥中心可以监控到监区底楼大门外所有流动的人、车、物甚至监舍内的罪犯的一举一动。分监控点可以监控到一幢楼内的监区各个楼面所有情况。

5. 指挥系统的开发

信息化在指挥中心的基本框架中居于基础、依托的地位，发挥着先导、引领的作用，属于保障Ⅰ险的范畴。这也即意味着，要想发挥指挥中心的龙头作用，发挥中枢的功能，就必须开发相应的信息软件系统。指挥系统主要包括三个部分。一是"一大平台"，即警务信息综合应用平台。二是四个主干系统，即安防系统、通信系统、视频指挥系统、计算机网络系统。三是五类支撑保障系统，即监控图像系统、监控点智能化信息管理系统、看守所建筑物设施设备系统、指挥调度辅助决策系统、应急处置系统。

6. 运行机制

实行一元化警务指挥运行。所谓一元化即变多头分散指挥为集中统一指挥，以强化指挥中心在现代警务机制运行中的龙头地位和重要作用。要求建立和完善指挥中心指挥长（值班长）负责制。以指挥专业化建设为目标，建立专职指挥组，指挥组人员职责明确，一般不参与后台工作。明确指挥长、副指挥长的职责、职数、待遇和任职条件，重点加强对各类警情的掌握协调、相关警情的调度指挥。

实行扁平化勤务指挥运行。扁平化勤务指挥模式可概括为"纵短横宽"四个字，即以指挥中心为枢纽，纵向减少层次，从指挥的最高点一步跨到具体执行指令的民警；横向打破部门界限，将触角延伸到所有领域。

（二）场所警戒机制之人力资源——倡导无增长警力改善，提高现有警力的效能

1. 理论基础

从现代世界警务革命发展的趋势来看，单纯增加警力并不能提高效能，只有增加实战警力，优化系统功能，以质量胜数量，借助社会资源，才是实现政法工作健康、协调、可持续发展的必由之路。其理论基础来自于"无增长改善论"，该理论是英国警务理论家约翰·安德逊提出的关于警力配置的重要理论，即警察机关在不增加人员编制、器材装备的前提下改善与提高警力。现代警务机制的一个重要特征就是集约高效。作为现代警务机制子机制的场所警戒机制，也必须体现集约高效的特征，特别是在现

有警力不能增加的情况下，不得不在警力使用上更加集约，倡导无增长警力改善，提高现有警力的效能。

2. 人力资源的整合

在构建场所警戒机制中，我们要充分整合看守所的各种人力资源，作为看守所有限警力的延伸。打破机关化勤务运作模式，实行"7+1"警务运行模式。按照全覆盖、全天候警务运作要求，实现每周7天警力的全覆盖和1天24小时的有效控制，建立符合实战需要的作息方式。根据看守所警戒工作的实际需要，确保单周警力的有效分布，实行错时轮休制度。双休日（节假日）应根据工作任务的性质配置标准警力，看守所应安排双休日（节假日）上班民警"错时休息"。确保每天24小时警力合理配置。在押人员的学习、生活现场必须由民警直接管理。学习和劳动现场警力不得低于在押人员的3%。在生活现场，在押人员数150人以上的楼面警力配置不少于2名；单栋押犯建筑体中必须设置监区总值班1人（由监区领导担任），设置24小时全天候分控点，配备专人上岗。值班期间由看守所指挥中心统一调度指挥全监警力。

调整警卫大队的人员结构。加强警卫队队伍建设，优化年龄结构，40岁以下中青年民警所占比例一般不低于30%，形成合理年龄梯次结构。警卫大队除了正常管理看守所外，还承担看守所分监控点的任务，即监控监舍楼、接见室、习艺场、炊场、浴室、行政门。其中在各监舍楼的分监控点值班民警负责对监区民警带领在押人员进出底楼大门的登记、抄身等工作落实情况的监督、检查，并向看守所指挥中心请示和报告；同时白天负责监控所在监舍楼底楼的楼面情况，晚上，监控所在整个监舍楼各楼层情况。

强化民警分类，提高警力效能。现实中有一部分民警不适应扮演管教民警的角色，为了发挥他们的作用，看守所可以把这部分人配置到警戒、警卫岗位上去。这样，通过解决民警能力差异性的问题，一方面，不让有限警力闲置；另一方面，确保扮演管教的民警保持充足精力，真正履行本职岗位。为提高教育改造质量而努力。

购买社会服务（保安），节约使用警力。向社会购买服务，一方面能节约警力，投入到一线；另一方面也能节省资金，节约警力成本。此服务只被安排在行政门的岗位上，实行24小时、双人双岗的工作模式。

借助武警部队，储备机动警力（24小时备勤）。《关于加强看守所安全管理工作的若干规定》）第2条规定：看守所应当与驻监武警部队开展"共建共管共保安全"活动和"四防一体化建设"，按照司法部、武警总部相关规定，设立武警看守所大门哨。同时，驻监武警还全天候警戒于看守所围墙岗楼。还可以考虑将不执勤的驻监武警作为看守所的备勤力量，参与看守所各种突发事件的处置以及罪犯外出就诊与接见时的辅助警力。形成定期沟通制度，定期参与看守所的犯情分析会，开展隐患排查，定期召开联席会议制度，定期开展应急演练。

发挥防暴队作用，作为值班期间的备勤力量。防暴队主要由青年民警组成，实行平战结合的运转模式。"平"为日常警务，即工作日时正常在原来的岗位上工作，并参与监区或机关正常的值班安排。作为防暴队力量参与值班时，1班3人，直接受指挥中心指挥长的调遣，协助监区带领在押人员在公共区域活动时的秩序维持；巡逻看守所围墙；协助相关职能部门开展清抄活动；协助监区带领在押人员于夜间或双休日、节假日时外出就诊。"战"为执行紧急警务、重大和重要警务，即突发事件及其他作战任务时的状态。包括应急处突、安全警戒、安保礼仪。应急处突是指根据预案和指令处置突发事件，队员接到指令后迅速到达指定地点执行任务。安全警戒是指承担在押人员集体会见、在押人员大型集体活动、在押人员新收的场所安全警戒任务和在押人员外出、分流移押的途中安全警戒任务。参与局重大调犯活动的安全警戒工作。安保礼仪是指承担看守所的大型会议、庆典、集会以及重要视察、参观等活动的礼仪和安全保卫工作。

（三）场所警戒机制之物质保障——整合装备、技术做到科技强警

除具备作为看守所建筑必须的物理要素外，该机制力求通过技术改造升级，要求看守所各区域视频监控信号将与监控指挥中心联网，看守所大门、围墙、禁闭室、会见室等要害部位的视频监控信号与驻监武警部队作战勤务室联网。看守所的大门、围墙、会见室、禁闭室、警察值班室、劳动现场、学习现场、监舍走廊等所有需要监控的部位安装视频监控装置。看守所警戒围墙安装红外线、雷达、泄露电缆等报警装置，构成智能监控报警系统。

1. 整合、完善信息化硬件资源

一是通讯方面达到时时、处处、人人通讯顺畅。二是视频方面确保时时、处处监控，互相调阅。三是报警器方面确保人人可以时时、处处报警。

2. 完善警力装备

一是以"菜单式"配置装备。即执行不同任务（执勤、押解、警戒、处突四类），配备不同装备，实行标准化保障。

二是实行层级管理。装备配置与管理分为三级，即看守所级、监区级和单警。同时，不同层级部门保管不同等级的装备。

三是突出装备重点。装备配备中，从实战需要出发，重点配强、配齐监区这一装备体，让监区能在第一时间迅速处置各类突

发事件，如催泪弹、喷雾枪、橡皮棍、对讲机等。

（四）场所警戒机制之模式——三级、封闭的全覆盖、全天候的模式

1. 指挥中心

在整合两类资源的基础上，开发场所警戒管理集成平台，建成看守所指挥中心，赋予指挥中心先期指挥、狱情监控、协调警务、警戒信息管理、应急处置、检查监督等职能，使之成为看守所场所警戒的管理中枢。建立健全制度，选配专职人员，加强管理，规范运作。

2. 监区分控平台

以监区或建筑单体为单位合理设置集成式监控分控点，实现监控区域全覆盖。配置岗位相对固定的监控人员，实行24小时全天候监控，形成监控到位、职权清晰、联动通畅的监控网络，做到对辖区罪犯的有效监管。

3. 现场控制平台

由监区领导、总值班和执勤民警组成现场管控力量，在重点部位设置巡逻点并配置巡更和报警装置，加强对门禁的固定管控和对现场的流动巡查。上岗民警应佩戴无线报警器，并按规定巡视三大现场。维持在押人员现场秩序，保证与监区、看守所通讯畅通。遇突发事件民警应按指令迅速出警。场所警戒机制中的值班模式和警力安排，则按照不同时间工作任务的区别，合理配置警力分布，重点增加民警下班、双休日、节假日等重点时段的值班警力。

四、看守所内重、特大案件危机的解决途径

在改革发展的过程中，受地区经济不平衡、公众个体之间收入不均、人口大量迁移流动、基础教育滞后等社会因素的影响，

看守所在押人员发生了结构性变化,流窜犯、外省犯、暴力犯以及涉毒、涉黑、涉恶罪犯大量增加,在押人员年龄结构不断趋向年轻化。在押人员比例上升,一部分在押人员带有明显的反社会意识,性格偏激,行为冲动,容易发生凶杀、越狱、爆炸、纵火等重、特大案件,监管场所的安全、稳定受到极大威胁,成功预防和化解狱内重、特大案件危机,不仅是社会政治稳定的需要,也是看守所工作亟须解决的问题。

(一) 当前狱内在押犯构成的新特点

监管安全的直接危险来自不断变化的在押犯构成,它是社会犯罪这一客观存在在看守所内的集中反映,对此我们必须有一个完整、清醒的认识。当前看守所内在押犯受市场经济负面影响较多,思想更具开放性、功利性。在押人员的悲观性、凶残性、纠合性、盲动性、抗改性、欺诈性,以及上述特性的交融,时刻对监管安全构成威胁。调查发现,在押人员的动态构成呈现6个趋向。

1. 认罪伏法意识淡化

认罪服判是在押人员老实改造、诚实服刑的前提。但在调查中发现,把自己犯罪推向客观的在押人员占46%,认为命运对自己不公的占50%,持"无罪轻判,轻罪重判"观点的占67%。

2. 悲观绝望心理突出

一些在押人员感到前途无望,对改造无信心,这些对前途无望、改造缺乏信心的罪犯极易在亡命、破罐子破摔的心态驱使下,行事盲动、不计后果。一旦重新犯罪,手段残忍、危害极大。其主要表现:一是自残自毁;二是出于死而有憾或泄愤而造成凶杀和重大破坏事故;三是把攻击目标指向民警。

3. 逃避惩罚思想严重

在押人员改造趋向两极比较明显：一是混刑度日图享受，最好监规松一点儿；生活好一点儿，娱乐多一点儿，减刑快一点儿；二是铤而走险，脱逃、越狱。

4. 反社会心理强烈

在押人员普遍认为对他人和社会没有造成危害的占32%，如果有关系自己不会判那么重的占52%，入监改造很难受的占60%。表现出价值取向上的低下性、思想上的逆动性、改造上的顽固性和行为上的极端性。

5. 自控意识弱化

通过资料分析可以看出，罪犯存在如下情况：看见他犯违规当作没看见、不想给民警汇报他犯改造情况、与同犯搞好关系最重要，导致真实思想不愿外露，检举、揭发相对减少，隐瞒、包庇现象严重。

6. 趋利避害思想严重

随着市场经济的培育和确立，罪犯的改造带有明显的商品交换的时代烙印。具体表现有：一是认为金钱万能，千方百计寻求关系，以达减刑、假释之目的。二是改造生活中讲等价交换，轻思想改造。三是对民警的教育和管理，要么斗智斗勇、要么曲意奉承。四是钻制度和管理空子，逃避约束。上述四种趋向在改造的不同阶段会出现此短彼长的变化，也会有几种趋向糅合在民警的动态管理中。如果不注意引导和化解，就有可能导致这样那样的问题出现。

（二）狱内发案的主要表现形式

1. 越狱

主要采取的手段有：使用刀具、麻醉品、易爆物、爆炸物、机动车辆强行冲击；有计划地造成电网、监控设施停电，使其失去监管控制效能；杀害民警、武警，强取警服、通道钥匙、门禁卡及密码等强行脱逃；劫持人质、以人质为要挟强行越狱。

2. 劫狱

在押人员与监外黑恶势力相勾结，利用手机等通讯工具进行联络，运用汽车等现代交通工具，里应外合，实施劫狱。随着黑社会犯罪集团势力的扩张和监内押犯构成的不断恶化，这一犯罪形式不可避免，应引起高度警觉。

3. 凶杀

一是因报复泄愤而杀害民警；二是在押人员因生理冲动而杀害女性；三是在押人员之间因积怨排解不及时而自相残杀；四是在押人员因患有精神或心理疾病而失控杀人。

4. 重大破坏事故

一是在押人员思想压力增大，化解不了，易走向极端；二是有破坏的指向物，如油库、漆库、气库、配电室、锅炉房、重要设备等；三是发生投毒事件。

（三）狱内重特大案件发生的特点

1. 突发性

作案前在押人员的行为十分隐蔽，临时起意强，作案无定式，预谋成分少，使人难以预料。

2. 反社会性

这类在押人员，一般反社会心理比较强烈，公开与人民为敌，由于不正当的需要得不到满足而敌视人民民主专政和社会主义制度，把仇恨发泄到改造机关和民警身上；为了逃避惩罚改造而采取对抗；为达到报复检举人而采取极端行动。

3. 残忍性

这类在押人员行为暴戾、凶残狠毒，为达目的不惜杀人、放火、爆炸、置人的生命与公私财产于不顾。

4. 欺诈性

在押人员的狱内犯罪生活越来越隐藏、狡猾，有的研究民警心理和行动特点，伪装积极，骗取信任；有的与他犯结成团伙，互相掩护，寻机密谋；有的以钱物拉拢他犯，为达目的创造条件；有的诡计多端，设想多种方案，预计各种可能；有的在时间和空间上加以选择，寻找监管上的薄弱点。

5. 诱发性

除上述主观因素外，在客观上与外界诱因也有一定联系。有的在看守所中受到某种刺激，情绪大起大落；有的由于改造环境变化，认为对己不利，产生对抗情绪；有的由于民警执法不当，产生报复心理；有的由于家庭、婚姻变故，遭受打击，失去理智；有的由于在押人员间的矛盾处理不当、矛盾升级；有的由于现场混乱，管理失当，认为有机可乘等。

6. 破坏性

这些在押人员作案，不惜一切代价，不计后果，置国家与人民的生命财产、监管秩序于不顾，严重破坏监内正常的改造秩序。

（四）狱内重、特大案件形成的原因

1. 来自在押人员自身的原因

有罪不认。这些罪犯心理意识、道德意识和行为习惯有很强的反社会性。这种反社会性在长期的越轨中逐步形成并不断强化，具有相对的稳定性和顽固性，特别是那些违法犯罪史达数年十几年在押人员的反社会性是很难消除的。据对 25 名恶性案件成员的累犯分析，加过刑的在押人员占 25%，原判 10 年以上的在押人员占38%，这些在押人员对专政机关和社会主义制度抱着敌视态度，对民警及其家属以及对积极接受改造的罪犯有一种仇恨心理，他们根本不思改造，总想行凶报复或者逃出去，这种心理和自暴自弃、悲观失望的前途观，及时行乐、醉生梦死的人生观，愚昧的哥们儿义气，个人英雄主义的表现欲以及变化无常的个性结合在一起，构成了制造狱内重大恶性案件的主要心理基础。在监管场所的严格监管下，反社会性在无意识中逐渐变为敏感性的防御心理，一遇到刺激就表现出超常的报复性。

个人需求与现实的冲突。罪犯入监改造后，身份、地位、人际关系等发生了根本变化。个人需求与现实的冲突所产生的强烈心理失衡，往往导致在押人员铤而走险。如一些在判刑前属于正当的需求，在监管改造的环境中受到了不同程度的限制。如亲情欲求、自我实现欲求、自尊欲求等，尤其是遇到亲友病亡、老婆离婚、家庭纠纷、家人断绝关系、受他犯欺侮及民警批评或看到自己亲朋好友发财致富，而自己身陷囹圄、无能为力时，一种不可名状的自卑感、挫折感、不平衡感便油然而生，从而产生报复、脱逃、发泄的动机。消极情感的郁结，狱内案件一般与在押人员的情感过程息息相关，不少狱内恶性案件就是在押人员消极情感郁结的直接产物，一些对判决和改造有抵触情绪的服刑罪犯，在严密的监控环境中，情感得不到疏导，与他犯和民警缺乏有效的沟通与交流，消极情感长期积淀。如果遇到特定诱因的刺激，就会产生严重后果。在押人员的消极情感，首先是对国家和社会的不满，对司法机关的抵触和憎恨，这些往往是由于不认罪而产生的。其次是由于生活环境而导致的孤独、忧愁和悲苦，尤其是那些长期无人探视的在押人员，往往有一种被遗弃感，从而盲目地仇视社会和所有的人。最后是由于对前途失去信心而产生失望、悲观情绪，在改造过程中因自身的行为受到民警或他犯的否定性评价而导致的愤怒、仇视和绝望。这些情感相互作用，反复积聚，就可能使在押人员心理陷入死结，导致心理视野狭隘，认识和判断能力简单化，最后走向极端。

2. 来自民警方面的原因

部分民警狱情观念薄弱，麻痹轻敌。他们对改造、反改造斗争的长期性、尖锐性、复杂性、激烈性和少数亡命徒的凶残性、报复性、奸诈性、危险性认识不足，缺乏应有的警觉，可能导致恶性案件的发生。

监管制度落实不严。少数民警执行监管制度流于形式，不能很好地落实看守所管理精细化。狱侦工作薄弱，日常狱政管理工作存在薄弱环节。一些单位在在押人员管理上长期缺乏实实在在的管用的措施，管控效果不佳。

（五）狱内重大案件预防对策

1. 创新狱政管理理念，实施安全管理"零缺陷"

要按照与时俱进的要求，自觉地从那些不合时宜的观念中解放出来。既要牢固树立法律至上、以人为本、科学文明、公平公正等现代行刑理念，更要引进现代管理学中关于危机管理，安全阀机制等管理理念，尤其要引入现代质量管理中的"零缺陷"管理理论。

被誉为全球质量管理大师"零缺陷"之父和伟大的管理思想家的克劳士比，从20世纪60年代初提出企业质量"零缺陷"思想，并在美国推行"零缺陷"运动，后传至日本。在日本制造业中全面推广，使日本的制造业产品质量迅速提高并且登上了世界级水平，继而扩大到工商业所有领域。"零缺陷"又称无缺点，要求劳动者，工作者从一开始就本着严肃认真的态度把工作做得准确无误,而不是依靠事后的检验来纠正。"零缺陷"强调第一次把事情做对并符合承诺的顾客要求。"零缺陷"管理的理论方法对看守所工作,尤其是对看守所的安全工作具有重要的现实指导意义。如果哪一天每一项安全工作都能做到"零缺陷",那么看守所监管安全就真正有了保障。

2. 提高思想认识,落实防范责任

确保监管场所的安全与稳定,是一切监管改造工作的前提和保证。当前防重、特大事故发生的意识在有些民警头脑中认识不足,重视不够,提到"三防"首先想到的是防逃、防自杀,对重、特大事故存有侥幸,总认为这么多年单位都没有发生过重、特大案件,因而思想松懈麻痹,疏于防范是导致事故发生的原因之一。各级领导干部要牢固树立安全第一的思想,履行保一方平安的政治职责,教育全体民警切实增强,四个意识,贯彻以"三防"为中心,突出防重、特大事故这个重点,绷紧监管安全这根弦。层层落实和签订安全责任制,形成谁主管谁负责、谁分管谁负责、谁当班谁负责。一级对一级负责的监管安全责任制,按照"三不放过"原则追究责任,以高度的政治责任感从思想上构筑防重、特大事故的防线。建立一支有力的狱侦队伍并加强对这支队伍的建设和培养,有效提升狱侦民警业务水平,真正发挥耳目的特效功能,积极做好隐藏斗争,严密在押人员间的互防体系,合理布局罪犯的重点岗位,加强对重点岗位在押人员的教育、考核,制定切实可行的防范预案,明确责任,平时加强应急训练和演习,提高快速应急能力,从"人防"上狠下功夫是落实防范的有力保障。

3. 严格防范制度,严密防范措施

预防重、特大事故关键在于制度的落实,防范措施要得力。

从 2009 年全国看守所系统发生的重、特大案件看，都是由于监管制度不落实，措施没跟上而造成在押人员脱管失控，酿成重、特大事故。我们现在所形成的一系列监管制度是前人经验的总结，其中有不少是血的教训所得来的。有些同志错误地认为，我们的制度太严，弦绷得太紧，这样容易出问题。恰恰相反，我们在落实制度上有很多地方不到位、不彻底，有的制度在有的单位有其名而无其实，形同虚设。有的民警不能做到令行禁止，工作浮于表面，出现了职能部门和领导攻一攻，基层单位紧一紧，你松一松、我退一退等不正常现象，对制度和措施做不到长期性、连贯性，对深层次的狱情不能及时掌握，这是造成事故的重要原因。所有这些现象必须引起每个民警的高度重视，各级领导、业务部门要敢于动真碰硬，加强领导和考核，把制度落实得严格再严格，把监管措施做得严密再严密，把发生重、特大事故坚决杜绝。

严格狱情分析制度，认真收集和分析狱情。收集、分析、判断好狱情是做好防范工作的先决条件，是实行重点防范的依据。民警要深入在押人员"三大现场"，增强对在押人员的感性认识，对重点人加强个别谈话，了解其思想及家庭情况，找一些积极改造"靠拢政府"的在押人员了解一些情况，认真审查在押人员的来往信件，重视对接见的监听，从中了解变化的情况，建立在押人员档案卡，用综合分析、正确判断来定性罪犯的危险程度，制定教育和控制方案，以达到监管安全的需要。

切实落实有关监管基本制度。严格按照监管基本制度，切实予以落实，是实行普遍防范的客观要求。它的落实弥补了狱情分析不到位、重点防范没形成的缺陷，与硬性防范一起发挥时间上的拖延作用，在此期间一旦发现危情便采取控制措施。当前，在基本制度的落实上受各种因素的影响，特别是在劳动场所，基本

第七章
警务实战训练高级培训内容

制度落实不到位,有的还难以执行,加上警力不足,就极易造成脱管失控,给在押人员有机可乘。看守所近年发生重、特大案件其中一个重要原因,就是由于在押人员脱管失控酿成恶果。因此,要努力克服监管制度与劳动管理的矛盾,在联号监控上动脑筋,想办法。由于岗位的特殊性,把不能联号监控的,要选择相邻或相近又便于监督的岗位加以联号,把监内联号和劳动场所的联号加以区别。最终目的是起到监督作用,对确实不能监控的岗位,一方面在人员选择上予以把关,另一方面加强民警巡查,在罪犯出入监制度上要把好关。

严格控制和使用分散劳作罪犯,努力把罪犯的一切活动纳入民警的视线。加强直接管理,按照"七亲自""八到现场"的要求管理罪犯。熟悉在押人员的"四知道",严格执行"十不用"制度,切实把制度落到实处。全面排查隐患,彻底整治现场。全面排查隐患是实行有效防范的重要手段,这项工作要做到经常化、制度化,民警要做有心人。特别是负责改造工作的同志,应该把何处有隐患贯穿于平时的工作中,定期组织排查,对排查出的具有危险倾向的在押人员做到控制住、转化快。对排出的设施、岗位隐患及时加以整改,劳动场所的整治好坏直接反映出一个单位的整体管理水平。这不仅是劳动管理的需要,而且是监管的需要。一些案件中在押人员行凶,越狱的工具都是由于民警疏于管理而获得的,其教训不可谓不沉痛。因此,对现场整洁的工作要做到全面、彻底、持久、死角、死面该拆要拆,需增加透明亮度的要及时实施,工具要统一编号,登记造册,严格领用制度,存有要害物资的库房钥匙不得由在押人员掌管,建立领用退回台账,对劳动现场进行彻底清理,不得存有杂物特别是钝器,减少罪犯的可利用因素。

瓦解不良团伙，在押人员中的团伙对监管安全形成重大威胁，有些在押人员纠合性很强，团伙中以地区、家族、血缘、同案等关系形成最多。这部分在押人员为了局部共同利益纠合在一起，很容易形成聚众斗殴，欺压他犯，一旦达到行凶报复，结伙脱逃的目的，其危害程度更大。在押人员间恶化了关系，常常是争吵、打架、行凶的根源，其危害程度也很大。民警要高度重视这项工作，从收集到的狱情上认真分析，认真加以教育和调解，指出团伙的危害性，分化、瓦解，对教育、调解、瓦解无效的及时予以打散或调离。开展在押人员心理矫治，发挥个别教育的攻心治本作用，从心理上加以防范是防重、特大事故的根本所在，对在押人员实行心理矫治被许多国家所重视，在我国看守所中这项工作也已有所开展，而当前如何切实加强对在押人员不健康，扭曲的心理诊治，对防止重、特大案件的发生具有十分重要的意义。一方面要加强对专业人才的培养，另一方面要发挥专门机构的功能，把这项工作卓有成效地开展起来。个别谈话具有针对性、灵活性、沟通性和渗透性等特点，民警要充分发挥其作用，不要把这项工作流于形式当成任务来完成。要加强与在押人员的沟通，谈话要实事求是，增加信任。消除罪犯的杂念和恶念，不厌其烦、循序渐进、从心理上摧垮罪犯防线，抓牢问题的症结，开展针对性教育，培养罪犯正确的观念和行为习惯，达到改造好的目的。

4. 高起点、高标准地建设现代化的硬件防范屏障

监管设施的建设是防重、特大事故的硬性措施，长期以来由于看守所经济困难，在监管设施建设上虽然投入不少，但标准不高，有的地方还很薄弱，特别是少数监区达不到防范要求，与建设现代化文明看守所的标准仍然有较大的差距。光靠人式的防范体系是不够的，为切实增强严防控能力，有必要加大投入，高起

点、高标准地建设现代化的防范设施和监控设施，增强硬性设施对罪犯的震慑力。同时对现有的防范设施，要加强维护、管理，安排专门警力，完善管理制度，加强检查、考核，充分发挥其管控作用。

5. 开展调查研究、突出防范重点

当前在一些看守所分管、分押工作逐步到位，但分管分教工作仍然是一个薄弱环节，没有形成一套系统的、行之有效的管理方法，特别是对暴力在押人员、重特大案犯、年轻案犯，研究得不深不细。因此要大兴调研之风，了解和掌握在押人员的性格特征、行为特点、心理特征和改造对策，增强改造工作的主动权。对那些屡犯监规行为消极、打架斗殴、性格粗暴、家庭不健全、矛盾突出的在押人员，要收集各方面情况，加强个案分析。对排出的重危分子、尖子犯、内控犯要落实制度重点控制，加强转化工作。对骨干在押人员要严格管理，防止这些在押人员利用条件，称王称霸，结成团伙，危及监管安全。对要害时段要根据实情认真排列，严密管理加强巡查，节假日、早中晚时段、交接班时间，民警要深入现场管理。遇有风暴、下雨、下雾等恶劣天气要及时请示，尽量不予出工，出工时要缩小范围，加强对重点岗位在押人员的巡查。对要害部位要心中有数，严格监控和联号，并重点检查要害物资要加强管理，以突出重点防范的主动性、进攻性。

（六）大力推动监区文化建设，充分发挥文化的潜移默化作用

环境对人的影响不可忽视，特别是在高墙电网下，罪犯情绪的变化对环境好坏有更大的依赖性。一方面，在劳动场所要依靠科技改善劳动环境，加强劳动保护，给在押人员心理上以安全感、健康感。另一方面，生活场所本着绿化、美化的宗旨加强公共环境设施建设，在居住质量上下功夫，为在押人员创造一个良好、

舒适的改造环境，增强在押人员心理上的归属感。还要强化行为规范意识，对倾向性、阶段性的问题及时加以整顿，进行集体教育，形成浓厚的正气氛围，增强在押人员的集体主义意识。

首先，要提高在押人员的认罪伏法意识和文化素质教育，增强认罪意识和明辨是非的能力。其次，要通过加强集体主义教育，培养集体荣誉感与社会责任感。最后，加强法制教育，增强认罪感和守法的自觉性。通过组织积极、健康的一系列集体文化活动，培养他们的兴趣、爱好，转移情感占有他们的空余时间，减少无事生非的频率，也便于民警在动态中发现和掌握一些隐藏的犯情。

（七）严格执法，文明管理，造就一支高素质的执法队伍

看守所人民警察是各项工作的管理者、决策者，是看守所法律的执行者，是依法对在押人员实行改造的主体。努力提高这支队伍的素质，不仅是依法治监的需要，而且是实施在押人员改造和防重、特大事故最基本，最关键的因素。要加强民警的法制教育，一方面要增加民警的法律专业知识，掌握和通晓与工作相关的各项法律内容和程序。另一方面要增强他们的法律和法制观念，实行依法行政、依法治监，文明管理在押人员，这样就可以减少因民警管理的主观随意性而与在押人员产生矛盾，避免积怨和暴力对抗。要重视对民警的业务培训和素质教育，现代化文明看守所需要一支政治过硬、业务精通、作风过硬、善于管理的民警队伍。加强对这支队伍的业务培训，提高管理在押人员水平、执法水平，正确处理监管安全与劳动的关系，落实各项监管制度，减少矛盾的发生，运用人格力量改造在押人员，最终达到推动看守所工作全面进步的目标。

结束语

按警务实战培训层级、主要业务警种构建警务实战训练的内容体系,形成有针对性的配套警务实战训练大纲,提供贴近实战的警务实战训练模式与方法。警务实战训练内容体系的构建和训练模式与方法的创新,可以有效地指导公安院校和民警训练部门开展民警在职培训工作,对提升民警的警务实战能力具有十分重要意义和现实价值。

在撰写过程中,感谢北京警察学院副院长宋培元对该书的指导与帮助,如果没有他的帮助,本书是无法高质量完成的。课题组成员多次前往昌平分局、顺义分局、西城分局、东城分局、监管总队等分县局及各业务单位进行调研,得到这些单位的大力支持,感谢为课题撰写工作提供大量的支持。

参考文献

［1］浙江警察学院警务教育考察团. 澳大利亚警察教育培训工作及对我们的启示［J］. 浙江警察学院学报，2010（2）.

［2］张志文，杨晓英. ERP沙盘实战训练教学研究［J］. 中国现代教育装备，2010（15）.

［3］麻海龙. 从实战要求出发谈警察手枪概略射击训练［J］. 山西警官高等专科学校学报，2010（2）.

［4］李卒. 服务公安实战的警察训练模式研究［J］. 经济与社会发展，2009（7）.

［5］郑红运. 互动式教学法在警务实战训练中的应用［J］. 教育战线，2009（3）.

［6］陈鑫. 人民警察临战防卫与控制技术［M］知识产权出版社，2012.

［7］黄伟强. 警察遇抗控制方法研究［J］. 公安教育，2012（2）.

［8］程天磊. 中外警察格斗训练比较研究［J］. 江苏警官学院学报，2008（9）.

［9］刘大明，韩俊海，侯怀，林江勇. 95式自动步枪射击动作研究［J］. 军事体育进修学院学报，2005（10）.

［10］吴志宏，黄国彰. 渐进牌照式训练考核体系［J］. 政法学刊，2010（6）.